ŒUVRES COMPLÈTES

DE

EUGÈNE SCRIBE

DE L'ACADÉMIE FRANÇAISE

COMÉDIES
VAUDEVILLES

LE FOYER DU GYMNASE
UNE FAUTE. — LA PROTECTRICE
JEUNE ET VIEILLE
LA FAMILLE RIQUEBOURG
LES TROIS MAITRESSES

E. REIBER inv.

ES

PARIS
E. DENTU, LIBRAIRE-ÉDITEUR
PALAIS-ROYAL, 17-19, GALERIE D'ORLÉANS

II. — 21. 1882 30.

Paris. — Soc. d'imp. PAUL DUPONT. (Cl.) 206.10.81.

ŒUVRES COMPLÈTES

DE

EUGÈNE SCRIBE

DE L'ACADÉMIE FRANÇAISE

RÉSERVE DE TOUS DROITS

DE PROPRIÉTÉ LITTÉRAIRE

En France et à l'Étranger

LE FOYER DU GYMNASE

PROLOGUE MÊLÉ DE COUPLETS.

SOCIÉTÉ AVEC MM. MÉLESVILLE ET BAYARD.

Théatre du Gymnase. — 17 Août 1830.

PERSONNAGES.   ACTEURS.

M. DURAND, vieux garçon et rentier . . . . . . MM. FIRMIN.
GUSTAVE, jeune homme du monde . . . .   BERCOUR.
M. DE NOIRMINE. . . . .   DORMEUIL.
M. DE SAINT-ANDRE . . . .   BORDIER.
DENNEVILLE, agent de change . . . .   HIPPOLYTE.
M. DE SAINT-YVES. . . . .   ALLAN.
ESAU, marchand de lorgnettes . . . .   BRIENNE.

Mme EMPILE, ouvreuse de loges . . . . Mmes MINETTE.
Mme DE SAINT-ANDRÉ . . . .   R. PRAGUE.
ANTONINE DE SAINT-ANDRÉ, fille de M. et
   Mme de Saint-André. . . . . É. FOUGEOT.
Mme DE SAINT-YVES . . . .   DORMEUIL.

Dans le foyer du Gymnase.

LE
FOYER DU GYMNASE

L'intérieur du foyer du Gymnase.

SCÈNE PREMIÈRE.

M. DURAND, seul, entrant de côté.

C'est ça... battez-vous, là-bas, en attendant qu'on ouvre les bureaux... je n'ai pas envie de recevoir quelques coups de poing... et pourquoi, je vous le demande? pour voir une nouvelle salle, une nouvelle pièce. (Regardant autour de lui.) C'est donc là le foyer?... Eh bien!... il n'y a rien de neuf... quelques coups de brosse par-ci, par-là... et la salle... voyons donc, pendant qu'il n'y a personne... (Il regarde.) Eh! pas trop mal... le coup d'œil est assez... je puis même dire qu'il est fort...

  AIR du vaudeville de Partie et Revanche.
 Si l'on juge sur l'apparence,
  Tout est changé du haut en bas ;
  Que de fraîcheur, que d'élégance!
 La salle est bien comm' ça ; mais, hélas!
  Par malheur, ça ne tiendra pas.
  Elle aurait droit à trop d'éloges,

Ét son succès serait vite établi,
Si chaque soir on voyait dans ses loges
Ce qui la décore aujourd'hui.

SCÈNE II.

M. DURAND, Mme EMPILE.

Mme EMPILE, à la cantonade.

Soyez tranquille, madame Gibou, je vais serrer votre parapluie avec le mien... voulez-vous demander au contrôle la feuille des loges louées ?

DURAND.

Qui vient là ?... eh ! mais, c'est une ouvreuse.

Mme EMPILE.

Madame Empile, pour vous servir... ouvreuse des premières de face... connue pour les soins, la discrétion et les petits bancs... Quant à la discrétion, ce n'est pas pour me vanter, mais j'ai commencé ma carrière par les petites loges d'en haut... c'est tout dire : et j'ai eu bien du mal à monter jusqu'ici.

DURAND.

Est-elle bavarde !

Mme EMPILE.

Enfin, nous y voilà... c'n'est pas sans peine... nous devions ouvrir quinze jours plus tôt..? mais les ouvriers nous ont plantés là.

DURAND.

Il n'y a pas de mal... ils ont fait de bien meilleur ouvrage.

AIR du vaudeville de *Turenne.*

Ils ont quitté le marteau pour le glaive.
   Grâce à ce peuple citoyen,
Des libertés l'édifice s'achève,
Et celui-là désormais tiendra bien.

Toujours debout, quoi qu'on puisse entreprendre,
De tout péril il sera préservé;
Car cette fois ceux qui l'ont élevé
Se chargeront de le défendre!

Mme EMPILE.

Du reste, nous n'avons pas perdu pour attendre, car il y a une foule...

DURAND.

Vous ne pourrez jamais loger tout ce monde-là, avec une salle aussi petite.

Mme EMPILE.

Oh! que si, la salle a l'air comme ça; mais c'est égal, je n'en renverrai pas un, moi... d'abord, il faut des égards pour le public... et en les pressant un peu...

AIR du vaudeville de l'Avare et son ami.

Ç'a toujours été mon usage,
Et pour faire entrer mes amis,
J'en ai mis huit, et davantage,
Dans des log's qui ne t'naient que six;
C'est un système bien permis.
Que de gens le suivent sans honte!
Dans les *Dam's Blanches*, les *Coucous*,
Et même en ménag', voyez-vous,
On est souvent plus que le compte.

Mais vous, monsieur, comment êtes-vous donc entré?

DURAND.

Ma foi, je n'en sais trop rien... je me suis glissé... on m'a poussé dans une petite porte, en voulant m'empêcher d'entrer par la grande... et me voilà.

Mme EMPILE.

Je vois que monsieur est un de nos abonnés.

DURAND.

Moi, du tout... je suis venu, parce qu'on m'a envoyé un coupon de loge... D'ailleurs, je dois voir ici mon agent de change, qui me rendra réponse pour un placement dont je l'ai chargé; sans cela, je n'aurais pas mis les pieds ici... un théâtre où l'on ne respecte rien... où l'on attaque les célibataires... les gens mariés, à la bonne heure, je ne dis pas... mais nous !

Mme EMPILE.

Comment, monsieur, est-ce qu'on vous aurait mis ?...

DURAND.

Parbleu ! dans une mauvaise pièce... *Le Parrain*, je crois.

Mme EMPILE.

Vrai, monsieur, c'est vous ?... En effet, il y a quelque chose... un célibataire avec de la poudre... qui a douze mille livres de rentes.

DURAND.

Du tout, j'en ai quinze... voilà comme on peint les mœurs ici... pas la moindre exactitude.

Mme EMPILE.

C'est égal, vous pouvez vous flatter de m'avoir joliment fait rire à travers le carreau... et comme ça, de votre état, vous êtes parrain de tous les enfants de vos connaissances ?

DURAND.

Allons donc !... parce que ça m'est arrivé deux ou trois fois, ils sont tous à m'en offrir... Parrain de tout le monde... j'aurais là un bel état... bien productif !

Mme EMPILE.

Mais oui, tout de même, et puisque vous avez la main heureuse, si j'osais prier monsieur de tenir l'enfant de ma nièce.

DURAND.

Hein !... votre nièce ?

Mme EMPILE.

Une demoiselle de l'Opéra... une jeune personne bien intéressante, qui passe sa vie à faire des battements pour soutenir sa famille... pauvre enfant! elle a le cœur et les pieds si bien placés... elle finira par faire son chemin.

DURAND.

En ce cas, elle ne manquera pas de compères.

Mme EMPILE.

Mais vous, monsieur... un homme respectable.

DURAND.

Ah! laissez-moi donc tranquille!... Tenez, allez plutôt donner de l'air à vos loges, car il y a une odeur de peinture...

Mme EMPILE.

Ah! ce n'est rien... quand les *évantilateurs* seront ouvertes, il n'y paraitra plus.

DURAND.

C'est ça; on gagnera des fluxions de poitrine.

Mme EMPILE.

Vous êtes bien difficile à contenter... Je vois que notre pauvre théâtre n'a pas le bonheur d'être de vos amis.

DURAND.

De mes amis, morbleu!... Au contraire... et pour que j'y découvre une seule qualité, il faudrait que j'eusse...

SCÈNE III.

LES MÊMES ; ESAU.

ESAU, entrant par la droite.

Ein bon lorgnette!

DURAND.

Qu'est-ce qu'il a, celui-là, avec son baragouin?

Mme EMPILE.

C'est le marchand de lorgnettes... Est-ce que c'est ouvert, monsieur Esaü?

(On entend du bruit dans la coulisse à gauche.)

ESAU.

Ya... ya... Vous entendez pas la bacchanal?...

(On appelle l'ouvreuse.)

Mme EMPILE.

Ah! mon Dieu!... déjà on m'appelle... (Courant à des dames.) Voilà, mesdames... je vais prendre vos chapeaux... Vous faut-il un petit banc?

(Elle sort par la gauche.)

ESAU, criant.

Ein bon lorgnette!... (Revenant auprès de Durand.) Si fous foulez en louer ein délicieux à 50 centimes, sur ein bon gache... parce qu'on les emporte quelquefois par distraction.

DURAND.

Au diable!... j'ai de bons yeux... c'est plus économique.

GUSTAVE, en dehors.

Alfred... j'ai une stalle à côté de toi... garde-la-moi; je t'en prie...

(Il entre par la droite.)

ESAU, criant.

Ein bon lorgnette!

(Il sort par la gauche.)

SCÈNE IV.

GUSTAVE, DURAND.

DURAND.

Eh! mais je ne me trompe pas... monsieur Gustave.

GUSTAVE.

Monsieur Durand au Gymnase! Comment!

Je vois un Grec dans les remparts de Troie...

DURAND.

Oh! vous, ce n'est pas étonnant de vous y rencontrer...

c'est votre théâtre favori... Tous les jeunes gens le protégent... Toutes les femmes y viennent.

GUSTAVE.

C'est peut-être pour cela que nous y venons.

DURAND.

Oui... on s'y amuse par ton, parce que c'est la mode... On en reviendra, vous verrez... Voilà dix ans que je soutiens que ça ne peut pas aller loin.

AIR du *Ménage de garçon*.

Des couplets sans sel, sans finesse,
Mœurs de boudoir, vers de salons ;
Ils n'ont rien qu'une seule pièce
Qu'ils retournent en cent façons :
« J'aime... tu m'aimes... nous aimons... »
On n'entend jamais autre chose :
Enfin, sur quatre acteurs divers,
Lorsque deux vous l'ont dit en prose,
Les autres le chantent en vers.

Et aujourd'hui encore... ils ne savent de quoi s'aviser... Cette idée, par exemple, de ne donner que deux pièces !

GUSTAVE.

Eh ! mon Dieu !... il y en aura peut-être encore trop.

DURAND.

Comme vous dites.

GUSTAVE.

AIR : Dans ce castel, dame de haut lignage.

Ils ont pourtant un succès par semaine.

DURAND.

Je le crois bien, et sans beaucoup de frais.
Pour chaque pièce ils sont une douzaine,
Tous à cheval sur le moindre succès.
Pour arriver au temple de mémoire
Pégase seul suffisait aux élus ;
Mais à présent pour aller à la gloire
A ces messieurs il faut un *Omnibus!*

GUSTAVE.

Oh! moi, peu m'importe le spectacle... je suis harassé...
Voilà trois nuits de suite que je monte ma garde

DURAND.

Vous!... un élégant de la Chaussée-d'Antin... c'est bien...
c'est bien, jeune homme.

AIR du vaudeville des *Frères de lait.*

C'est là prouver qu'on aime sa patrie ;
C'est bien souvent, nous l'avons déjà vu,
 C'est par le trouble et l'anarchie
 Que l'esclavage est revenu. (*Bis.*)
Oui, du passé que l'exemple nous serve :
A la raison ainsi qu'aux lois soumis,
Que maintenant la sagesse conserve
 Ce que la valeur a conquis.
Que maintenant la sagesse conserve
Ce que pour nous la valeur a conquis !

Et vous qui venez du corps-de-garde... y a-t-il des nouvelles?

GUSTAVE.

Oui... de toutes les villes, Lille, Rouen, le Havre, etc.

DURAND.

Sont-ce de bonnes nouvelles?

GUSTAVE.

Qu'est-ce que vous entendez par là?

DURAND.

Celles qui nous annoncent l'union, la concorde.

GUSTAVE.

Il y en a d'excellentes, surtout d'Orléans!

DURAND.

J'en étais sûr... c'était de ce côté-là que la paix devait
nous venir... D'Orléans!

AIR : A soixante ans on ne doit pas remettre. (*Le Dîner de Madelon.*)

Il a marché dans les rangs de la France,

Et nous combattions près de lui.
Ses huit enfants, notre riche espérance,
Près de nos enfants ont grandi,
Et de l'État seront un jour l'appui.

GUSTAVE.

Oui, sur ce trône où la liberté brille
Tous ses sujets sont fiers de le porter.

DURAND.

Ses sujets! non... daignez mieux le traiter :
C'est sa brillante et nombreuse famille
Qui vient encor de s'augmenter!

GUSTAVE.

Eh bien!... cela me portera bonheur pour aujourd'hui. (A demi-voix.) Car je suis ici avec des intentions...

DURAND.

Je comprends... une aventure... il y a de l'amour sur jeu

GUSTAVE.

Du tout... il s'agit d'une entrevue.

DURAND.

D'un mariage, au Gymnase!

GUSTAVE.

Pourquoi pas?... Ce ne sera pas le premier.

DURAND.

Et, dites-moi... la jeune personne...

GUSTAVE.

Je ne la connais pas... c'est aujourd'hui que je la vois pour la première fois... On m'a indiqué le numéro de sa loge... j'ai une stalle du côté opposé.

DURAND.

Ah! c'est comme ça que se font les entrevues maintenant, à une lieue l'un de l'autre?

GUSTAVE.

Moyen très-prudent de voir tout de suite s'il y a compatibilité d'humeurs.

AIR : Ces postillons sont d'une maladresse.

Mais à mon poste il faut aller l'attendre :
Adieu. J'y cours.

DURAND.

Adieu, mon jeune ami.
Je vous souhaite une femme bien tendre,
(Riant.)
D'un goût bien sûr... comme on les forme ici.

GUSTAVE, de même.

C'est justement ce qu'il me faut : merci.
(Il va pour sortir par la gauche, puis il revient à Durand, et lui prenant la main.)
De mon premier que déjà j'idolâtre,
D'être parrain vous me ferez l'honneur.
(Il sort par la gauche.)

DURAND, seul.

Qui, moi, parrain !... c'est fini, ce théâtre
Me portera malheur !

SCÈNE V.

DURAND, M. DE SAINT-ANDRÉ, ANTONINE, Mme DE SAINT-ANDRÉ.

Mme DE SAINT-ANDRÉ, à Antonine.

Allons donc, Antonine, un peu plus de tenue... on ne regarde pas ainsi à droite et à gauche.

M. DE SAINT-ANDRÉ.

Certainement, ma fille... ça n'est pas dans les convenances.

DURAND, les saluant.

Eh! c'est monsieur de Saint-André.

ANTONINE, bas à sa mère.

Maman, est-ce que c'est le jeune homme? Il est bien vieux.

Mme DE SAINT-ANDRÉ, de même.

Non, mademoiselle.

ANTONINE, de même.

C'est peut-être celui que je vois là-bas avec des favoris.

AIR : Vos maris en Palestine. (*Le Comte Ory*.)

Maman, que je suis émue!
(En montrant un autre.)
Est-ce là...

Mme DE SAINT-ANDRÉ.
Parlez plus bas.

ANTONINE.

Ce monsieur de l'entrevue?

Mme DE SAINT-ANDRÉ.

Tais-toi, ne regarde pas,
Surtout ne me quitte pas!

ANTONINE.

Quand on ne sait qui l'on épouse,
Ah! quel tourment et quel ennui!
Et depuis que je suis ici...
En voilà déjà dix ou douze
Que je prends pour mon mari.

Mme DE SAINT-ANDRÉ, gravement.

Ma fille, avant le mariage, ça n'est pas dans les convenances.

DURAND, qui s'est placé entre Antonine et madame de Saint-André, à madame de Saint-André.

Un mariage!... Est-ce qu'il serait question pour mademoiselle?...

Mme DE SAINT-ANDRÉ, à demi-voix.

Mon Dieu! oui, monsieur... un projet... Ne faites pas semblant... ma fille ne se doute de rien... pauvre petite!... elle est si sensible... les nerfs si délicats!... absolument comme sa mère... et il ne fallait pas moins qu'une entrevue...

DURAND, à part.

Une entrevue... Est-ce que ce serait?...

Mme DE SAINT-ANDRÉ.

Pour venir à ce théâtre... un théâtre que je déteste...

DURAND.

Et vous aussi!... vous voilà donc comme moi?

Mme DE SAINT-ANDRÉ.

Ah! monsieur!... on y donne des pièces si immorales!... je me rappelle encore ce *Plus Beau Jour de la Vie*... quelle horreur!

ANTONINE.

Ah! oui... cette pièce qui finit d'une manière si indécente.

DURAND.

Ah! et comment le savez-vous, mademoiselle?

ANTONINE, embarrassée.

Ah!... c'est-à-dire... moi, je ne sais pas... mais certainement, quand elle lui parle bas, en s'en allant...

M. DE SAINT-ANDRÉ.

AIR : De sommeiller encor, ma chère. (*Arlequin Joseph.*)

Ce n'est pas dans la convenance.

DURAND.

Pourquoi donc? ça me semblait bien,
Car je croyais que l'innocence
A tout cela n'entendait rien.
Ou pour savoir ainsi d'avance
Deviner ce qu'on dit tout bas,
Il faut beaucoup d'intelligence.

Mme DE SAINT-ANDRÉ.

Et ma fille n'en manque pas.

Ni moi non plus, monsieur... et je trouve révoltant qu'on ose tourner l'amour maternel en ridicule.

DURAND.

Pas l'amour maternel... mais les nerfs...

Mme DE SAINT-ANDRÉ.

Eh bien! monsieur, parce qu'on est mère, il ne sera donc plus permis d'avoir des nerfs?... qui est-ce qui en aura, si ce n'est une malheureuse femme, (D'une voix entrecoupée.) qui se sépare de tout ce qu'elle a de plus cher... pour se trouver en tête-à-tête avec son mari!

M. DE SAINT-ANDRÉ.

Bien obligé!

Mme DE SAINT-ANDRÉ.

Aussi j'ai dit à M. de Saint-André, qui avait des actions à tous les théâtres...

DURAND.

Ah! le malheureux!

Mme DE SAINT-ANDRÉ.

De vendre celles du Gymnase.

M. DE SAINT-ANDRÉ.

Ce que j'ai fait ce matin... ça m'en fait quelques-unes de moins.

DURAND.

C'est toujours ça de plus.

M. DE SAINT-ANDRÉ.

Moi, qui ai de l'esprit, j'ai profité du jour de l'ouverture; parce qu'une pièce nouvelle, une salle neuve, ça met du monde dedans... et puis le lendemain, votre serviteur... il n'y a plus personne.

DURAND.

Vous avez bien raison... un théâtre si mal placé...

Mme DE SAINT-ANDRÉ.

Si incommode.

DURAND.

Théâtre pitoyable!... pitoyable... et je ne sors pas de là...

DENNEVILLE, en dehors.

Oui, mon cher, 105, 75.

DURAND.

Eh! c'est mon ami Denneville, l'agent de change.

SCÈNE VI.

Les mêmes; DENNEVILLE.

DURAND.

Arrivez donc ! vous venez bien tard.

DENNEVILLE.

C'est que je sors des coulisses de l'Opéra. (Pendant que Durand et Denneville causent ensemble, monsieur, madame de Saint-André et Antonine se promènent dans le foyer.)

DURAND.

Ah! vous y allez!... diable... diable!...

DENNEVILLE.

Vous savez que j'y ai des clientes... la petite danseuse dont je vous parlais, qui tous les matins me fait acheter des rentes.

DURAND.

Celle qui a ruiné deux princes russes?

DENNEVILLE.

Oui... oui... elle a de l'ordre... elle fait des économies... J'ai aussi songé à votre affaire. J'ai placé vos quarante mille francs.

DURAND.

C'est bien.

DENNEVILLE.

Et comme vous m'avez laissé le maître du placement, je vous ai acheté des actions. (Montrant M. de Saint-André qui sort par la droite avec madame de Saint-André et Antonine.) Tenez... à ce monsieur... qui s'en va.

DURAND.

Ah! mon Dieu! des actions du Gymnase! c'est donc ça qu'il se vantait d'avoir fait une bonne affaire.

DENNEVILLE.

C'est vous qui en avez fait une excellente.

DURAND.

Laissez-moi tranquille.

DENNEVILLE.

Ne parlez donc pas si haut... à qui en avez-vous?... qu'est-ce que vous voulez?

DURAND.

Je veux... je veux revendre... et le plus tôt possible.

DENNEVILLE.

Je ne demande pas mieux... c'est encore un droit de courtage... mais attendez quelques jours, et vous m'en remercierez... Le théâtre qui déjà allait bien... ira encore mieux, grâce à la nouvelle salle... les actions augmenteront... nous saisirons le moment.

DURAND.

Je comprends bien... mais si, d'ici là, il arrive malheur?... si, avant que j'aie pu vendre avec bénéfice, les recettes diminuent... si les pièces tombent... ce qui se voit tous les jours?

DENNEVILLE.

C'est à vous de les soutenir... à commencer par celle d'aujourd'hui... et vous aurez de la peine.

DURAND, avec crainte.

Vous croyez...

DENNEVILLE.

Dame!... UNE FAUTE... Qu'est-ce que c'est que ce titre-là?... de la politique... une pièce de circonstance?

DURAND.

Du tout, monsieur, du tout... ça date de plus loin... et

puis l'ouvrage me paraît bien monté... Mlle Léontine joue dedans.

DENNEVILLE.

Je ne crois pas.

DURAND.

Je vous assure que si... (A l'ouvreuse qui entre par la gauche.) N'est-ce pas, madame Empile?

SCÈNE VII.

DURAND, Mme EMPILE, DENNEVILLE.

Mme EMPILE.

Oui, monsieur.

DURAND, avec satisfaction, regardant du côté de la salle.

Voilà que l'on arrive... Dieu soit loué!

Mme EMPILE.

Et la salle aussi.

DURAND.

Quelle foule! ça ne m'étonne pas... ce théâtre est si bien situé... et puis, regardez donc... des toilettes magnifiques!... On dira ce qu'on voudra... mais à tort ou à raison, c'est évidemment le rendez-vous de la meilleure compagnie, on ne peut pas le nier... et si ce n'était la pièce d'aujourd'hui qui me donne des inquiétudes... si je connaissais seulement le sujet... Dites-moi, madame Empile, avez-vous entendu parler de l'ouvrage nouveau?

Mme EMPILE.

Je crois bien... j'étais ce matin dans la salle avec madame Gibou, ma collègue des baignoires, et nous causions pendant qu'on répétait... je n'en manquerais pas un mot...

DURAND.

Eh! bien, contez-nous ça... nous pourrons juger... si c'est bon...

DENNEVILLE.

Ou mauvais... D'ailleurs, c'est toujours agréable de savoir d'avance... on avertit ses voisins.

DURAND.

Oui... pour couper l'intérêt... j'espère bien au contraire que vous ne direz rien.

Mme EMPILE.

Oh! oui... il ne faut rien dire... sans cela, ça me compromettrait auprès de l'administration... D'abord, c'est une pièce qu'est ben farce.

DURAND.

On disait un drame.

Mme EMPILE.

Raison de plus... vous allez voir... ça commence par un grand... qui est maigre!... moi, je ne sais pas au juste le nom de ces messieurs... mais n'importe... vous allez rire.

DENNEVILLE.

J'y suis... c'est Legrand.

DURAND.

Eh! bien... ça n'est déjà pas mal.

Mme EMPILE.

Non, ce n'est pas celui-là... mais c'est égal... il fait un rôle... vous savez, de ces rôles de...

DENNEVILLE.

De financier... j'en suis sûr.

DURAND, regardant Denneville.

Tant mieux... ça amuse toujours.

DENNEVILLE.

Merci !

Mme EMPILE.

Non... un rôle... un grand rôle.

DURAND.

Un militaire qui revient d'Alger... c'est bon, il y aura des couplets de gloire et de lauriers.

Mme EMPILE.

Mais non... un rôle de... que diable c'est-y?... enfin ça ne fait rien... Vient alors une femme à qui ça ne convient pas; et qui dit comme ça : « Mais enfin, qu'est-ce que ça signifie?... » Parce que, voyez-vous, elle, dans la pièce fait un rôle de...

DURAND.

De femme colère?... ce n'est pas mal.

Mme EMPILE.

Du tout... un rôle de... on ne voit que de ça... enfin, ça n'y fait rien... L'autre, que ça impatiente, répond : « Ah! mais, écoutez donc... il ne faut pas croire que... » Pour lors, on entend du bruit... c'est les autres qui arrivent... c'est de la musique... c'est des cris... c'est un tapage... c'est superbe... et un grand qui s'écrie : « C'est faux!... c'est faux!... arrêtez, les violons! recommencez-moi ça! »

DURAND.

C'est dans la pièce?

Mme EMPILE.

Certainement.

DENNEVILLE.

Et qui est-ce qui disait cela?

Mme EMPILE.

Celui-là, je le connais... c'est M. Dormeuil, le régisseur.

DURAND.

Alors, ce n'était pas dans la pièce; c'était dans la répétition.

Mme EMPILE.

C'est possible... moi, je dis ce que j'ai entendu... et vous pouvez voir d'après cela seulement, que c'est une pièce bien sensible et bien intéressante.

DURAND.

C'est possible... mais, enfin, comment ça finit-il?

Mme EMPILE.

Ça finit que tout le monde s'est en allé.

DURAND.

Oui : mais le dénouement... les derniers mots?

Mme EMPILE.

Je me les rappelle... c'est une grande belle femme qui est venue, et qui a dit : « Ma fille, vous avez chaud, mettez votre châle et partons. »

DURAND.

C'est madame Fay qui aura dit cela à sa fille.

Mme EMPILE.

C'est possible... car, de fait, c'était mademoiselle Léontine.

(On entend plusieurs personnes en dehors qui appellent l'ouvreuse.)

AIR du vaudeville de *Une Visite à Bedlam.*

J' vous d'mande pardon, j'entends
Qu'aux premières on m'appelle,
Et je m'en vais, avec zèle,
Leur offrir mes petits bancs.

DURAND.

Un mot encor.

Mme EMPILE.

Je m'en vas.
Adieu, messieurs, je vous laisse,
Mais surtout ne dites pas
Que vous connaissez la pièce.

Ensemble.

DENNEVILLE.

Ah! d'après cela, vraiment,
La pièce doit être belle;
Quel malheur d'avoir sur elle

Hypothéqué son argent!

DURAND.

Ah! d'après cela, vraiment,
La pièce doit être belle ;
Quel malheur d'avoir sur elle
Hypothéqué mon argent !

Mme EMPILE.

Bien des pardons; mais j'entends
Qu'aux premières on m'appelle ;
Et je m'en vais, avec zèle,
Leur offrir mes petits bancs.

(Elle sort par le fond.)

SCÈNE VIII.

LES MÊMES; M. et Mme DE SAINT-YVES, entrant par la droite.

SAINT-YVES.

Mon Dieu, madame, je suis entièrement de votre avis... si ce n'est que, dans un sens, peut-être, je pense tout le contraire... j'aime la foule ; et je ne l'aime pas... je l'aime, quand je suis placé.

Mme DE SAINT-YVES.

Monsieur!...

SAINT-YVES.

Je me tais, madame, je me tais... et puisqu'il a fallu que, malgré moi, je vinsse à ce théâtre...

Mme DE SAINT-YVES.

Oui, monsieur... je l'ai voulu.

SAINT-YVES.

Cela suffit, madame... on sait que vous êtes la maîtresse au logis... je fais tout ce que vous voulez...

DENNEVILLE, saluant M. et madame de Saint-Yves.

Monsieur de Saint-Yves... vous ici... par quel hasard... à ce théâtre?

SAINT-YVES.

C'est bien malgré moi, je vous jure, car je puis bien dire que je n'aime pas ce théâtre.

DURAND.

Et pourquoi donc, monsieur?

SAINT-YVES.

Ils disent tous qu'on m'y a mis en scène; et ce n'est pas vrai... je ne ressemble en rien à M. Fortuné de Saint-Yves, qui d'abord parle très-mal; et si j'ai un défaut, ce n'est pas celui-là.

DURAND.

Non, sans doute.

SAINT-YVES.

Ensuite, celui qui joue ce rôle est un grand... et moi, je ne le suis pas... il n'y a donc pas la moindre allusion possible...

DURAND.

Non, certainement.

DENNEVILLE.

Madame a-t-elle vu la nouvelle salle?

Mme DE SAINT-YVES.

Pas encore... nous arrivons... comment la trouve-t-on?

DURAND.

Mais on est généralement d'accord qu'elle est fort agréable.

SAINT-YVES.

Moi j'aimais mieux l'ancienne salle.

DENNEVILLE.

Elle était si incommode!

SAINT-YVES.

C'est justement pour cela... on entre dans une loge; la toile n'est pas encore levée... on ne sait que dire : c'est un sujet de conversation tout fait : « Ah! qu'on est mal à son aise!... que ces loges sont étroites!... » J'avais là-dessus deux ou trois phrases dont je me servais habituellement, et qui remplissaient les entr'actes d'une manière fort agréable.

Mme DE SAINT-YVES.

Il suffit.

SAINT-YVES.

Et puis, écoutez donc, madame, il y avait aussi d'autres avantages que vous n'appréciez pas... certainement, d'être serré, c'est incommode ; mais quand c'est près d'une jolie femme...

Mme DE SAINT-YVES, sévèrement.

Monsieur !

SAINT-YVES.

Je me tais, madame. (A Durand.) Car si je m'écoutais, je me fâcherais... je ferais un coup d'État.

DURAND.

Prenez garde... ils ne sont pas heureux cette année.

SAINT-YVES, à sa femme.

D'ailleurs, je connais votre sévérité et la rigidité de vos mœurs... aussi, c'est bien la dernière fois que je viendrai ici.

Mme DE SAINT-YVES.

Non pas... nous y viendrons la semaine prochaine... j'ai vos nièces, toute votre famille à dîner, qu'est-ce que je ferais de tout ce monde-là?... il faudra demander un spectacle.

SAINT-YVES.

Si vous le voulez absolument... mais c'est peut-être difficile.

DURAND.

Du tout... en prenant deux, trois, quatre loges... plus que moins...

DENNEVILLE, montrant Durand.

Voici, monsieur, qui est un des principaux actionnaires.

DURAND, *passant auprès de madame de Saint-Yves.*

Que désirerait madame?

Mme DE SAINT-YVES.

AIR du vaudeville de Partie Carrée.

Ce qu'on voudra... de l'intérêt, du style,
Un sujet neuf, comique, intéressant.

DURAND, *soupirant.*

Ah! le public devient bien difficile!...
Quoi! tout cela dans un acte?

Mme DE SAINT-YVES.

Oui, vraiment.
De l'action, des mœurs, un caractère :
Que l'on s'amuse, et qu'on rie aux éclats.

DURAND.

Je comprends bien... il vous faut du Molière
Et nous n'en tenons pas.

Mme DE SAINT-YVES.

Alors ce que vous pourrez... pourvu que ce soit un spectacle... un spectacle varié.

SAINT-YVES.

Impossible... ils n'ont ici que du marivaudage... ils ne sortent pas de là... ce sont toujours des pièces de boudoir.

DURAND.

Voulez-vous *la Loge du Portier?*

Mme DE SAINT-YVES.

Fi donc!

SAINT-YVES.

Trop bas étage.

DURAND.

La Demoiselle à Marier?

Mme DE SAINT-YVES.

Trop bourgeois.

DURAND.

Les Grisettes?

Mme DE SAINT-YVES.

Trop mauvais ton.

DURAND.

La Manie des Places? l'Intérieur d'un Bureau?

Mme DE SAINT-YVES, avec ennui.

Ah! des mœurs administratives!

DURAND.

Le Comédien d'Étampes... le Sourd... le Secrétaire et le Cuisinier?

SAINT-YVES.

Ce sont des farces... c'est ignoble!

DURAND.

Vatel... le Coiffeur et le Perruquier?

Mme DE SAINT-YVES.

C'est digne des Variétés.

DURAND.

Aimez-vous mieux Rodolphe, Yelva, Malvina, Philippe?

Mme DE SAINT-YVES.

C'est encore pire... c'est du drame!

SAINT-YVES.

Du mélodrame! c'est épouvantable.

DURAND, s'échauffant.

Vous criez au marivaudage... il me semble cependant que Marivaux ne faisait pas de drames... et qu'en définitive, du bourgeois, du mauvais ton, de l'ignoble, des pièces de boudoir, et de l'épouvantable... cela forme un joli répertoire aussi varié qu'à aucun théâtre.

SCÈNE IX.

Les mêmes; M. DE NOIRMINE et GUSTAVE, qui entrent en se disputant.

M. DE NOIRMINE.

Allons donc, monsieur, laissez-moi tranquille... vous êtes fou.

SAINT-YVES.

Eh! mon Dieu, monsieur, qu'y a-t-il?

M. DE NOIRMINE.

Ce qu'il y a, monsieur? il y a qu'on veut se moquer de moi, et que je ne le souffrirai pas.

DURAND.

Comment cela?

(Madame de Saint-Yves et Denneville se promènent dans le foyer, sortent et rentrent de temps en temps jusqu'à la fin de la scène.)

M. DE NOIRMINE.

Figurez-vous, monsieur, que j'arrive à l'instant même de mon château de Noirmine en Sologne... où l'on est, j'ose le dire, comme à deux cents lieues de la capitale... Depuis quinze jours, je n'avais pas de nouvelles... et à mon entrée, là... dans ce corridor... je trouve monsieur qui se met à me conter un tas de balivernes.

SAINT-YVES.

Quoi donc, monsieur?

M. DE NOIRMINE.

Des choses incroyables.

DURAND.

Alors, je vous conseille d'y croire.

M. DE NOIRMINE.

Laissez donc !... me soutenir que...

DURAND.

Oui, monsieur...

M. DE NOIRMINE.

Et puis que...

GUSTAVE.

Oui, monsieur...

(Saint-Yves va rejoindre sa femme et Denneville.)

M. DE NOIRMINE.

Enfin... et cela, en trois jours... allons donc... c'est un conte.

DURAND.

Non, monsieur... c'est de l'histoire... et une belle page.

M. DE NOIRMINE.

Par exemple !... vous me ferez croire que le peuple s'est... oh ! oh ! oh !... et que les autres... eh ! eh ! eh !...

GUSTAVE.

Comme vous le dites.

M. DE NOIRMINE.

Bah !... ainsi, tout est perdu ?

DURAND.

Au contraire.

M. DE NOIRMINE.

Alors, je comprends... ces amas de pierres... ces arbres qui tout à l'heure m'ont fait tomber...

GUSTAVE.

Vous n'êtes pas le seul.

M. DE NOIRMINE.

C'étaient des barricades... comme du temps de la Fronde, sous monseigneur Jules de Mazarin.

GUSTAVE.

Non, monsieur... c'est un peu mieux que cela.

AIR du vaudeville des Scythes et les Amazones.

Ne parlez pas de ces temps de la Fronde,
Où factieux, et jamais citoyen,
Prince, prélat, grand seigneur, tout le monde
Vendait son bras à qui disait : combien?
Sans que la France y fût jamais pour rien.
Plats courtisans qui cherchaient à paraître...
Valets dorés, l'un de l'autre jaloux :
Ils se battaient pour lui donner un maître,
Nous nous battons pour l'être enfin chez nous,
Nous voulions être maîtres chez nous!

M. DE NOIRMINE.

Les maîtres chez vous!... vous avez donc perdu la tête! (Voyant le ruban tricolore que Gustave porte à sa boutonnière.) Ah! mon Dieu! qu'est-ce que je vois là à votre boutonnière!... vous me faites frémir... je suis sûr que j'ai changé de couleur!

DURAND.

Et la France aussi.

AIR de la romance de Téniers.

A ce drapeau la France, heureuse et fière,
   A rattaché tous ses succès.
Il fut longtemps l'étendard de la guerre,
Qu'il soit pour nous le gage de la paix !
Que ses couleurs ramènent l'espérance,
Sur l'horizon qui semblait l'obscurcir...
C'est l'arc-en-ciel annonçant à la France
   Que les beaux jours vont revenir.

M. DE NOIRMINE.

C'est fabuleux... c'est inimaginable!... Allez donc passer quinze jours en Sologne!... mais ça ne tiendra pas.

GUSTAVE.

Si fait, monsieur...

2.

DURAND, à demi-voix.

Est-ce que par hasard, vous seriez ?...

M. DE NOIRMINE.

Hélas ! monsieur... je suis un infortuné, qui perds deux petites sinécures, et qui vais me trouver réduit à vivre de mes quatre-vingts malheureuses mille livres de rentes.

GUSTAVE.

Le pauvre homme !

M. DE NOIRMINE.

Et mes pauvres enfants !... j'en ai deux à établir... deux grands gaillards pleins de moyens et d'ardeur... que j'avais fait entrer...

DURAND.

Dans le militaire ?...

M. DE NOIRMINE.

Non, monsieur... au séminaire.

DURAND.

Il est sûr que pour parvenir...

M. DE NOIRMINE.

C'était bien la meilleure porte.

GUSTAVE.

On dit qu'elle va être fermée.

M. DE NOIRMINE.

Alors, voilà tous les états perdus... Il n'y en a plus pour la jeunesse... on ne respecte plus rien... (Regardant vers la gauche.) Oh ! mon Dieu ! quel bruit dans ce corridor !... un jeune homme de dix-sept à dix-huit ans qui passe, et que tout le monde regarde avec respect.

DURAND, ôtant son chapeau.

C'est juste !... c'est un élève de l'École Polytechnique.

AIR de PERSUIS.

Lorsqu'autrefois à l'étranger

Un traître vendit-nos murailles,
Ou les vit, aux jours du danger,
Les premiers aux champs de batailles.
Les derniers ils l'avaient quitté,
Et la gloire qui les regarde...
Pour la France et la liberté
Les voit encore à l'avant-garde...
Les voit toujours à l'avant-garde!

M. DE NOIRMINE.

Il n'y a donc plus d'enfants?

GUSTAVE.

Non, vraiment... Ils se sont émancipés.

M. DE NOIRMINE.

Et vous croyez que ça ira bien?

GUSTAVE.

J'en suis sûr... et avant un quart d'heure, je vous aurai converti.

AIR : Amis, voici la riante semaine. (*Le Carnaval.*)

Sur notre accord nos libertés se fondent,
Venez à nous... chez nous plus de partis;
Que tous les cris, tous les vœux se confondent
Dans un seul vœu... le bonheur du pays...
Pour qu'il soit libre, alliance éternelle,
Serrons les rangs; et dans la France, enfin,
Qu'il ne soit plus d'autre chaîne que celle
Que nous formons en nous donnant la main !

M. DE NOIRMINE.

Ah! mon Dieu! quel bruit... est-ce une révolution?

SCÈNE X.

LES MÊMES; M. et Mme DE SAINT-YVES, DENNEVILLE,
M., Mme et Mlle DE SAINT-ANDRÉ, Mme EMPILE.

M., Mme et Mlle DE SAINT-ANDRÉ.

Oui, madame l'ouvreuse... ouvrez-nous vite !

Mme EMPILE.

Un instant, un instant... voyons le coupon.

(Pendant que M. de Saint-André cherche son coupon.)

DURAND, bas à Gustave.

J'ai idée que c'est là votre prétendue, Mlle de Saint-André.

GUSTAVE.

Justement... enchanté de faire sa connaissance.

ANTONINE, vivement à l'ouvreuse.

Eh! il n'y a pas besoin de tant regarder... c'est le n° 13, ouvrez vite.

Mme EMPILE.

N° 13, c'est impossible... la loge est pleine.

M. et Mme DE SAINT-ANDRÉ.

Qu'est-ce que vous dites?

ANTONINE.

Vous les ferez sortir, puisque c'est nous qui l'avons louée.

Mme DE SAINT-ANDRÉ.

Sans doute... je me plaindrai à l'administration.

Mme EMPILE.

Permettez, madame, ce n'est pas la faute de l'administration... votre billet est pour demain.

TOUS, avec effroi.

Pour demain !

ANTONINE, avec colère.

Aussi, mon papa, vous n'en faites jamais d'autres... mais c'est égal, je suis venue pour voir le spectacle, je le verrai... parlez donc, défendez vos droits!

Mme DE SAINT-ANDRÉ.

Prenez donc garde, ma fille, tout le monde nous regarde.

ANTONINE.

Eh! maman, qu'est-ce que cela me fait!

DURAND, à Gustave.

Le caractère est gentil.

ANTONINE.

Il faut qu'on nous place, qu'on nous trouve une loge... Ah ! je n'en puis plus... je suffoque !

Mme DE SAINT-ANDRÉ.

Elle va avoir une attaque de nerfs... et moi aussi.

ANTONINE, se laissant aller dans ses bras.

Ah ! maman !

GUSTAVE, effrayé, à Durand.

Des nerfs !... allons, je l'échappe belle... l'épousera qui voudra... dites encore qu'il n'est pas utile de venir au Gymnase !

Mme DE SAINT-YVES, à son mari.

Eh venez donc, monsieur... on va commencer... (A madame Empile.) Vite, madame, ouvrez-nous, c'est le n° 13.

Mme EMPILE.

Encore !

SAINT-YVES, étourdi.

Comment ! celui qui est déjà pris... c'est nous qui l'avons.

M. et Mme DE SAINT-ANDRÉ.

Du tout, c'est nous.

DURAND, qui, pendant ce temps, a ouvert son coupon.

Eh ! mon Dieu, non ; c'est moi. Tout le monde l'a donc ?

TOUS, entourant madame Empile le coupon à la main.

C'est une horreur !

AIR : Enfin, il revoit le séjour. (*Malvina.*)

C'est moi, c'est moi qu'il faut placer,
J'ai le numéro treize,
A notre aise
Il faut nous placer,
Et sans nous entasser.

Mme EMPILE, parlant avec volubilité.

Voyons, voyons; ils y sont déjà huit... mais avec un peu de bonne volonté. (A Saint-Yves.) Vous, monsieur, c'est probablement au rez-de-chaussée... (A part.) L'ouvreuse d'en bas s'en tirera comme elle pourra... (A madame de Saint-André.) Ces dames trouveront peut-être de la place en haut. (Montrant Durand.) Et quant à monsieur, avec un tabouret dans le couloir...

DURAND.

Moi!... un actionnaire...

Mme EMPILE.

C'est pour cela... vous devez faire les honneurs.

UNE DAME.

Et nous, madame, placez-nous donc!

TOUS.

Et nous aussi... voilà qu'on commence.

SAINT-YVES, rentrant.

On commence... et pas de places!

TOUS.

Comment, pas de places?

DENNEVILLE.

Pas de places... c'est affreux... la nouvelle pièce n'a qu'à bien se tenir.

DURAND, allant de l'un à l'autre.

Messieurs, de l'indulgence... c'est un jeune homme qui débute... (A part.) ils vont faire tomber la pièce et mes actions aussi.

VAUDEVILLE.

AIR du vaudeville des *Jolis Soldats*.

(Pendant la ritournelle, on entend la petite sonnette du foyer qui annonce le commencement du spectacle.)

TOUS.

Ah! commencez, commencez, commencez!

La pièce nouvelle
Nous appelle
Ah! commencez, commencez, commencez,
Dépêchez-vous, nous sommes pressés.

DENNEVILLE.

De l'or des pauvres contribuables
O vous qui toujours vous engraissez,
Ah! finissez, finissez, finissez,
Faiseurs de budgets interminables,
Ah! finissez, finissez, finissez,
De vos suppléments ils ont assez.
Ils veulent bien remplir votre caisse;
Mais à ce peuple si patient,
Vous qui promettiez sans cesse
Du bonheur pour son argent...
Ah! commencez, commencez, commencez!
C'est là l'espérance
De la France.
Ah! commencez, commencez, commencez,
Dépêchez-vous, nous sommes pressés.

M. DE NOIRMINE.

Fils de Loyola, mes chers confrères,
A l'air confit, aux regards baissés,
Ah! finissez, finissez, finissez!
Des coups d'État grands missionnaires,
Ah! finissez, finissez, finissez!
De Saint-Acheul les jours sont passés.
Mais ne perdez pas pour ça courage,
Changez d'habits, mais non pas de mœurs,
Et sous un autre langage,
Comme sous d'autres couleurs,
Recommencez, commencez, commencez!
En plongeant sans honte
L'on remonte.
Recommencez, commencez, commencez
Le ciel aidant, nous serons placés.

SAINT-YVES.

De tant de promesses mensongères,

Vous qui nous avez longtemps bercés,
Ah! finissez, finissez, finissez.
Flatteurs des caprices arbitraires,
Ah! finissez, finissez, finissez :
De toutes les cours disparaissez!
Règne des lois, où nul ne s'écarte
Des saints devoirs de la liberté;
Temps prospères, où la charte
Devient une vérité,
Ah! commencez, commencez, commencez,
C'est là l'espérance
De la France.
Ah! commencez, commencez, commencez :
Dépêchez-vous, nous sommes pressés.

(On entend les trois coups qui annoncent l'ouverture, tout le monde sort pour aller prendre sa place.)

DURAND, seul, au public.

Me voilà seul... j'entends l'ouverture...
Dieux! quel bruit!... vous là-haut qui toussez,
Ah! finissez, finissez, finissez...
Déjà n'entends-je pas un murmure?
Ah! finissez, finissez, finissez,
Vous qui d'improuver êtes pressés.
Jadis indulgents, daignez l'être encore.
Qu'un bravo vienne nous égayer!
Je crois la salle sonore,
Si vous voulez l'essayer...
Ah! commencez, commencez, commencez;
Qu'un succès dans la salle
M'installe,
Ah! commencez, commencez, commencez,
De l'obtenir nous sommes pressés.

UNE FAUTE

DRAME EN DEUX ACTES, MÊLÉ DE COUPLETS.

Théatre du Gymnase. — 17 Août 1830.

PERSONNAGES.	ACTEURS.
ERNEST DE VILLEVALLIER . . . . MM.	Paul.
BALTHASAR, ancien domestique.	Numa.
GRINCHEUX, maître menuisier	Klein.
LÉONIE, femme d'Ernest. . . . . Mmes	Léontine Fay.
Mme DARMENTIÈRES, tante de Léonie	Julienne.
JOSÉPHINE, femme de Grincheux, couturière . .	Valérie.

Parents et Amis d'Ernest.

Dans un château aux environs de Bordeaux.

UNE FAUTE

ACTE PREMIER

Un salon ouvert par le fond, et donnant sur les jardins. Portes latérales. Sur le devant du théâtre, à gauche de l'acteur, une table; à droite, un petit guéridon.

SCÈNE PREMIÈRE.

JOSÉPHINE, assise à droite, et tenant à la main son ouvrage, dont elle ne s'occupe pas; GRINCHEUX, à gauche devant la table et écrivant.

GRINCHEUX, relisant son mémoire.

« Mémoire des ouvrages faits par moi Grincheux, maître « menuisier, dans le château de M. le comte de Villeval-« lier. » Le plus beau château des environs de Bordeaux ! Un immense manoir féodal, qui, de tous les côtés, tombait de noblesse, et qu'il a fallu remettre à neuf. (S'interrompant et appelant.) Joséphine !... ma femme !... madame Grincheux !...

JOSÉPHINE.

Qu'est-ce donc ?

GRINCHEUX.
Qu'est-ce que tu fais là ?

JOSÉPHINE.
Moi?... je travaille à la robe de madame.

GRINCHEUX.
Ce n'est pas vrai... tu étais encore à rêvasser... et je n'aime pas ça... est-ce que tu vas faire comme madame la comtesse, qui, depuis six mois, est toujours triste, souffrante et malade?... elle, du moins, c'est une grande dame, qui a une belle maison, une belle fortune, un bon mari !... Elle peut être triste, elle a le temps... mais une couturière comme toi, qui tourne à la mélancolie, c'est bête, vois-tu ; parce que, pendant ce temps-là, l'ouvrage ne va pas.

JOSÉPHINE.
Vous êtes toujours à gronder.

GRINCHEUX, se levant et allant à elle.
C'est qu'en vérité je ne te reconnais pas. Voilà quatre ans que nous sommes mariés, et autrefois tu étais vive, joyeuse, toujours de bonne humeur ; et quand j'étais à ma menuiserie, et toi à ta couture...

AIR : Tenez, moi je suis un bon homme. (Ida.)

Tu chantais toujours, Dieu sait comme !
Des r'frains qu'étaient bien amusants...
Et puis, pour embrasser ton homme,
Tu t'interrompais d' temps en temps.
Ça nous faisait fair' bon ménage,
Chansons par-ci, baisers par-là !
J' travaillais deux fois davantage,
Et les pratiqu's payaient tout ça.

Et puis autrefois... le dimanche, tu te faisais belle pour moi... nous sortions ensemble... mais à présent, les jours de fête... Hier, par exemple, où as-tu dîné et passé la soirée ?

JOSÉPHINE.
Chez madame Gravier, ma tante.

GRINCHEUX.

C'est singulier qu'elle ne m'ait pas invité!... Aussi, toute la journée, j'ai promené paternellement nos deux garçons dans les allées de Tourny et au Château-Trompette... de sorte qu'en revenant, il a fallu les porter, un sur chaque bras... et le soir, pour me refaire, j'ai eu une dispute.

JOSÉPHINE.

Vous êtes si gentil!

GRINCHEUX.

Je ne suis pas mal... D'ailleurs, en m'épousant, tu me connaissais.

AIR : De sommeiller encor, ma chère. (Arlequin Joseph.)

> Je ne t'ai point trompée, ma chère :
> J'étais comm' ça, quand tu m'as pris ;
> Pas beau, mais d'un bon caractère,
> Et la beauté n'a pas grand prix :
> Ses avantag's sont trop rapides ;
> Mais la laideur, mais les bons sentiments,
> Ce sont des qualités solides,
> Qui rest' et qui durent longtemps.

Ainsi ce n'est pas moi qui suis changé, c'est toi.

JOSÉPHINE.

Par exemple!

GRINCHEUX.

Oui... oui... depuis quelques mois à peu près.

JOSÉPHINE.

Si on peut dire des choses pareilles!... Apprenez, monsieur Grincheux...

GRINCHEUX.

Il n'y a pas besoin de se fâcher ni de rougir comme tu le fais... Tais-toi : car voilà le vieux Balthasar, mon cousin, l'intendant du château, qui de sa nature est toujours de mauvaise humeur.

SCÈNE II.

JOSÉPHINE, assise; BALTHASAR, GRINCHEUX.

BALTHASAR, entrant par le fond.

Si ce n'est pas un meurtre, une indignité !... Partout des papiers *perse!* des peintures nouvelles, des dorures, des colifichets! Ce n'est plus notre ancien château... je ne m'y reconnais plus.

GRINCHEUX.

Je crois bien, cousin; nous en avons fait un boudoir de la Chaussée-d'Antin de Paris. Ce n'est pas un mal.

BALTHASAR.

Si vraiment!... Mon pauvre maître, après un an d'exil, se fait sans doute une fête de revoir le château de ses pères; et en y rentrant, il se croira encore dans un pays étranger... Quant à moi, qui suis né ici, qui y ai passé ma jeunesse...

AIR de Lantara.

Ce vieux château devait me plaire!
J'ai par le temps vu ses murs se noircir :
Chaque colonne, chaque pierre
Me rappelaient un chagrin, un plaisir;
A chaque pas c'était un souvenir!
Il d'vait rester tel que moi, ce me semble;
Car c'est cruel, et mon cœur en gémit,
Pour deux amis qui vieillissaient ensemble,
De voir qu'un d'eux seulement rajeunit.

Enfin n'y pensons plus... quand mon maître reviendra... s'il revient jamais !... (A Grincheux, qui s'est approché de lui et qui lui présente un papier.) Qu'est-ce que c'est?

GRINCHEUX.

Mon mémoire, que vous examinerez, et que j'ai fait en conscience, car c'est vous, cousin, qui m'avez fait avoir la pratique du château.

BALTHASAR, regardant le papier.

As-tu bien mis là tout ce que tu as fait ?

GRINCHEUX.

Oh! oui... pour le moins.

BALTHASAR.

Que de frais inutiles!... que de folles dépenses!... Enfin ça ne me regarde pas... monsieur l'a fait pour plaire à madame.

JOSÉPHINE.

C'est bien naturel!... une jeune femme, si bonne, si gracieuse, et surtout si jolie!... On la reconnaîtrait pour Espagnole, celle-là, rien qu'à ses beaux yeux noirs.

BALTHASAR.

Oui, la fille d'un ancien ambassadeur, dont, à Paris, il s'est avisé d'être amoureux... sa première inclination!... il en perdait la tête... moi aussi... et il a bien fallu la lui donner pour femme... au lieu d'en choisir une... tout uniment en France... Mon Dieu! elles ne sont pas pires là qu'ailleurs

JOSÉPHINE.

C'est aimable.

BALTHASAR.

Est-ce que j'ai besoin d'être aimable, madame Grincheux?... Est-ce que c'est mon habitude?

JOSÉPHINE.

Non, certainement... mais si madame vous entendait!

BALTHASAR.

Qu'importe!... J'ai ici mon franc-parler... le comte de Villevallier, mon maître, que j'ai vu naître, que j'ai élevé, que j'ai porté dans mes bras, m'a dit : « Balthasar, tant que je vivrai, tu resteras chez moi. » Et j'ai dit : « J'y compte... » Parce que mon maître... Vous ne savez pas ce que c'est que mon maître... c'est l'honneur même... c'est un cœur d'or... c'est le plus brave jeune homme... et si le ciel était juste, celui-là méritait d'épouser un ange.

JOSÉPHINE.

Il me semble qu'il n'est pas si mal tombé!... Qu'est-ce que vous avez à reprocher à madame?

BALTHASAR.

Moi!... est-ce que je lui reproche rien?

JOSÉPHINE.

Dame!... vous avez un air...

GRINCHEUX.

C'est vrai, cousin... vous avez un air...

JOSÉPHINE, se levant, et venant auprès de Balthasar.

Est-ce qu'elle n'est pas honorée et chérie dans le pays? Est-ce qu'elle ne fait pas du bien à tout le monde?... Est-ce qu'elle ne se conduit pas d'une manière exemplaire?

BALTHASAR.

C'est possible... Je ne dis pas non.

JOSÉPHINE.

Et cependant, depuis un an que son mari l'a laissée seule ici, dans ce château, avec sa tante pour unique compagnie, ça n'est pas amusant.

BALTHASAR.

Oh! sans doute; le devoir n'est jamais amusant... et puis c'est une chose si longue qu'un an de constance!

JOSÉPHINE.

Mais oui... et il ne faut pas croire qu'en fait de constance, tous les hommes en aient déjà tant... Vous tout le premier; car autrefois vous adoriez madame.

GRINCHEUX.

Vous vous seriez mis au feu pour elle!... témoin l'incendie du château, où vous vous êtes fait une blessure à la jambe, en voulant la sauver.

JOSÉPHINE.

Et maintenant vous êtes toujours de mauvaise humeur

quand on parle d'elle... Il me semble que vous lui en voulez.

BALTHASAR.

Moi!... Qui vous a dit cela? Est-ce que je l'accuse? Est-ce à elle que j'en veux?

JOSÉPHINE.

Et à qui donc?

BALTHASAR.

A sa tante... à madame Darmentières.

JOSÉPHINE.

A ma marraine qui, au fond, est une si bonne femme!

BALTHASAR.

Une véritable Espagnole, qui, avec ses idées castillanes, voit partout des don Rodrigue et des héros de romans... Donnez donc un pareil mentor à une femme de dix-sept ans, légère, et sans expérience!

JOSÉPHINE.

C'est justement ce qui prouve pour madame la comtesse... elle n'en a que plus de mérite à se conduire comme elle le fait... Mais à nous autres femmes, on ne nous rend jamais justice.

(Elle va se rasseoir.)

BALTHASAR.

Ah! souvent, si on vous rendait justice...

JOSÉPHINE.

Fi! ce que vous dites là n'est pas galant... Mais en général, monsieur Balthasar ne se pique pas d'être poli.

BALTHASAR.

Ce n'est pas d'hier, du moins, que vous pouvez me faire ce reproche... car je vous ai saluée deux fois sans que vous ayez daigné m'apercevoir.

GRINCHEUX.

Et où donc?

3.

BALTHASAR.

Au château de Raba... où vous vous promeniez en compagnie.

GRINCHEUX.

Tu as été hier te promener avec ta tante... en sortant de dîner?

JOSÉPHINE, baissant les yeux.

Oui, mon ami.

BALTHASAR, d'un air de doute, et s'approchant de Joséphine.

Ah! cousine!... ah! c'était votre tante qui vous donnait hier le bras!

JOSÉPHINE, d'un air suppliant.

Monsieur Balthasar!

BALTHASAR, à demi-voix, et avec humeur.

Soyez tranquille!... est-ce que je vois jamais ce qui ne me regarde pas?

GRINCHEUX.

Qu'est-ce que c'est donc?

BALTHASAR.

Rien du tout... (Lui donnant une poignée de main.) Ce pauvre Grincheux!... J'examinerai ton mémoire... car voici la tante de madame.

GRINCHEUX, étonné.

Ah çà!... il y a donc quelque chose?

SCÈNE III.

Les mêmes; Mme DARMENTIÈRES.

Mme DARMENTIÈRES, entrant par le fond, à droite.

Que l'on porte les fleurs et les bouquets dans ma chambre; et surtout le plus grand secret... Balthasar, Joséphine, ma chère filleule, vous voilà... J'ai des ordres à vous donner. Et vous, Grincheux, puisque vous êtes venu passer ici quelques jours auprès de votre femme, vous ne nous serez pas non plus inutile.

JOSÉPHINE et GRINCHEUX.

Qu'est-ce donc ?

Mme DARMENTIÈRES.

C'est aujourd'hui le jour de naissance de ma nièce, ma chère Léonie... et comme elle, qui est toujours malade, se trouve aujourd'hui un peu mieux... il faut en profiter.

JOSÉPHINE.

Je veux être la première à offrir mon bouquet à madame.

Mme DARMENTIÈRES, la retenant.

Non pas... garde-t'en bien... ce n'est pas le moment.. Je veux quelque chose d'imprévu... d'inattendu, qui nous frappe tous de surprise et d'admiration.

BALTHASAR, à part.

C'est ça... du romanesque... des coups de théâtre !

Mme DARMENTIÈRES.

J'ai invité une nombreuse société. Nous aurons ce soir un grand souper, un bal, un feu d'artifice... Moi, j'aime le monde, le bruit... c'est là mon bonheur, surtout quand il s'agit de fêter ma nièce.

AIR du vaudeville de *l'Écu de six francs*.

Partout son chiffre et sa devise
En transparents dans le jardin ;
Et pour compléter sa surprise,
Alors nous paraîtrons soudain,
Des fleurs, des bouquets à la main !...
C'est moi qui dois marcher en tête.
Le coup d'œil sera ravissant.
Et cela m'amusera tant !...

BALTHASAR, à part.

C'est pour ell' que sera la fête.

Mme DARMENTIÈRES.

Mais il me manque, pour le dénouement, quelque chose de foudroyant... de ces coups extraordinaires qui vous renversent... Qu'est-ce que nous pourrions donc faire?

JOSÉPHINE.

Je m'en rapporte à vous, ma marraine.

Mme DARMENTIÈRES.

Et vous, Balthasar, qu'est-ce que vous en dites?

BALTHASAR, passant auprès de madame Darmentières.

Moi, je dirais tout uniment à madame la comtesse : « Ma chère nièce, c'est aujourd'hui que tu es née pour l'orgueil de tes parents et le bonheur de ton époux... songe à lui, à tes devoirs, et embrasse-moi... voilà mon bouquet. »

Mme DARMENTIÈRES.

Dieu! que c'est bourgeois!

JOSÉPHINE.

Comme c'est fête de famille!

BALTHASAR.

C'est possible.... j'ajouterais... « Si je ne te fête pas autrement, c'est qu'en l'absence de ton mari, il ne me paraît pas convenable de donner des bals, des réjouissances, des feux d'artifice... »

Mme DARMENTIÈRES.

Balthasar!...

BALTHASAR.

Vous me demandez mon avis...

Mme DARMENTIÈRES.

Il est impertinent... et vous pouvez le garder.

BALTHASAR.

C'est dit... il ira avec beaucoup d'autres qu'on ne me demandait pas, et qu'on eût bien fait de suivre.

(Grincheux passe auprès de sa femme.)

Mme DARMENTIÈRES.

Je n'ai besoin ni de votre approbation, ni de votre censure. Je fais ce qui me convient, et ce qui conviendrait à monsieur le comte de Villevallier, mon neveu, s'il était ici... Pourquoi n'y est-il pas? Pourquoi, depuis un an, nous laisse-t-il seules en ce château?

BALTHASAR.

Si mon maître le fait, c'est qu'il a ses raisons.

Mme DARMENTIÈRES.

Vous les connaissez donc?

BALTHASAR.

Non : mais elles ne peuvent être que justes et convenables.

AIR : Au temps heureux de la chevalerie.

Voilà pourquoi je pense, au fond de l'âme,
Que votre nièc' peut bien, ainsi que vous,
Aveuglément, et sans craindre de blâme,
Se conformer aux ordr's de son époux.
Sans qu' ma raison ou mon cœur réfléchisse,
Tout c' qu'il commande à l'instant je le fais,
Car je suis sûr, pour peu que j'obéisse,
D' rendre un service, ou d' répandr' des bienfaits.

Mme DARMENTIÈRES.

Il suffit... Avez-vous été ce matin à la ville? Avez-vous fait les commissions de ma nièce?

BALTHASAR.

Oui, madame.

Mme DARMENTIÈRES.

Y avait-il des lettres pour nous?

BALTHASAR.

Plusieurs, ainsi que les journaux... pardon, je les ai là.

Mme DARMENTIÈRES.

Et vous ne me les avez pas données!... où avez-vous la tête? A quoi pensez-vous? (Elle prend les lettres, en ouvre une.) Dieu! l'écriture de mon neveu!

BALTHASAR.

C'est de lui, madame?... Madame, se porte-t-il bien?

Mme DARMENTIÈRES, lisant.

Certainement.

BALTHASAR.

Il ne lui est rien arrivé?

Mme DARMENTIÈRES, de même.

Du tout.

BALTHASAR.

Dieu soit loué!... Ah! que vous êtes bonne!... et après, madame, après... qu'est-ce qu'il dit?

Mme DARMENTIÈRES.

Que ce soir il peut être ici.

BALTHASAR.

Vous ne me trompez pas?

Mme DARMENTIÈRES, vivement.

Voilà l'idée que je cherchais... au milieu de la fête... l'arrivée d'un mari!... Surprise, coup de théâtre!... il ne s'agit que de bien ménager cela, et je m'en charge... pourvu que personne ne prévienne ma nièce.

BALTHASAR.

Mon maître, mon cher maître!... je veux être le premier à le recevoir... J'irai au-devant de lui... Daignez me dire par où il doit arriver.

Mme DARMENTIÈRES.

C'est inutile; je veux le plus grand secret... D'ailleurs on aura besoin de vous ici pour le service de la table, celui de l'office et l'inspection de l'argenterie.

BALTHASAR.

Ah! madame, grâce pour aujourd'hui!

Mme DARMENTIÈRES.

Pourquoi donc?

BALTHASAR.

AIR du vaudeville de la Robe et les Bottes.

Vous savez bien que d'ordinaire
Devant l'ouvrag' je ne recule pas;
Et j'ai gardé, quoique sexagénaire,
Du cœur, de la tête et des bras.
Mais prêt à r'voir mon maître, j' vous l'atteste,
Par le bonheur je me sens oppresser,
Il m'ôt' la force; et je veux qu'il m'en reste,
Ne fût-ce que pour l'embrasser!

Mme DARMENTIÈRES, le regardant avec pitié.

Ces vieux domestiques sont si ridicules!

BALTHASAR.

Ce n'est pas une raison pour les tuer... (Entre ses dents.) S'il fallait tuer tout ce qui est ridicule...

Mme DARMENTIÈRES.

Balthasar!

GRINCHEUX, allant à Balthasar.

Cousin...

BALTHASAR.

Eh! qu'est-ce que cela me fait?

(Il passe à la gauche de Grincheux.)

Mme DARMENTIÈRES.

C'en est trop... sortez d'ici à l'instant.

BALTHASAR.

Sortir!... je suis au service de monsieur le comte... c'est lui qui est mon maître.

Mme DARMENTIÈRES.

Mais, en son absence, ma nièce a tout pouvoir; et quand je lui raconterai votre insolence, c'est elle qui vous chassera.

BALTHASAR.

Peut-être.

Mme DARMENTIÈRES.

Voilà qui est trop fort... et nous verrons qui de moi ou d'un insolent valet...

JOSÉPHINE et GRINCHEUX.

Prenez donc garde, monsieur Balthasar... mon cousin.

BALTHASAR.

Ça m'est égal, nous verrons.

GRINCHEUX.

Paix ! c'est madame.

SCÈNE IV.

LES MÊMES; LÉONIE, entrant par le fond.

LÉONIE.

Eh! mon Dieu! d'où vient ce bruit?

Mme DARMENTIÈRES.

C'est ce vieil intendant... ce valet, qui a osé me manquer de respect.

LÉONIE.

Comment! Balthasar, vous vous seriez permis...

Mme DARMENTIÈRES.

Oui, ma nièce... et il s'est oublié à un tel point, que j'exige qu'aujourd'hui on le renvoie, sur-le-champ.

LÉONIE.

Serait-il vrai, Balthasar?

BALTHASAR.

Oui, madame la comtesse, j'ai eu tort, je ne dis pas non.

LÉONIE, avec émotion et sans sévérité.

C'est mal, très-mal... et, sinon par égard pour moi, qui suis souffrante, au moins pour mon mari, pour M. le comte votre maître... vous deviez, Balthasar, respecter ma tante.

Mme DARMENTIÈRES.

Lui parler ainsi, et avec cette modération!... qu'il soit renvoyé, je le veux!

LÉONIE.

Je le devrais, sans doute.

BALTHASAR.

Me voici prêt à régler mes comptes.

Mme DARMENTIÈRES, poussant Léonie.

Allons donc!

LÉONIE, à Balthasar.

Soit... tantôt... je vous parlerai... à vous seul.

Mme DARMENTIÈRES.

Et pourquoi donc?

LÉONIE.

De grâce, ma tante... il n'est pas nécessaire devant Joséphine, devant tout le monde, de faire une scène... (A Balthasar.) Plus tard... dans une heure, vous viendrez.

BALTHASAR.

Oui, madame. (Pendant que Léonie remonte vers le fond, Balthasar regarde madame Darmentières d'un air content, puis il dit bas à Grincheux :) Je vous l'avais bien dit... elle ne me renverra pas... je suis tranquille.

(Il sort.)

SCÈNE V.

JOSÉPHINE, assise, Mme DARMENTIÈRES, LÉONIE, GRINCHEUX.

Mme DARMENTIÈRES.

En vérité il n'y a que dans ce pays où l'on soit exposé à de telles insolences... Si, à Madrid, où vous êtes née et moi aussi, cela fût arrivé...

AIR du *Ménage de garçon.*

En prison, ou bien aux galères,
On l'eût envoyé tout d'abord;
Car il suffit, dans ces affaires,
D'avoir un bon corrégidor.

GRINCHEUX.

C' n'en est pas là chez nous, encor.
Dans notre pays, qu'est barbare,
Il faut, pour qu'un homme ait des torts,
Trouver des raisons : c'est plus rare
A trouver qu' des corrégidors.
Il faut des raisons... c'est plus rare
A trouver qu' des corrégidors.

(Il passe auprès de sa femme.)

LÉONIE.

Il suffit... je vous promets, ma tante, que vous aurez satisfaction... Mais comment cela est-il arrivé?

Mme DARMENTIÈRES.

A propos de rien... au sujet de ces lettres qu'il m'apportait, et que je n'ai pas encore achevé de lire. En voici pour vous. (Elle remet des lettres à Léonie, et achève de parcourir celles qui lui restent. Léonie va s'asseoir auprès de la table, à gauche.) Celle-ci est de mon libraire, à qui j'ai demandé des romans nouveaux... Il y a longtemps que je n'ai eu d'émotions fortes... (Prenant une autre lettre.) Celle-là... « A madame Joséphine « Grincheux, au château de Villevallier. » Ce n'est pas pour moi.

JOSÉPHINE, se levant.

Ah! mon Dieu!... Balthasar se sera trompé.

GRINCHEUX, prenant la lettre.

Sans doute.

JOSÉPHINE, la lui reprenant.

Ce n'est pas pour toi.

(Madame Darmentières lit ses lettres tout bas, auprès de la table, à droite, ainsi que Léonie, qui est assise à gauche ; Joséphine et Grincheux occupent le milieu de la scène sur le devant.)

GRINCHEUX, à voix basse, à sa femme.

C'est égal, je peux bien en prendre connaissance.

JOSÉPHINE, troublée, et reconnaissant l'écriture, à voix basse aussi.

Du tout... ce n'est pas nécessaire... non pas certainement que j'y tienne en aucune façon...

GRINCHEUX.

Eh bien! moi, madame Grincheux, j'y tiens beaucoup... Tout à l'heure je ne sais pas ce que vous avez dit à mon cousin Balthasar... mais il avait avec moi un air de compassion qui m'a déplu... (S'animant par degrés.) Je n'aime pas qu'on me plaigne.

JOSÉPHINE, de même.

Si vous en croyez Balthasar, il brouillerait tous les ménages.

GRINCHEUX.

Mais c'est égal ; je veux savoir pourquoi on vous l'adresse ici, au château.

JOSÉPHINE.

Parce qu'on sait que j'y travaille, que j'y suis en journée.

GRINCHEUX.

Voyons.

JOSÉPHINE.

Vous ne la verrez pas.

LÉONIE, avec impatience, et interrompant sa lecture.

Qu'est-ce donc?... Encore des disputes!... en vérité, je suis bien malheureuse... même ici, dans mon intérieur, dans ce château où je vis presque seule, je ne puis avoir un instant de repos ni de tranquillité.

GRINCHEUX, remontant la scène, et allant auprès de Léonie.

Pardon, madame la comtesse, c'est la faute de ma femme.

JOSÉPHINE.

C'est la sienne.

GRINCHEUX.

Elle ne veut pas me montrer cette lettre.

JOSÉPHINE.

Pourquoi veut-il connaître mes secrets?

GRINCHEUX.

Pourquoi en a-t-elle avec moi? Dès que, dans un ménage, il y a communauté, les secrets en sont; et si elle refuse, c'est qu'elle est coupable.

LÉONIE, vivement et avec agitation.

Coupable! que dites-vous?... qui vous donne le droit de l'accuser?

GRINCHEUX.

C'est elle-même... moi, je ne demande pas mieux que de faire bon ménage et d'être bon mari; c'est dans ma nature... S'il n'y a rien de mal dans cette lettre, qu'elle vous la montre. (Prenant Joséphine par le bras, et la faisant passer auprès de Léonie.) Je m'en rapporte à vous, madame la comtesse, qui êtes la sagesse et la vertu mêmes; et d'après ce que vous me direz, je serai tranquille.

Mme DARMENTIÈRES, à Joséphine.

Voilà, ma filleule, qui me paraît raisonnable.

JOSÉPHINE.

Je ne dis pas non, ma marraine... Mais aller importuner madame la comtesse de nos affaires particulières!...

GRINCHEUX.

Dès qu'elle y consent... Eh bien! madame Grincheux, vous hésitez?... Elle hésite...

JOSÉPHINE.

Non, non, certainement. (Elle remet la lettre à Léonie.) La voici.

LÉONIE, au moment où elle reçoit la lettre, lui prend la main; à voix basse.

Joséphine, vous tremblez.

JOSÉPHINE, de même.

Non, madame.

LÉONIE, la regarde, puis regarde la lettre qu'elle tient, et, sans la décacheter, dit à Grincheux, en se levant et passant auprès de lui.

C'est bien... tout à l'heure... à mon aise... je la lirai... et nous en parlerons... je vous le promets.

GRINCHEUX.

Ça suffit, madame, ça suffit

AIR de la valse des Comédiens.

Tout c' que j' demande est d'avoir confiance :
Rendez la-moi, c'est là tout mon espoir.

Mme DARMENTIÈRES, bas à Grincheux.

Viens, laissons-les... Je veux en confidence
Vous expliquer mes ordres pour ce soir.
(Passant auprès de Léonie.)
Et vous, songez à Balthasar... qu'il sorte...
Quand de ses gens on veut être obéi,
Au moindre mot on les met à la porte.

GRINCHEUX.

C'est l' seul moyen d'en être bien servi.

Ensemble.

Mme DARMENTIÈRES.

Ah! quel plaisir! mon cœur jouit d'avance
De la surprise où je m'en vais la voir.
(A Grincheux.)
Viens, laissons-les... je veux en confidence
Vous expliquer mes ordres pour ce soir.

GRINCHEUX.

Tout c' que j' demande est d'avoir confiance :
Rendez-la moi, c'est là tout mon espoir;

Aussi, madam', j' vous remercie d'avance,
Et je viendrai tout à l'heur' vous revoir.

LÉONIE, regardant Joséphine.

Eh! mais, je crois qu'elle tremble d'avance;
Qu'a-t-elle donc? je crains de le savoir.
S'il en est temps encor, de l'indulgence;
Tâchons au moins de la rendre au devoir.

JOSÉPHINE.

Ah! malgré moi, mon cœur tremble d'avance!
Par cet écrit que va-t-elle savoir?
Dans sa bonté mettons ma confiance,
Car désormais c'est là tout mon espoir.

(Madame Darmentières et Grincheux sortent.)

SCÈNE VI.

LÉONIE, JOSÉPHINE.

LÉONIE.

Eh bien! Joséphine, dois-je ouvrir cette lettre? Vous ne me répondez pas... Vous m'effrayez... et en vérité... je suis aussi émue, aussi tremblante que vous... Cette lettre... vous savez donc de qui elle est?

JOSÉPHINE.

Je m'en doute, du moins.

LÉONIE.

Et faut-il que je la lise?

JOSÉPHINE, joignant les mains.

Oui, madame, oui... ne fût-ce que pour ma punition.

LÉONIE, regardant la signature.

Signé *Théophile*... Quel est ce Théophile?

JOSÉPHINE.

Un jeune homme qui a à peine dix-huit ans... qui a étudié... qui aurait pu être clerc dans quelque bonne étude de Bordeaux... Mais il a mieux aimé être simple commis chez M. Durand, son oncle, qui est marchand de nouveautés.

LÉONIE.

Et pourquoi?

JOSÉPHINE.

Parce que M. Durand demeure à côté de chez nous.

LÉONIE.

Je comprends... il vous aime?

JOSÉPHINE.

Je le crois... Voilà dix-huit mois qu'il me fait la cour... mais je n'ai jamais voulu l'écouter... Oh! ça, je vous le jure.

LÉONIE.

Bien vrai?

JOSÉPHINE.

Lisez, madame... vous verrez qu'il doit se plaindre... car il se plaint toujours; et ça me fait assez de peine.

LÉONIE, lisant avec émotion.

Ainsi vous croyez n'avoir rien à vous reprocher?

JOSÉPHINE.

Rien... ce n'est pas ma faute... il m'aime tant! il est si gentil! tandis que M. Grincheux est si défiant, si grondeur, si jaloux!

LÉONIE.

A-t-il toujours été ainsi?

JOSÉPHINE.

Non, madame, je ne crois pas... Dans les commencements de notre mariage, il était assez bien, j'en conviens; mais il y a longtemps que cela a cessé.

LÉONIE.

Et depuis quand?

JOSÉPHINE.

Je l'ignore.

LÉONIE.

Et moi je crois le savoir... Joséphine, n'est-ce pas depuis dix-huit mois à peu près?

JOSÉPHINE.

Comment cela?

LÉONIE.

Oui, c'est depuis qu'un autre vous a paru aimable que votre mari a cessé de l'être à vos yeux.

AIR : J'en guette un petit de 'mon âge. (*Les Scythes et les Amazones.*)

S'il vous maltraite et s'il vous parle en maître,
S'il est grondeur, n'est-ce pas, entre nous,
  Depuis qu'il a sujet de l'être?
Qui l'a rendu défiant et jaloux?
  Et lorsque vous pensez à d'autres,
S'il vous épie au logis, au dehors,
S'il est coupable, enfin, s'il a des torts,
  Ces torts ne sont-ils pas les vôtres?

JOSÉPHINE.

Ah! madame!

LÉONIE.

Et si vous saviez, mon enfant, quel avenir vous vous préparez!... encore un pas, et il n'y a plus pour vous ni bonheur ni repos. (Mouvement de Joséphine.) Je ne vous parle point de vos regrets, de vos reproches continuels... de votre intérieur à jamais troublé... de la désunion, de la défiance dans votre ménage... Mais vingt fois par jour, l'effroi dans le cœur, la honte sur le front, vous tremblerez d'être trahie... Vous vivrez dans la crainte de vos voisins, dans la dépendance d'un domestique, qui, s'il a cru lire dans votre cœur, aura acquis le droit de vous faire rougir... et si, fatiguée d'une journée si pénible, vous espérez la nuit trouver le repos, vous le chercherez en vain... vous ne dormirez point... non ; le souvenir de votre faute vous poursuivra jusque dans votre sommeil, et vous craindrez, même en dormant, de trahir votre secret.

JOSÉPHINE.

Ah! mon Dieu!... vous me faites peur.

LÉONIE.

Oui... oui... croyez-moi, il en est temps encore ; éloignez de votre cœur et de vos sens des idées dont on triomphe toujours quand on le veut bien... on peut vivre loin de celui qu'on aime.... on souffre peut-être ; mais on n'est pas vraiment malheureuse.

JOSÉPHINE, pleurant.

Il me semble cependant que je le suis.

LÉONIE, avec agitation.

Ah! c'est que vous ne connaissez pas le remords.

JOSÉPHINE, effrayée.

Que dites-vous !

LÉONIE, se reprenant.

Que, dans ce moment même, où vous pleurez, où vous le regrettez, vous trouvez dans votre propre estime, dans la mienne, dans le sentiment de vos devoirs, un adoucissement à vos maux, et des consolations... On n'en a plus dès qu'on s'est oublié un instant... Joséphine, il y a longtemps que je vous vois ici... vous êtes la filleule de ma tante; et comme telle, je dois vous porter intérêt... que mes avis, que mes conseils vous préservent d'un tel malheur... Vous avez un mari qui est honnête homme, qui vous aime... vous avez été heureuse avec lui; vous le serez encore dès que vous le voudrez... me le promettez-vous?... Et à cette condition, je déchire cette lettre... (Elle déchire la lettre.) et je lui dirai que vous êtes ce que je désire que vous soyez... et ce que vous êtes en effet, n'est-il pas vrai? une honnête femme.

JOSÉPHINE.

Oui, madame, oui, je vous le jure... (Pleurant.) J'aurai bien de la peine ; mais c'est égal... je suivrai vos conseils... (En hésitant.) Que disait-il dans cette lettre ?

LÉONIE.

Il demandait à vous voir... et vous indiquait un rendez-vous.

JOSÉPHINE.

Pauvre garçon !

LÉONIE.

Il faut le refuser et l'éviter, s'il s'offrait à vos yeux.

JOSÉPHINE.

Oui, madame... il m'est plus aisé de ne pas le voir que de le voir malheureux.

LÉONIE.

C'est bien... ayez confiance en moi... dites-moi tout... et je ne vous abandonnerai pas.

JOSÉPHINE.

AIR du vaudeville de *Voltaire chez Ninon*.

Quand j' pens' qu'en ce moment hélas !
Il est déjà p't-être à m'attendre !
Mais c'est égal, je n'irai pas ;
A vos avis je veux me rendre.
(Pleurant.)
Pendant longtemps j'en pleurerai,
J'ai bien du chagrin.

LÉONIE.

Je le pense.

JOSÉPHINE.

Mais c'est à vous que je l' devrai,
Comptez sur ma reconnaissance.

(Elle sort.)

SCÈNE VII.

LÉONIE, seule.

Pauvre enfant! que je m'estimerai heureuse si je puis la sauver! (Elle s'assied à gauche, reste plongée dans ses réflexions, et le coude appuyé sur la table ; ses regards tombent sur les lettres qu'elle y a laissées.) Achevons... (Elle en ouvre une.) Du comte de Lémos, de mon père... (Elle porte la lettre à ses lèvres. Lisant.) « Mon
« enfant chéri, ma fille, voilà bien longtemps que je ne
« vous ai écrit, mais si enfin je puis le faire, si j'existe
« encore, je le dois au plus noble, au plus généreux des
« hommes, à celui que je vous ai donné pour mari. Vous
« avez su ma disgrâce et mon rappel en Espagne ; mais ce
« que vous ignorez, c'est que, quelque temps après mon
« retour, arrêté comme ancien membre des Cortès, j'ai été
« dépouillé de mes biens, et condamné à une peine infa-
« mante... » (S'interrompant.) Grand Dieu !... (Continuant.) « L'ar-
« rêt était porté ; et avant que vous puissiez l'apprendre,
« mon gendre accourt à Madrid... Il voit l'ambassadeur, nos
« ministres, tout est inutile. Alors, à force d'or, d'adresse et
« de courage, il parvient à me faire évader, et me conduit
« sur une terre étrangère, où il a partagé mon exil et tous
« mes maux, jusqu'au jour de la justice, qui est enfin ar-
« rivé... On me rappelle, on me rend mes biens... mais à mon
« âge, à soixante-dix ans, je ne puis jamais espérer m'acquit-
« ter envers Ernest... c'est vous, mon enfant, que je charge
« de ce soin... c'est vous seule qui pouvez payer mes det-
« tes... Songez que si jamais vous lui causiez le moindre
« chagrin, j'en mourrais, ma fille. » (Elle retombe la tête appuyée dans les mains.) O mon Dieu !

SCÈNE VIII.

BALTHASAR, LÉONIE, assise.

LÉONIE.
Qui vient là me déranger?... c'est Balthasar.

BALTHASAR.
Me voici, madame la comtesse... je me rends à vos ordres.

LÉONIE.
A merveille. (Avec embarras.) Eh bien!... eh bien! Balthasar, voulez-vous donc me forcer à user de rigueur envers vous?... vous savez cependant tout ce que jusqu'ici je vous ai montré de bontés et de ménagements.

BALTHASAR, froidement.
Je le sais... mais puisque madame votre tante veut absolument que vous me chassiez...

LÉONIE, doucement.
Ai-je dit cela?... y ai-je consenti?... Non pas que vous ne l'ayez mérité, peut-être.

BALTHASAR, avec colère.
Moi!...

LÉONIE, vivement, et avec crainte.
Ma tante du moins le croit... mais moi, je n'ai point oublié que mon mari... qu'Ernest vous chérissait... que vous l'avez élevé... et si je fais preuve encore aujourd'hui d'une trop longue indulgence... c'est par égard pour lui.

BALTHASAR.
Je l'en remercie, madame... c'est cela de plus que je devrai à mon maître.

LÉONIE.
Et à moi, Balthasar, ne croyez-vous rien me devoir?

BALTHASAR.

Si, madame... et, pendant longtemps, j'en ai été bien reconnaissant.

LÉONIE.

Et pourquoi, depuis quelque temps, avez-vous changé? Pourquoi n'avez-vous plus, pour ma tante et pour moi, les égards que nous avons droit d'attendre?

BALTHASAR.

Si c'est ainsi, c'est malgré moi... c'est sans le vouloir... il est possible que je me sois trompé... que j'aie tort... je le voudrais... et au prix de tout mon sang...

LÉONIE, se levant, et reprenant confiance.

Je ne vous comprends pas, Balthasar... Voyons, expliquez-vous sans crainte. Qu'y a-t-il?

BALTHASAR.

Il y a, madame, que je chéris mon maître par-dessus tout... que son père et lui nous ont comblés de bienfaits... que moi et les miens nous sommes habitués à lui et à ce château, comme si nous en dépendions... nous sommes presque de sa famille... et nous dévouer pour lui, n'est pas même un mérite, ni un devoir... c'est notre vie, notre existence.

LÉONIE.

Je le sais... eh bien?

BALTHASAR.

Eh bien!... Quand il est parti, quelques jours après son mariage, il m'a dit : « Balthasar... une affaire malheureuse, dont je ne puis parler à ma femme, car cela lui ferait trop de peine, m'oblige à m'éloigner... je ne sais combien de temps je serai absent, ni même s'il me sera possible de vous donner exactement de mes nouvelles... mais je te laisse ici, je suis tranquille... tu veilleras sur elle... c'est ce que j'ai de plus cher. »

LÉONIE, avec émotion.

Il a dit cela?

BALTHASAR.

Oui; et moi je lui ai répondu : « Mon maître, partez... comptez sur votre vieux serviteur, je réponds de tout. »

LÉONIE.

Et tu as tenu parole... car, lorsque le feu prit à l'aile droite du château...

BALTHASAR.

Ah! ce n'est pas de cela que je voulais parler... ce n'est pas ainsi que j'aurais dû veiller...

LÉONIE.

Que voulez-vous dire?

BALTHASAR.

Que souvent il y avait de certaines personnes, certaines sociétés... votre tante le trouvait bon, il n'y avait rien à dire... non pas qu'on veuille faire mal...

LÉONIE.

Eh bien?

BALTHASAR.

Mais la jeunesse... l'étourderie... on se laisse entraîner plus loin qu'on ne croit... Et s'il n'avait dépendu que de moi, on aurait congédié tout ce monde.

LÉONIE.

Des parents, des amis de mon mari... pas d'autres... et je ne sais, Balthasar, ce que vous voulez dire... Achevez... car je n'ai jamais entendu que personne m'ait blâmée... que personne ait cru apercevoir...

BALTHASAR.

Non, personne, grâce au ciel!... Mais moi... moi seul, qui toujours sur pied, et le jour et la nuit... ai cru voir!... Oui, je suis bien vieux... mes yeux sont bien faibles, (La regardant en face.) mais, par malheur, ils ne me trompent pas... et j'ai vu...

LÉONIE.

Qui donc?... c'est trop souffrir... parlez, je le veux, je l'exige...

BALTHASAR, avec un accent terrible.

Vous me le demandez!... à moi?

LÉONIE, effrayée.

Non, non... (Se remettant sur-le-champ.) car voici ma tante... Sans cela, Balthasar, je saurais ce que signifie un discours aussi étrange... et auquel je ne puis rien comprendre.

BALTHASAR.

Fasse le ciel que vous disiez vrai!

SCÈNE IX.

BALTHASAR, Mme DARMENTIÈRES, LÉONIE.

Mme DARMENTIÈRES.

Comment! cet homme est encore ici!... je croyais, ma nièce, que vous n'aviez à lui parler que pour le congédier.

LÉONIE.

Sans doute; mais d'après l'entretien que nous venons d'avoir... il promet à l'avenir plus de respect... plus de déférence pour vous... (Regardant Balthasar.) N'est-ce pas?

(Signe d'approbation de Balthasar.)

Mme DARMENTIÈRES.

Il est trop tard... et si maintenant j'exige son renvoi... ce n'est plus dans mon intérêt, mais dans le vôtre.

LÉONIE.

Comment cela?

Mme DARMENTIÈRES.

Il s'est vanté de rester ici malgré vous.

LÉONIE.

Est-il possible!

Mme DARMENTIÈRES.

C'est à moi qu'il l'a dit... il prétend que vous ne pouvez pas... que vous n'osez pas le mettre dehors... et, en conscience, si vous hésitez encore, je vais croire qu'il a raison.

LÉONIE, avec embarras.

Ma tante... (Passant entre madame Darmentières et Balthasar.) Puisque vous m'y forcez... Balthasar... vous sentez vous-même que vous ne pouvez plus rester ici.

Mme DARMENTIÈRES.

C'est bien heureux !

BALTHASAR, étonné.

Comment ! vous me renvoyez ?

LÉONIE.

C'est vous qui l'avez voulu.

BALTHASAR, avec douleur.

Ce n'est pas possible... vous n'y pensez pas.

Mme DARMENTIÈRES.

Quelle audace !

BALTHASAR.

Je dis seulement que cela fera trop de peine à mon maître.

Mme DARMENTIÈRES.

Il ose encore résister !

LÉONIE, avec émotion.

Il suffit... sortez.

Mme DARMENTIÈRES.

Et à l'instant même... car je savais bien, moi... que je l'emporterais.

BALTHASAR.

Oui, je sortirai... puisque mon seul appui, mon seul protecteur n'y est plus... mais il reviendra peut-être... et alors, s'il demande pourquoi on a chassé son fidèle serviteur... s'il le demande...

Mme DARMENTIÈRES.

AIR : Téméraire. (*La Chambre à Coucher.*)

Téméraire,
Sortez !
Redoutez
Ma colère.
Sortez, éloignez-vous !
Redoutez mon courroux.

BALTHASAR.

Mon maître reviendra, j'espère,
Et l'on verra... mais, taisons-nous.

Ensemble.

BALTHASAR.

Mon maître reviendra, j'espère,
C'est à vous,
C'est à vous,
De craindre son courroux.

(Il sort.)

LÉONIE.

Que faire ?
Calmez,
Calmez
Votre colère.
Sortez, éloignez-vous !
Redoutez son courroux.

Mme DARMENTIÈRES.

Téméraire,
Sortez !
Redoutez
Ma colère.
Sortez, éloignez-vous !
Redoutez mon courroux.

LÉONIE, *s'asseyant sur le fauteuil à droite.*

Ah ! je me soutiens à peine.

Mme DARMENTIÈRES.

C'est bon... c'est ainsi qu'il faut agir... Eh bien! te voilà tout émue, pour avoir montré un peu de caractère!...

LÉONIE.

Moi!... non, ma tante... ce n'est rien... cela se passera...

SCÈNE X.

LÉONIE, assise; Mme DARMENTIÈRES, GRINCHEUX.

GRINCHEUX, entrant mystérieusement par la gauche, et parlant à madame Darmentières.

Madame!

Mme DARMENTIÈRES.

Qu'est-ce donc, Grincheux?

GRINCHEUX, à demi-voix.

Un homme à cheval vient d'arriver... un inconnu, qui est ici à côté, et qui demande à vous parler, d'abord à vous.

Mme DARMENTIÈRES.

Dieu! si c'était...

GRINCHEUX.

Justement... je crois que c'est cela.

Mme DARMENTIÈRES, regardant Léonie.

Comment la renvoyer?... Ma chère nièce...

LÉONIE, regardant madame Darmentières et Grincheux.

Eh bien!... qu'avez-vous donc? Pourquoi cette figure contrainte? (Elle se lève.) Il me semble qu'on ne m'aborde plus maintenant qu'avec un air de mystère.

Mme DARMENTIÈRES.

C'est qu'il y en a aussi... (A part.) Livrons-lui la moitié de mon secret pour garder l'autre. (Haut.) Vois-tu, ma chère amie, nous avons besoin que tu nous laisses... et que tu ne te doutes de rien.

LÉONIE.

Et pourquoi ?

Mme DARMENTIÈRES.

Parce que nous te ménageons une surprise... une fête.

LÉONIE.

Une fête !... à moi... en ce moment !... (A part.) Elle arrive bien !

Mme DARMENTIÈRES.

Eh ! oui, c'est ton jour de naissance... je te l'apprends... ce qui ne t'empêchera pas d'être surprise.

LÉONIE, affectant de sourire.

Non, sans doute... merci, ma bonne tante... merci...

(Elle va pour sortir.)

GRINCHEUX, s'approchant de Léonie.

Eh bien ! madame la comtesse, cette lettre de ma femme ?...

LÉONIE.

Ah ! j'oubliais de t'en parler. Ne crains rien... c'est une dame de mes amies qui lui écrivait pour une robe nouvelle.

GRINCHEUX.

Vraiment !... j'en étais sûr... et dès que madame m'en répond...

LÉONIE.

Certainement.

Mme DARMENTIÈRES.

Allons donc, ma nièce, allons donc !

LÉONIE.

M'y voilà, ma tante.

AIR : O plaisir, ô vengeance ! (Finale du douzième acte de *Fra Diavolo*.)

Ensemble.

LÉONIE, à part.

Quel tourment ! une fête
Quand je tremble d'effroi !

(Haut.)
Oui, oui, je serai prête,
On peut compter sur moi.

Mme DARMENTIÈRES.

Hâte-toi d'être prête;
Allons, promets-le-moi;
Ou sinon, cette fête
Commencera sans toi.

GRINCHEUX, à part.

Ah! pour moi quelle fête!
Ma femme est dign' de moi,
Et je puis sur ma tête
Répondre de sa foi.

Mme DARMENTIÈRES.

Du secret, et surtout un soin particulier
Dans la mise.

LÉONIE.

Pourquoi?

Mme DARMENTIÈRES.

Je veux de l'élégance :
J'ai du monde et beaucoup que j'ai dû convier,
Pour célébrer le jour de ta naissance.

LÉONIE, à part.

Loin de fêter ce jour, puisse-t-on l'oublier!

Mme DARMENTIÈRES.

Hâte-toi d'être prête, etc.

LÉONIE.

Quel tourment! une fête! etc.

GRINCHEUX.

Ah! pour moi quelle fête! etc.

(Léonie entre dans la chambre à droite.)

Mme DARMENTIÈRES, qui a suivi Léonie jusqu'à la porte.

Elle est rentrée chez elle. (A Grincheux.) Dis à ce monsieur de paraître.

GRINCHEUX.

Oh! il n'est pas loin... (Il va à la porte à gauche.) Entrez... entrez...

SCÈNE XI.

Mme DARMENTIÈRES, ERNEST, GRINCHEUX.

Mme DARMENTIÈRES, à Ernest qui entre.

C'est lui... c'est mon neveu!

ERNEST.

Ma chère tante!

Mme DARMENTIÈRES.

Ne faites pas de bruit... Grincheux, laissez-nous, et veillez à ce que personne ne puisse nous surprendre.

(Grincheux sort.)

ERNEST, regardant autour de lui d'un air étonné.

Et pourquoi donc tous ces mystères? ne suis-je pas chez moi? Il m'a fallu d'abord faire antichambre dans mon salon, pendant un quart d'heure... et maintenant je ne peux pas vous aimer tout haut, ni vous dire que je suis enchanté de vous voir?

Mme DARMENTIÈRES.

Si vraiment.

ERNEST.

Et ma chère Léonie... ma femme, où est-elle?

Mme DARMENTIÈRES.

Silence!... c'est pour elle surtout qu'il faut vous taire... elle ne se doute de rien... et nous lui ménageons une surprise.

ERNEST.

Vraiment... je reconnais là, ma chère tante, votre tournure d'esprit romanesque... les événements ordinaires et habituels vous désespèrent... et vous aimez mieux, je crois, une catastrophe à effet qu'un bonheur tranquille et bourgeois... Je ne suis pas comme vous... et je tiens à embrasser ma femme, sans façons, et le plus tôt possible.

Mme DARMENTIÈRES.

Attendez seulement quelques instants.

ERNEST.

Je préférerais que ce fût tout de suite... car enfin, c'est du temps perdu... et il y a si longtemps que je ne l'ai vue... l'avoir quittée après un mois de mariage !

Mme DARMENTIÈRES.

C'est terrible.

ERNEST.

Et je l'aime tant... je n'ai jamais aimé qu'elle... c'est ma seule inclination ; et quand on trouve sa sœur, son amie, sa maîtresse, tout réuni dans sa femme...

Mme DARMENTIÈRES.

C'est heureux... et c'est rare.

ERNEST.

Eh bien ! vous qui aimez l'extraordinaire, en voilà... vous devez être enchantée... Eh ! mais... où est donc Balthasar ? comment ne l'ai-je pas encore vu ? (Avec crainte.) Il existe encore, n'est-ce pas ?

Mme DARMENTIÈRES.

Certainement.

ERNEST.

Il est si vieux que, quand je le quitte, j'ai toujours peur de ne plus le retrouver.

Mme DARMENTIÈRES.

Il est absent... on vous dira pourquoi.

ERNEST.

Absent... tant pis ; car dans ce moment même...

AIR du vaudeville du *Premier Prix*.

Vous le dirai-je en confidence ?

> Quelque chose me manque ici,
> C'est la figure et la présence
> De ce vieil et fidèle ami.
> Oui, depuis que je suis au monde,
> Et qu'en ce château je le vois,
> Quand je ne l'entends pas qui gronde,
> Je ne crois pas être chez moi.

Mais parlez-moi de Léonie, de ma femme. Elle doit être bien jolie... n'est-ce pas?

Mme DARMENTIÈRES.

Mais oui... c'est ce que chacun dit.

ERNEST.

Heureusement, ma chère tante, que vous étiez là, et qu'en duègne sévère vous défendiez le trésor que je vous avais confié.

Mme DARMENTIÈRES.

Comme je me serais défendue moi-même.

ERNEST.

Je n'en doute point.

Mme DARMENTIÈRES.

D'abord, et pour l'étourdir sur votre absence, je lui ai conseillé de se distraire, de voir le monde.

ERNEST.

Vous avez bien fait... Que le bonheur, que le plaisir puissent toujours l'environner!...

Mme DARMENTIÈRES.

Les sociétés de Bordeaux ont été très brillantes cet hiver, et Léonie y a eu un succès étonnant! Vive, légère, étourdie, elle était charmante... tout le monde l'adorait... ce qui me faisait un plaisir... Mais cela n'a pas duré... Sa tristesse l'a reprise... Elle n'a plus voulu voir personne... Elle ne pensait qu'à vous, ne s'occupait que de vous... Et depuis six mois elle est réellement malheureuse, et surtout très-souffrante.

ERNEST.

Que dites-vous?... elle est souffrante! Alors c'est décidé, je n'accepte point.

Mme DARMENTIÈRES.

Quoi donc?

ERNEST.

Tout entier au plaisir de vous voir, je ne vous ai pas parlé des honneurs qui, chemin faisant, me sont arrivés... on me propose un poste important... une ambassade.

Mme DARMENTIÈRES.

Je suis enchantée, ravie, transportée.

ERNEST.

Ce n'est pas la peine, car je refuserai... Ma femme!... ma pauvre femme est souffrante, et je la quitterais! Songez donc que c'est ma vie, mon bonheur... que je mourrais si je la perdais... Non, non, plus rien qui m'éloigne d'elle... Je vivrai ici désormais en bon propriétaire et en mari... Il me semble, autant qu'il m'en souvient, que c'est un état fort agréable... Aussi, ma tante, c'est fini : le quart d'heure est expiré... je ne peux plus attendre.

Mme DARMENTIÈRES.

Eh bien! puisqu'il faut vous le dire... apprenez donc que c'est aujourd'hui le jour de la naissance de votre femme.

ERNEST.

Attendez donc... c'est, ma foi vrai!... et le jour de mon arrivée! est-ce heureux!

Mme DARMENTIÈRES.

Je le crois bien... j'ai invité tout ce qu'il y a de mieux dans le département... Entendez-vous?... Voici déjà les voitures qui entrent dans la cour.

AIR : A soixante ans, on ne doit pas remettre. (*Le Dîner de Madelon.*)

Ils vont offrir à Léonie
Leurs compliments et leurs vœux empressés.
Pour mon bouquet, sûre d'être obéie,

Moi, je dirai : Mon neveu, paraissez !
Quels cris de joie à l'instant sont poussés !
On vous entoure... ils sont tous en délire,
Et votre femme en vos bras.

ERNEST.

Ah ! bravo !

Mme DARMENTIÈRES.

Coup de théâtre, étonnement, tableau !

ERNEST, riant.

La toile tombe.

Mme DARMENTIÈRES.

Et chacun se retire.

ERNEST.

Ce moment-là doit être le plus beau.

Mme DARMENTIÈRES.

La toile tombe et chacun se retire.

ERNEST.

Pour un époux c'est l'instant le plus beau.

SCÈNE XII.

GRINCHEUX, Mme DARMENTIÈRES, ERNEST.

GRINCHEUX.

Madame, madame, voilà déjà une vingtaine de personnes d'arrivées... Qu'est-ce qu'il faut faire ?

Mme DARMENTIÈRES.

Laisse-les venir... Vous, mon cher neveu, entrez dans ce petit salon... vous paraîtrez quand je vous le dirai.

ERNEST.

C'est convenu.

Mme DARMENTIÈRES, à Ernest.

Du silence. (A Grincheux.) De la discrétion... Ah ! que je suis heureuse !

ERNEST, en s'en allant.

Je le crois bien... Voilà une surprise qui la fera mourir de joie.

(Il entre dans le salon à gauche.)

SCÈNE XIII.

JOSÉPHINE, Mme DARMENTIÈRES, GRINCHEUX, LÉONIE, puis ERNEST ; PARENTS et AMIS.

LE CHŒUR.

AIR : Fragment du finale du premier acte de Fra Diavolo.

Sa fête, sa fête,
Est la nôtre à tous.
La fête, la fête
Qu'ici l'on souhaite
En est une aussi pour nous.

LÉONIE, entrant, aux personnes qui l'entourent.

Merci, mes bons amis.

Mme DARMENTIÈRES.

C'est moi qui les ai réunis.

LÉONIE.

Ah! c'est trop de bonté.

Mme DARMENTIÈRES, regardant Léonie.

De surprise et d'ivresse
Que son cœur est ému !
Ah! ce prix était dû
A la sagesse,
A la vertu.

Ensemble.

LÉONIE.

Tout vient redoubler ma tristesse.
Il faut, pour comble de malheur,
Sourire à leurs chants d'allégresse,

Lorsque le deuil est dans mon cœur.

Mme DARMENTIÈRES, JOSÉPHINE, GRINCHEUX.

Près de vous l'amitié s'empresse.
Croyez aux vœux de notre cœur;
Pour nous quel moment d'allégresse!
Quel jour de fête et de bonheur!

GRINCHEUX, s'avançant et offrant un bouquet.

Recevez ce bouquet, gag' d'amour et de zèle...

JOSÉPHINE, s'avançant aussi et offrant le sien.

Recevez ce bouquet. C'est l'hommage de celle
Qui, vous prenant toujours pour guide et pour modèle...

LÉONIE, lui prenant la main.

C'est assez, mes amis.

Ensemble.

LÉONIE.

Tout vient redoubler ma tristesse, etc.

LE CHŒUR.

Près de vous l'amitié s'empresse, etc.

(Ils offrent tous des bouquets à Léonie.)

Mme DARMENTIÈRES, passant au milieu du théâtre.

Maintenant, que chacun m'écoute.

TOUS.

Qu'a-t-elle donc?

Mme DARMENTIÈRES.

Ainsi que vous, sans doute,
Je dois offrir mon bouquet... c'est l'instant.

(Bas à Grincheux.)

Dis-lui qu'il peut sortir, c'est l'instant de paraître.

(Grincheux entre dans le cabinet et madame Darmentières s'approche de Léonie.)

LÉONIE.

Quoi! vous aussi, ma tante, un bouquet? Ah! donnez!

GRINCHEUX et LE CHŒUR, à Ernest.
Venez, venez!
LÉONIE, à madame Darmentières.
Eh bien, où donc est-il?

TOUS.
Venez!

Mme DARMENTIÈRES, conduit Léonie vers le groupe à gauche, qui s'entr'ouvre et laisse voir Ernest.
Il est ici,
Et le voici.

(Léonie l'aperçoit, pousse un cri, recule, et va tomber évanouie entre les bras de sa tante et des dames, qui lui prodiguent leurs secours. Ernest est à genoux.)

Ensemble.

ERNEST.
Eh quoi! c'est moi, quoi! c'est ma vue
Qui la prive, hélas! de ses sens!
(A madame Darmentières avec colère.)
Votre imprudence l'a perdue,
Et c'est à vous que je m'en prends.

Mme DARMENTIÈRES.
Ma surprise l'a trop émue.
Oui... c'est ma faute, je le sens;
Mon imprudence l'a perdue,
Tâchons de lui rendre ses sens.

GRINCHEUX, JOSÉPHINE et LE CHŒUR.
Quoi! c'est son époux, et sa vue
Vient de la priver de ses sens!
Souvent une joie imprévue
Peut causer de tels accidents.

(On emporte Léonie sans connaissance. Ernest, Joséphine et Grincheux la suivent, et sortent en désordre.)

ACTE DEUXIÈME

Un petit salon, ou boudoir, attenant à la chambre à coucher de Léonie. Deux portes latérales : la porte à droite de l'acteur est la porte d'entrée ; l'autre, celle de l'appartement de Léonie. Sur le devant du théâtre, à gauche, un canapé et deux fauteuils, à droite, une petite table sur laquelle se trouve une écritoire avec plumes, papier, etc.

SCÈNE PREMIÈRE.

JOSÉPHINE, debout près de la porte à gauche.

Je n'ose entrer dans la chambre de madame... Elle était hier soir si malade... et il est si grand matin... Pourtant je crois avoir entendu sonner... Allons, du courage. (Elle frappe doucement.) La porte s'ouvre...

SCÈNE II.
JOSÉPHINE, ERNEST.

JOSÉPHINE.
Eh bien ! monsieur, quelles nouvelles ?

ERNEST.
Ce ne sera rien, je l'espère, mon enfant... Cet évanouissement nous avait d'abord effrayés... Il a duré si longtemps !... et elle n'en est sortie qu'avec une fièvre terrible, qui, pendant quelques instants même, a été accompagnée de dé-

lire... mais heureusement elle est mieux... Elle est tout à fait calme... Son état ne demande que du repos et des ménagements.

JOSÉPHINE.

Quel bonheur!

ERNEST.

Pourvu que ma tante ne s'avise pas encore de nous préparer quelque surprise !

JOSÉPHINE.

La pauvre femme est désolée.

ERNEST.

Je le crois bien... Cela lui a fait mal aussi... Mais c'est égal, cela ne la corrigera pas : il y a des femmes qui ont besoin d'émotions, n'importe à quel prix.

JOSÉPHINE.

Elle a cru bien faire.

ERNEST.

Tu as raison! et c'est moi qui suis le plus coupable, puisque j'ai eu la faiblesse de me prêter à ses idées... Enfin dis-lui que ma femme a déjà demandé à la voir, et que si elle veut se résigner à ne produire aucun effet, à agir et à parler, en un mot, comme une personne naturelle, elle peut venir après le déjeuner passer ici la matinée.

JOSÉPHINE.

Près du lit de madame?

ERNEST.

Non... Léonie se lèvera; elle l'a demandé, et le docteur y consent... le soleil est superbe, et l'air lui fera du bien.

JOSÉPHINE, apercevant Léonie qui sort de sa chambre.

Ah! la voici!

(Elle court à elle, la soutient, et la conduit au canapé, sur lequel elle la fait asseoir. Ernest est à gauche, Joséphine à sa droite.)

SCÈNE III.

JOSÉPHINE, LÉONIE, ERNEST.

JOSÉPHINE.

Eh bien! madame, comment vous trouvez-vous?

LÉONIE.

Bien faible encore... la tête surtout... cela se passera.

ERNEST.

J'espère bien que ce soir il n'y paraîtra plus.

LÉONIE.

Je le crois aussi... Pourquoi alors le docteur est-il revenu?... Il sort de ma chambre et demande à vous parler... Est-ce qu'il me croit plus mal?

ERNEST.

Non, certainement... mais hier, tout effrayé, et sans motif, de l'état où je vous voyais, je l'avais prié de venir de grand matin avec quelques-uns de ses confrères, l'élite de la faculté de Bordeaux.

LÉONIE.

Comment?

ERNEST.

Oui, mon amie; vous étiez menacée d'une consultation!... quatre médecins!... Vous en serez quitte pour la peur, et ces messieurs pour un déjeuner que je vais leur offrir.

LÉONIE.

AIR du vaudeville du Piège.

Vous allez donc en faire les honneurs?

ERNEST.

Non, de ce soin je vais charger ma tante.

JOSÉPHINE.

Tenir tête à quatre docteurs!

ERNEST, qui est passé derrière le canapé, et s'appuie sur le dossier, en regardant Léonie.

Oui, certe, elle en sera contente.
Tous les effets tragiques et soudains
Lui plaisent fort, c'est sa folie,
C'est son bonheur... et quatre médecins
C'est presque de la tragédie.

(Il fait un pas pour sortir, puis revenant auprès de Léonie.)

Adieu! amie... Soyez tranquille!... Je reviens dans l'instant... Adieu.

(Il sort.)

SCÈNE IV.

JOSÉPHINE, LÉONIE.

JOSÉPHINE, regardant sortir Ernest.

Il est gentil, M. le comte!... Et pour moi, madame, je serais presque de l'avis de Balthasar.

LÉONIE, effrayée.

Balthasar!... O ciel! est-ce qu'il est ici?

JOSÉPHINE.

Eh! mon Dieu!... qu'avez-vous? quel trouble, quelle agitation!... Madame, calmez-vous.

LÉONIE, revenant à elle.

Je suis calme... Qu'est-ce que tu disais?

JOSÉPHINE.

Qu'il est impossible de ne pas adorer M. le comte... il est si bon, si attentif... ne s'occupant jamais que de vous... Si vous aviez vu hier quels soins il vous prodiguait!...

LÉONIE.

Vraiment?

JOSÉPHINE.

Il ne s'en est rapporté à personne qu'à lui-même... Personne n'est entré dans votre chambre que lui.

LÉONIE.

En effet... ce matin, quand j'ai sonné... il était là, le premier.

JOSÉPHINE.

Je le crois bien... Il ne s'était pas couché... Il a veillé toute la nuit.

LÉONIE.

Pour moi?...

JOSÉPHINE.

Et il paraît que vous avez été bien mal.

LÉONIE.

Que me dis-tu?

JOSÉPHINE.

Un ou deux accès de fièvre chaude... rien que cela... et parfois un délire effrayant.

LÉONIE.

Et dans ce moment-là, qui était près de moi?

JOSÉPHINE.

Lui, madame, lui seul.

LÉONIE, à part, avec crainte.

O mon Dieu!

JOSÉPHINE.

Voilà un mari qu'il est aisé d'aimer... et je conçois que madame n'y ait pas eu de peine... mais moi...

LÉONIE.

Que dites-vous?

JOSÉPHINE.

Depuis que vous m'avez parlé, madame, depuis hier, j'y

fais mon possible... et Dieu me fera la grâce d'en venir à bout... Mais je suis bien malheureuse.

LÉONIE.

Et pourquoi?

JOSÉPHINE.

Théophile est encore ici... au château... il y est venu sous prétexte d'apporter des étoffes, et de régler les derniers mémoires... Je l'évite tant que je peux... Mais il me suit partout, si bien que Grincheux l'a remarqué... et que cela lui redonne des idées; car ces maris, ça voit tout.

LÉONIE, avec impatience.

Après... Dépêchons-nous, je vous prie.

JOSÉPHINE.

Quand je dis que ça voit tout... Il n'a pas vu une lettre qu'on avait glissé, en passant, dans la poche de mon tablier, et dans cette lettre...

LÉONIE.

Eh bien?

JOSÉPHINE.

Il demande une réponse dans le creux du tilleul... et dit que, si je continue à l'éviter, à ne [plus lui parler, il fera un coup de désespoir...

LÉONIE.

Il se tuera?

JOSÉPHINE.

Pire encore... Il se mariera... Il épousera quelqu'un qu'on lui propose.

LÉONIE.

Eh bien! Joséphine, loin de l'en détourner... il faut l'y engager.

JOSÉPHINE.

Je ne pourrai jamais.

LÉONIE.

Est-ce que vous ne l'aimez pas pour son bonheur?

JOSÉPHINE.

Si, madame... mais il ne pensera plus à moi, il me détestera.

LÉONIE.

Au contraire! il vous en estimera davantage : et désormais il lui sera impossible de vous oublier.

JOSÉPHINE, vivement.

Ah! j'écrirai, madame ; j'écrirai, je vous le promets, et sur-le-champ... Voici M. le comte qui vient...

(Léonie s'assied sur le canapé.)

SCÈNE V.

ERNEST, JOSÉPHINE, LÉONIE, assise.

ERNEST, entrant.

Nos docteurs sont à table ; et je suis tranquille sur eux. (A Joséphine.) Ils ont seulement prescrit quelques gouttes d'une potion qu'il faudra porter dans sa chambre.

JOSÉPHINE.

Oui, monsieur.

ERNEST.

Car ils prétendent que le danger est passé, mais que, dans l'état de faiblesse où elle est, la moindre émotion pourrait rappeler la fièvre, et ce délire qui m'avait si fort effrayé.

JOSÉPHINE.

Quoi!... la moindre émotion?

ERNEST.

Il ne faut désormais que du calme et du repos.

(Joséphine sort.)

LÉONIE, avec inquiétude.

Qu'est-ce ?

ERNEST, allant à elle, et s'asseyant à sa droite sur le canapé.

Rien... Nous n'avons plus besoin de la faculté, et j'en suis enchanté... J'étais jaloux même de leurs soins; c'est moi que cela regarde... c'est à moi seul de veiller sur ce que j'ai de plus cher.

LÉONIE.

Ah! combien vos bontés me confondent!

ERNEST.

Y penses-tu? n'est-ce pas mon devoir et mon bonheur?... Cette nuit même, malgré l'inquiétude que j'éprouvais, si tu savais combien j'étais heureux de veiller près de toi... de sentir ta main dans la mienne... de m'enivrer de ta vue!... de contempler ces traits si doux encore, quoique altérés par la souffrance... et plusieurs fois... oui, je m'en souviens... tu as parlé.

LÉONIE, à part.

O ciel!

ERNEST.

Des phrases... des mots entrecoupés... je n'ai pu rien distinguer.

LÉONIE, respirant avec joie.

Ah!

ERNEST.

Mais j'ai entendu mon nom qui errait toujours sur tes lèvres... Ernest... Ernest... tu m'appelais... et j'étais près de toi... comme dans ce moment...

LÉONIE.

Ah! pourquoi m'as-tu jamais quittée!

ERNEST.

Il le fallait... N'est-ce pas ton père, qui, autrefois, dans ces temps de troubles, a recueilli ma famille?... N'est-ce pas lui qui m'a élevé?... qui t'a donnée à moi?... aussi, j'avais juré de tout immoler à son bonheur et au tien... Mais si tu savais combien étaient longues les heures de l'absence!... Vingt fois, si un devoir sacré, si le salut de ton père ne m'eût retenu, je serais parti; je serais arrivé à l'improviste... je t'aurais dit : « Ma femme, me voilà! je ne puis vivre sans toi. » Mais grâce au ciel, le temps de l'exil est fini : j'ai retrouvé le bonheur... je te retrouve... Vois donc désormais quel sort est le nôtre!... combien nous serons heureux!

AIR du vaudeville de *Les Maris ont tort*.

> A mon bonheur je n'ose croire ;
> Le ciel m'a permis d'obtenir
> Quelques honneurs et quelque gloire
> Qu'avec mon nom j'ai pu t'offrir.
> Il m'a donné de la richesse
> Pour embellir tous tes instants,
> Et, mieux encor, de la jeunesse
> Afin de t'aimer plus longtemps.

Mais voyons, mon amie, rendez-moi un peu compte de tout ce qui est arrivé en mon absence... Comment ta vie s'est-elle passée?... As-tu été contente de nos amis, de nos gens?... des embellissements qu'on a faits en ce château?... Balthasar n'est pas ici...

LÉONIE, troublée.

Balthasar!...

ERNEST.

J'ignore pourquoi... car c'est à lui que j'avais donné mes ordres... et ordinairement il est là pour me rendre compte.

LÉONIE, dont le trouble augmente.

Lui!... vous rendre compte!...

ERNEST, lui prenant la main.

Eh! mais qu'as-tu donc?

LÉONIE.

Rien.

ERNEST.

Si... tu as plus d'agitation.

LÉONIE.

Non... vraiment.

ERNEST, continuant toujours, et lui tenant la main.

On m'a dit qu'il était parti depuis hier... le moment est bien choisi... mais il ne peut être qu'à la ferme... et je l'ai envoyé chercher...

LÉONIE, avec agitation.

Il va venir?...

ERNEST.

Ce matin, probablement... Eh! mais... ta main est brûlante... est-ce que la fièvre reprend?...

LÉONIE, avec égarement, et retirant sa main brusquement.

Non, non... je suis bien...

ERNEST, se levant.

Eh! mon Dieu!... cela m'inquiète... (Il appelle.) Joséphine!... (Courant à la fenêtre.) Les voitures ne sont plus dans la cour... nos docteurs sont repartis... ah! ce qu'ils ont ordonné... si on l'avait apporté...

(Il entre dans la chambre de Léonie.)

LÉONIE, seule.

Que je souffre!... mon Dieu! que je souffre!... ma tête est en feu!... où suis-je?... (Écoutant.) J'entends marcher... on vient... on vient...

ERNEST, entrant.

Ils n'ont rien apporté... n'importe... (Apercevant Léonie qui se lève et marche.) Ah! quelle agitation... quel trouble effrayant! Léonie...

LÉONIE, avec égarement.

Taisez-vous... n'entendez-vous pas?... il monte... le voilà...

ERNEST.

Et qui donc?

LÉONIE.

Balthasar!... devant moi! oh! que j'ai peur!... j'ai beau baisser mon front... il me voit toujours... n'est-ce pas ?... (Se jetant dans les bras d'Ernest.) Qui que vous soyez, par grâce... par pitié... cachez-moi... qu'il ne puisse pas m'apercevoir... il dirait... « La voilà... elle est coupable! »

ERNEST.

Léonie... quelle idée!... quel mensonge!

LÉONIE.

Non... non... l'on ne ment point avec des cheveux blancs... il a dit vrai.

ERNEST.

Quel délire vous égare!... songez à vous-même... songez à votre père.

LÉONIE.

Mon père!... mon père!... ah! viens, emmène-moi... éloignons-nous!... c'est ce jeune homme... ce parent d'Ernest.

ERNEST.

Un parent à moi... et qui donc?

LÉONIE.

Ne le vois-tu pas?... il vient d'entrer dans le salon... il part dans huit jours pour l'armée... et ma tante a voulu qu'il restât ce temps-là au château... moi je ne voulais pas... je ne devais pas le souffrir; car il m'a dit qu'il m'aimait... moi, je n'aime qu'Ernest... Il pleure... il se désespère... pour le consoler, j'ai laissé tomber mon bouquet qu'il vient de ramasser... tiens, vois-tu?... il l'a porté à ses lèvres, et l'a caché dans son sein... (Avec un soupir.) Heureusement, il part demain... Qui vient là?... Entrer ainsi chez moi... la nuit... par ce balcon!... C'est lui... Ah! que ma légèreté fut coupable, si elle a pu lui inspirer une pareille audace!... Sortez... laissez-moi... laissez-moi... vous me faites horreur!

ERNEST.

O rage!

LÉONIE.

Je n'aime qu'Ernest... Ernest, viens me défendre... je suis digne de toi... viens... (Avec désespoir.) Non... va-t'en... (Tombant à genoux.) O mon Dieu!... ô mon père... pardonnez-moi!

ERNEST.

Tais-toi, malheureuse... tais-toi.

LÉONIE.

Oui... oui... il faut se taire... minuit sonne... c'est la veille de Noël... il est descendu par le balcon, le long des treillages... j'entends un coup de fusil... on l'aura aperçu dans l'ombre!... c'est Balthasar!... Balthasar... dont je ne puis éviter le regard... Trembler à sa vue!... rougir devant un valet!... si je lui demandais grâce... Non... non... il ne le voudra pas... Que faut-il faire?... j'ai voulu me tuer.

ERNEST.

Que dis-tu?

LÉONIE.

Je n'ai pas osé... j'ai eu peur... mais si Ernest revient, j'oserai... et déjà je sens là... Mon Dieu! m'auriez-vous exaucée?... je me sens mourir.

(Elle tombe sur le canapé, fermant les yeux peu à peu.)

AIR : O Vierge sainte, en qui j'ai foi. (*Fra Diavolo.*)

O toi, dont j'ai trahi la foi,
Ernest... Ernest... pardonne-moi;
Ernest!... Ernest... pardonne-moi!

(Sa tête tombe sur ses épaules... le sommeil la saisit. Ernest s'est assis près de la table à droite, la tête dans les mains, et plongé dans ses réflexions.)

SCÈNE VI.
ERNEST, LÉONIE, endormie ; Mme DARMENTIÈRES, entrant avec JOSÉPHINE.

Mme DARMENTIÈRES et JOSÉPHINE, dans le fond.

AIR : Oui, la prudence. *(Fra Diavolo.)*

Que le silence
Guide nos pas ;
De la prudence,
Et parlons bas.

Mme DARMENTIÈRES, à Ernest.

Elle dort... qu'avez-vous ? ah ! votre air m'épouvante.

ERNEST.

Moi !... je n'ai rien, ma chère tante.

Ensemble.

ERNEST.

A qui m'offense
Malheur, hélas !
Que la vengeance
Arme mon bras !

Mme DARMENTIÈRES et JOSÉPHINE.

Faisons silence ;
Oui, parlons bas ;
Que la prudence
Guide nos pas.

ERNEST, à Joséphine, lui montrant Léonie.

Joséphine, restez près d'elle, ne la quittez pas. (Joséphine se rapproche de Léonie, qui est toujours sur le canapé. Ernest emmène madame Darmentières à droite.) Dites-moi, ma chère tante...

Mme DARMENTIÈRES.

Tout ce que vous voudrez... mais auparavant daignez jeter les yeux sur cette liste.

ERNEST.

Qu'est-ce encore?

Mme DARMENTIÈRES.

Je fais part de votre arrivée à nos parents, à nos amis... à ceux qui, en votre absence, ne nous ont point abandonnées... c'est bien le moins.

ERNEST.

Il venait donc ici, en mon absence, beaucoup de monde?

Mme DARMENTIÈRES.

Mais, oui... la proximité de la ville... on venait dîner... et l'on repartait le soir.

ERNEST.

Jamais on ne restait?... Vous auriez pu cependant, de temps en temps, retenir pour quelques jours...

Mme DARMENTIÈRES.

Cela m'est arrivé une fois... bien malgré ma nièce, qui s'y opposait... qui ne le voulait pas... et je suis enchantée que vous soyez de mon avis... car, en effet, quand ce sont des personnes de ma famille...

ERNEST.

Ah! c'était de nos parents!

Mme DARMENTIÈRES.

Édouard de Miremont.

ERNEST.

Édouard!...

Mme DARMENTIÈRES.

Celui que vous avez fait entrer à Saint-Cyr et fait nommer sous-lieutenant. (Ernest s'est mis à la table sans rien dire.) Eh bien! que faites-vous donc?

ERNEST, froidement.

Je ne le vois pas sur votre liste... et je lui écris... pour l'inviter.

Mme DARMENTIÈRES.

Y pensez-vous ?

ERNEST.

Oui... j'ai à lui parler.

Mme DARMENTIÈRES.

Vous ne savez donc pas que le pauvre garçon n'est plus.

ERNEST.

Que dites-vous ?

Mme DARMENTIÈRES.

Il y a six mois, à peu près... quelques jours après nous avoir quittées... Il est arrivé à l'armée, et le premier boulet a été pour lui.

ERNEST.

Il est mort !

Mme DARMENTIÈRES.

Ce qui ne m'étonne pas... avec une tête comme la sienne.

ERNEST.

Mort !... (A part, laissant tomber sa plume.) Et maintenant, sur qui me venger ?... (Regardant Léonie.) Sur qui ?... sur la fille de mon bienfaiteur... de mon second père !...

JOSÉPHINE.

Monsieur... madame revient à elle... elle s'éveille.

LÉONIE.

Ah ! que j'ai souffert !... Quel rêve affreux ! (Regardant autour d'elle.) Ma tante... Joséphine... où donc est-il ?

Mme DARMENTIÈRES.

Toujours avec toi... il ne t'a point quittée... (A Ernest.) Mon neveu...

LÉONIE.

De grâce, approchez-vous. (Ernest s'avance en silence. Elle lui prend la main, qu'elle porte à ses lèvres.) Je souffre moins... Je me sens mieux quand vous êtes là.

SCÈNE VII.

Les mêmes ; GRINCHEUX.

GRINCHEUX.

Monsieur le comte... (Apercevant Joséphine, à part.) Ah! heureusement, voilà ma femme... je ne savais où elle était. (Haut.) Monsieur le comte, il y a là quelqu'un que vous avez fait venir, et qui demande à vous parler.

ERNEST.

Et qui donc?

GRINCHEUX.

Mon cousin Balthasar.

Mme DARMENTIÈRES, ERNEST, LÉONIE.

Balthasar!
(Léonie, hors d'elle-même, se lève comme par un mouvement convulsif.)

ERNEST, la retenant par la main.

Que faites-vous?... (A part.) Elle ne pourrait encore supporter sa vue. (Haut, à Grincheux.) Qu'il attende! plus tard, nous le verrons.

GRINCHEUX, sortant.

Oui, monsieur le comte.
(Léonie fait un geste de joie, et retombe sur le canapé.)

ERNEST, la regardant.

Elle renaî.... malheureuse enfant !

AIR d'Aristippe.

La voilà pâle, et les yeux vers la terre,

Et de honte près de mourir !
Non... j'ai promis jadis à son vieux père,
Quand aux autels il vint de nous unir,
De la défendre et de la secourir.
Malgré ses torts dont tous mes sens s'émeuvent,
    Je l'ai juré, je m'en souviens ;
Et les serments qu'elle a trahis ne peuvent
    M'exempter de tenir les miens.

(S'approchant d'elle avec bonté.) Calmez-vous... le repos vous est, avant tout, nécessaire...

Mme DARMENTIÈRES, qui s'est assise près de la table, à droite.

Sans doute, le repos et la distraction... (A Léonie.) Et, si tu le veux, nous allons passer la matinée auprès de toi, à travailler... en causant ; n'est-ce pas, Joséphine ?

JOSÉPHINE.

Oui, madame.

Mme DARMENTIÈRES.

Et vous, mon neveu, qui venez de voyager... j'espère bien que nos matinées et nos soirées vont être bien employées... je compte sur vous pour les aventures intéressantes. (A Léonie.) Toi, tout ce qu'on te demande est de rester tranquille et de nous écouter.

ERNEST.

Oui... écoutez.

LÉONIE.

Si c'est vous qui parlez, monsieur, ce me sera bien facile.

JOSÉPHINE.

Ah ! quel bonheur ! écoutons bien.

GRINCHEUX, rentrant.

Monsieur, il dit qu'il ne veut que vous voir.

ERNEST.

Qui donc ?

GRINCHEUX.

Balthasar.

ERNEST.

Impossible... (Après un instant de réflexion.) Si fait... qu'il entre.

GRINCHEUX.

Ce pauvre homme en a tant d'envie, qu'il n'y tient plus... Il est là.

LÉONIE, à part.

La force m'abandonne !

SCÈNE VIII.

Les mêmes ; BALTHASAR, entrant les yeux baissés.

BALTHASAR. Il s'approche d'Ernest et lui baise la main.
Ah ! mon maître !

ERNEST.

Tout à l'heure, je vous parlerai.

BALTHASAR.

Ah ! monsieur !

Mme DARMENTIÈRES.

C'est bien... et qu'il se taise.

GRINCHEUX.

Comment donc ?

Mme DARMENTIÈRES.

Ainsi que vous, Grincheux.

GRINCHEUX.

Quoi !... qu'est-ce qu'il y a ?

JOSÉPHINE, qui est passée auprès de lui.

Parce que monsieur va nous dire quelque chose de bien intéressant.

GRINCHEUX.

C'est différent.

Mme DARMENTIÈRES.

Écoutons.

(Léonie est sur le canapé; Ernest sur un fauteuil à côté d'elle, à droite. Madame Darmentières est assise auprès d'Ernest. Joséphine est sur une chaise auprès de Léonie, à gauche. Grincheux et Balthasar sont debout, à la droite de madame Darmentières.)

ERNEST, après quelques instants de silence.

Vous saurez que, l'année dernière, je m'étais rendu à Madrid pour tâcher de délivrer le comte de Lémos, mon beau-père, qui était détenu dans les anciennes prisons de l'Inquisition... Je ne vous parlerai point ici de toutes mes démarches... de mes tentatives pour le sauver... Ce sont toujours des geôliers trompés ou gagnés à prix d'argent... c'est ce qu'on voit partout.

Mme DARMENTIÈRES.

Oui, mais c'est égal... c'est toujours bien intéressant; surtout quand le prisonnier réussit à s'évader.

ERNEST.

C'est aussi ce qui nous est arrivé... Nous avions même eu le bonheur, grâce à un déguisement, de gagner la frontière; mais nous n'étions pas encore en sûreté, car on prétendait, à tort ou à raison, qu'il y avait des ordres de livrer M. de Lémos partout où on le trouverait, et injonction de le reconduire en Espagne... Il fallut donc se cacher encore, et, toujours déguisés, traverser le midi de la France, pour aller nous embarquer à la Rochelle... Dans ce trajet, je passai bien près de Bordeaux, et par conséquent bien près d'ici.

Mme DARMENTIÈRES.

Et quand donc ?

ERNEST.

Mais il y a à peu près six mois.

JOSÉPHINE.

Voyez-vous cela !

ERNEST.

Être si près de sa femme, et ne pas la voir, me semblait bien cruel... surtout après six mois d'absence. D'un autre côté, ma présence aurait fait événement, et aurait peut-être aidé à découvrir mon beau-père... N'osant pas alors me présenter chez moi, en plein jour, j'écrivis un mot à Léonie, qui seule de la maison était prévenue... et j'arrivai la veille de Noël... à minuit.

LÉONIE, étonnée et tremblante.

Que dites-vous?

ERNEST.

Vous m'avez promis de vous taire... et de me laisser parler.

Mme DARMENTIÈRES et JOSÉPHINE.

Sans doute.

Mme DARMENTIÈRES.

Ma nièce, n'interrompez pas. (A Drnest.) Eh bien! mon neveu?

ERNEST.

Eh bien!... je franchis les murs du parc.

BALTHASAR.

Qu'entends-je!

LÉONIE, pâle et tremblante depuis le commencement du récit.

O mon Dieu!

ERNEST.

Et je croyais pouvoir m'en aller de même, sans danger, grâce à la faveur de la nuit... lorsque quelqu'un de la maison, me voyant descendre le long du treillage, me prit sans doute pour un voleur... et s'avisa de tirer sur moi un coup de fusil.

LÉONIE, poussant un cri, et cachant sa tête dans ses mains.

Ah!... (Étendant les bras du côté d'Ernest et presque à genoux.) Monsieur... monsieur!...

ERNEST.

Taisez-vous... je le veux.

BALTHASAR, de l'autre côté.

C'est fait de moi.

GRINCHEUX, à Balthasar.

Qu'as-tu donc?

Mme DARMENTIÈRES.

Quelle aventure! mais, ce qu'il y a de plus extraordinaire... c'est que maintenant je me rappelle parfaitement... c'était au mois de décembre... la veille de Noël.

ERNEST.

Précisément.

Mme DARMENTIÈRES.

A telles enseignes que c'est le lendemain que notre cousin Édouard est parti... (Mouvement de colère d'Ernest.) Une nuit très sombre... très pluvieuse... et il y avait plus d'une heure que ma nièce m'avait dit bonsoir, et était montée dans son appartement au-dessus du mien, lorsque j'entends tout doucement... tout doucement... le long du treillage, comme quelqu'un qui montait...

ERNEST, l'interrompant.

C'était moi.

BALTHASAR, confondu.

Ah!... c'était vous!...

Mme DARMENTIÈRES.

Et ce que je ne pouvais comprendre, c'est qu'il me semblait, de temps en temps, entendre la voix d'un homme.

ERNEST, avec colère.

D'un homme!... (Se reprenant.) C'était moi.

BALTHASAR.

Il serait possible!... Et moi... j'en tremble encore... moi qui ai tiré sur vous!

ERNEST.

Que dis-tu?

BALTHASAR, venant auprès d'Ernest.

Oui, ce coup de fusil que vous avez entendu... il venait de moi... je vous avais ajusté, de bien loin, il est vrai... et par bonheur, ma main tremblait... Sans cela... dans son propre château, et sous les coups de son serviteur... mon maître, mon pauvre maître...

ERNEST.

Allons, tais-toi... Et ne vas-tu pas te désoler?... Après tout, ce n'est qu'une erreur.

(Joséphine passe à la droite du théâtre, auprès de Grincheux.)

BALTHASAR.

Oui... si ce n'était que cela... si je n'avais pas d'autre crime à me reprocher... Mais il en est un que je ne me pardonnerai jamais... (S'avançant près de Léonie, et se mettant à genoux devant elle.) Madame la comtesse... ma noble et digne maîtresse... je suis un malheureux, un misérable... J'ai osé vous soupçonner... Depuis six mois, je vous outrage... je vous accuse!... Trahir un pareil maître... c'eût été trop mal... ce n'était pas possible! Et cependant j'ai pu avoir une pareille pensée!...

LÉONIE, le relevant.

Balthasar!

BALTHASAR.

Vous avez été trop bonne mille fois... car c'est aujourd'hui seulement que vous m'avez puni... que vous m'avez renvoyé.

Mme DARMENTIÈRES.

C'est bien, Balthasar, c'est bien... Dès que vous reconnaissez vos torts... nous oublions tout... Cela dépend maintenant de votre maître, il prononcera.

BALTHASAR.

Monsieur le comte, m'accordez-vous ma grâce?

ERNEST, froidement.

Je peux pardonner les injures qui me sont personnelles ; mais je ne pardonnerai jamais un soupçon ou un outrage envers ma femme. Plus tard, je verrai ce que je peux faire pour vous... Mais puisque votre maîtresse vous a renvoyé... sortez.

BALTHASAR.

Ah! c'est bien cruel! (A Ernest.) Mais je l'ai mérité, mon maître, je l'ai mérité. (S'avançant près de Léonie.) Madame, je fus bien coupable... mais vous qui fûtes sans reproche... daignez parler pour moi.

ERNEST, à madame Darmentières.

Ma tante... à tout à l'heure... (Madame Darmentières sort. A Joséphine et à Grincheux.) Mes amis, laissez-moi. (Ils sortent. A Balthasar, qui veut encore lui parler d'un air suppliant.) Sortez.

(Balthasar sort.)

SCÈNE IX.

ERNEST, LÉONIE.

(Ernest, debout au fond, reste enseveli dans ses réflexions. Léonie se retourne vers lui, elle voudrait et n'ose lui parler. Enfin, ne pouvant retenir ses sanglots, elle tombe à genoux, et prie, mais en tournant le dos à Ernest.)

ERNEST, s'approchant.

Eh bien! Léonie, que faites-vous!

LÉONIE.

Hélas! monsieur... je n'ose vous regarder, ni vous parler... Oh! mon Dieu!... si vous saviez ce qui se passe dans mon âme...

ERNEST.

Levez-vous... et écoutez-moi.

(Léonie se lève, s'approche d'Ernest lentement, et la tête baissée.)

LÉONIE.

Ah! monsieur...

ERNEST, froidement.

Ne me remerciez pas. J'ai songé à votre père, que cette nouvelle aurait fait mourir de chagrin; et j'ai fait ce que j'ai dû, pour lui et pour moi... j'ai voulu que celle qui portait mon nom fût respectée et honorée... J'y ai réussi... vous avez retrouvé l'estime de tous.

LÉONIE.

Excepté la vôtre, monsieur... Je ne vous dirai point que votre éloignement, que l'absence de vos conseils, que tout enfin n'a que trop secondé la légèreté et l'imprudence qui, malgré moi, m'ont perdue... Rien de tout cela, je le sais, ne peut atténuer ma faute, et le ciel ou bien mes remords qui vous l'ont révélée disent assez qu'elle est sans excuse... Et si vous êtes trop généreux pour m'en punir, et pour vous en venger... c'est à moi de me charger de ce soin... et je vous promets que ma mort...

ERNEST.

Que dites-vous?

LÉONIE.

C'est ma seule ressource... mon seul espoir.

ERNEST.

Croyez-vous donc qu'on répare une faute en en commettant une nouvelle?... Il faut vivre pour expier ses torts... Mais cela demande un long courage et je conçois qu'il est plus facile de mourir...

LÉONIE

Ah! monsieur... je vous obéirai.

ERNEST.

Vous vivrez... mais loin de moi... Je veux que cette séparation se fasse sans bruit, sans éclat... Fiez-vous à moi du soin de sauver les apparences... et quant à vous, madame, puisque vous avez promis de m'obéir... vous saurez tout à l'heure ce que je veux faire de vous, ce que j'attends de vous... je reviens...

LÉONIE.

Un mot... car tout me dit que je vous vois pour la dernière fois... un mot encore.

ERNEST.

Je vous écoute... que me voulez-vous?

LÉONIE.

Je me soumettrai à tout ce que votre justice ordonnera, quelque rigoureuse qu'elle soit... Mais ne m'ôtez pas tout espoir... et un jour, monsieur, un jour du moins, quand mes traits flétris par la souffrance et les années, quand mes joues sillonnées par les larmes vous diront que j'ai assez pleuré ma faute, alors... oh! ce sera dans bien longtemps!... alors puis-je espérer... (Ernest, pour cacher son émotion, veut s'éloigner.) Ah! ne me quittez pas! Encore un instant... encore un, je vous prie... une grâce... (Ernest, qui était près de la porte, au moment de sortir, s'arrête.) Non pour moi... Balthasar doit-il être puni? Et dois-je ajouter à tous mes torts celui de vous priver d'un ami et d'un serviteur fidèle?

ERNEST.

Il reviendra... Je lui dirai... Attendez-moi ici.

LÉONIE.

Oui, monsieur.

(Ernest sort.)

SCÈNE X.

LÉONIE, puis GRINCHEUX et JOSÉPHINE.

LÉONIE.

Il me fuit... il me quitte... O mon Dieu! quel sort m'attendait!... quel avenir m'était promis!... et que de bonheur détruit par une seule faute!... (Vivement.) On vient... (s'es-

suyant les yeux.) Pour lui, pour son honneur, cachons mes larmes. (Affectant un air riant.) Ah! c'est Joséphine et son mari!

GRINCHEUX, tenant Joséphine sous le bras.

Oui, ma femme, je suis le plus heureux des hommes, et je t'aime plus que jamais.

JOSÉPHINE.

Et pourquoi?

GRINCHEUX.

Pourquoi?... je n'ai pas besoin de te le dire... Mais tout le monde le saura, à commencer par madame la comtesse, parce que c'est devant elle que j'ai pu te soupçonner.

LÉONIE.

Que dites-vous?

GRINCHEUX.

Oui, madame... malgré ce que vous m'avez dit, j'avais des inquiétudes... parce qu'il y a un petit blond, un commis marchand, qui suit ma femme partout... Moi alors je la suivais aussi, de sorte que tous les trois nous ne nous quittions pas... Il rôdait depuis ce matin dans le parc, à l'entour du gros tilleul... Trois fois il a été regarder dans le creux de l'arbre... Et moi, caché dans le feuillage, j'étais là à l'affût, lorsque j'ai vu arriver madame Grincheux, qui mystérieusement a jeté une lettre et s'est enfuie... Or, cette lettre, quoiqu'elle ne fût pas à mon adresse...

(Il fait le signe de briser le cachet.)

JOSÉPHINE.

O ciel!

GRINCHEUX.

AIR : Va, d'une science inutile.

J'ai lu... d'joie encor j'en suis ivre,
Qu'ell' lui disait, pour premier point,
D' cesser d' l'aimer et d' la poursuivre,

Attendu qu'ell' ne l'aimait point...
Attendu qu' c'est moi seul qu'elle aime;
Et de sa part est-ce gentil
De l' dire à d'autr's, quand à moi-même
J' crois que jamais ell' n' me l'a dit!

JOSÉPHINE, bas à Léonie.

Ah! madame... que ne vous dois-je pas?

GRINCHEUX.

J'ai remis le billet, qu'un instant après on est venu reprendre... Et si vous aviez vu son désespoir... Il s'arrachait les cheveux.

JOSÉPHINE.

Pauvre garçon!

GRINCHEUX.

C'est ce que je me suis dit : il m'a fait de la peine et en même temps du plaisir... parce que cela prouve que ma femme...

JOSÉPHINE.

N'est peut-être pas plus sage qu'une autre. (Regardant Léonie.) Mais elle a eu de bons avis... de sages conseils... et tout le monde n'a pas le même bonheur...

GRINCHEUX.

C'est égal, tu peux faire maintenant tout ce que tu voudras, je n'y trouverai jamais à redire; et je te promets d'être le meilleur des maris... de ne te rien refuser... de t'obéir en tout...

JOSÉPHINE, passant auprès de lui et lui prenant la main, avec émotion tout en regardant Léonie.

C'est bien, Grincheux, c'est bien... je te promets d'être une bonne femme et de faire bon ménage... (Le faisant passer auprès de Léonie.) Remercie madame la comtesse, et partons.

GRINCHEUX.

La remercier... et pourquoi?

JOSÉPHINE.

Remercie-la toujours.

GRINCHEUX.

AIR : Ce que j'éprouve en vous voyant. (ROMAGNÉSI.)

Grand Dieu! quel bonheur est le mien!

JOSÉPHINE.

Ah! puisse le ciel le lui rendre!

LÉONIE.

Ah! je crois qu'il vient de l'entendre.
Je fus son guide et son soutien;
Je l'ai sauvée... Ah! ce mot me fait bien.
Trop coupable, mon Dieu! je n'ose
  Réclamer ton arrêt;
Mais, comme Ernest me le disait,

(Voyant Grincheux aux genoux de Joséphine et lui baisant la main.)

Puisse le bien dont je suis cause
Expier le mal que j'ai fait!

SCÈNE XI.

LES MÊMES; Mme DARMENTIÈRES, BALTHASAR, qui se tien derrière elle.

Mme DARMENTIÈRES.

Ah! ma nièce, ma chère nièce, quel bonheur! tu ne sais pas... Il est nommé à une ambassade... Tous les appartements se remplissent de personnes qui viennent le féliciter... Tiens, les entends-tu?... On a tant d'amis quand on est heureux!

JOSÉPHINE.

Et dans ce moment, madame, vous êtes si heureuse, n'est-ce pas?

LÉONIE.

Oui, mes enfants, oui, mes amis.

SCÈNE XII.

Les mêmes ; ERNEST.

ERNEST, à la cantonade.

Je vous remercie, mes amis, des compliments que vous m'adressez, et auxquels je suis bien sensible.

BALTHASAR, à Léonie.

Vous avez voulu, madame, que ce fût un jour de bonheur pour tout le monde, car, grâce à vous, mon maître me pardonne.

LÉONIE.

Ah ! je l'en remercie.

BALTHASAR.

Et moi, je n'ose vous dire ce que j'éprouve ; mais je vous chéris maintenant autant que mon maître ; je vous admire, je vous honore, je voudrais pouvoir vous servir à genoux.

JOSÉPHINE.

Il a bien raison.

GRINCHEUX.

Oui, sans doute.

LÉONIE.

Assez, assez, mes amis. (A part.) Je dois donc usurper leur estime à tous !

ERNEST, qui, après avoir remercié tout le monde, était venu sur le devant du théâtre avec madame Darmentières.

Vous sentez bien, ma chère tante, que ma nouvelle dignité m'imposant quelques devoirs, il faut d'abord se rendre à Paris.

Mme DARMENTIÈRES.

Certainement, il le faut. Nous irons avec vous ; nous vous accompagnerons ; n'est-ce pas, ma nièce ?

ERNEST.

Dans ce moment, ce serait difficile, car un courrier que je reçois m'oblige à partir aujourd'hui; mais auparavant j'ai quelques arrangements à prendre avec ma femme. Vous permettez...

Mme DARMENTIÈRES.

Comment donc!

ERNEST, allant à Léonie et l'amenant au bord du théâtre, pendant que madame Darmentières, Balthasar, Joséphine et Grincheux restent au fond.

Cette ambassade qu'on me proposait, et que ce matin je voulais refuser pour ne pas vous quitter, je viens de l'accepter; mais comme, avant de quitter son pays, il faut mettre ordre à ses affaires, (Lui donnant un papier.) voici un acte que je remets entre vos mains, et qui contient mes volontés expresses.

LÉONIE.

Je les suivrai, monsieur.

ERNEST.

Il vous assure, dès ce moment, la moitié de ma fortune, et la totalité après moi. (Léonie, faisant le geste de déchirer le papier.) Vous n'êtes pas maîtresse de refuser; vous m'avez juré d'obéir, et cette fois, du moins, tenez vos serments.

LÉONIE, baissant la tête avec honte, et serrant le papier.

Ah! monsieur.

ERNEST, se tournant vers madame Darmentières, qu'il embrasse.

Je pars, adieu. (A part, et regardant Balthasar.) Et ce pauvre Balthasar, que cette fois je ne retrouverai plus. (Haut.) Et toi aussi, mon vieux et fidèle ami, embrassons-nous.

BALTHASAR.

Ah! mon maître!

ERNEST, s'efforçant de sourire.

Je pleure; et je ne sais pourquoi.

BALTHASAR.

Moi, je le sais bien; c'est de joie et de bonheur.

ERNEST.

Allons, allons; partons à l'instant.

(Il fait quelques pas vers la porte.)

Mme DARMENTIÈRES.

Et votre femme, à qui vous ne dites pas adieu!

ERNEST, s'arrêtant.

C'est vrai. (S'avançant près de Léonie, et lui prenant la main.) Adieu, mon amie, adieu.

(Il va pour la quitter.)

LÉONIE, le regardant d'un air suppliant.

Monsieur, on nous regarde.

ERNEST.

Ah! vous avez raison.

(Il l'embrasse sur le front.)

Mme DARMENTIÈRES.

J'espère bien que dans sept ou huit jours nous nous reverrons.

ERNEST.

Oui, ma chère tante, dans quelques jours.

LÉONIE, bas.

Serait-il vrai?

ERNEST, de même.

Jamais.

BALTHASAR, GRINCHEUX et JOSÉPHINE.

Adieu, monseigneur. Adieu, monsieur le comte.

Mme DARMENTIÈRES, regardant Léonie avec orgueil.

Ah! qu'elle est heureuse!

LÉONIE, seule, à droite du théâtre.

Malheureuse! pour toujours.

(Ernest s'éloigne en jetant un dernier regard sur sa femme. Léonie cache sa tête dans ses mains, et fond en larmes. Tout le monde reconduit Ernest.)

LA PROTECTRICE

COMÉDIE-VAUDEVILLE EN UN ACTE

EN SOCIÉTÉ AVEC M. VARNER.

Théatre du Gymnase. — 2 Novembre 1830.

PERSONNAGES.   ACTEURS.

M. DELORMONT. . . . . MM. ALLAN.
JULES, ancien ami de Delormont. . . . . . .   BERCOUR.
MORIZOT, chirurgien, oncle de Jules. . . . .   NUMA.
DURANTI, cousin de madame de Sainville . .   LEGRAND.

Mme DE SAINVILLE, prétendue de M. Delor-
   mont . . . . Mlles LÉONTINE FAY.
ADÈLE, jeune orpheline. . . . .   ÉLISA FORGEOT.

A Paris, dans la maison de madame de Sainville.

LA PROTECTRICE

Un salon élégant. — Porte au fond. Deux portes latérales. A gauche du spectateur, une table.

SCÈNE PREMIÈRE.

DELORMONT, assis près de la table, puis MORIZOT.

DELORMONT.

Faut-il accepter?... faut-il refuser ? il y a tant de raisons pour et contre... que quel que soit le parti que je prenne, il me semble que j'aurai toujours tort... Ah! voilà mon docteur... le premier chirurgien de Paris, et de plus un homme de bon conseil.

MORIZOT.

Eh ! bien?... Comment vous trouvez-vous ce matin ?

DELORMONT.

Fort bien... et il me semble que, maintenant, je pourrais sortir.

MORIZOT.

Pas encore... mais demain...

DELORMONT.
Je vous jure que ma jambe ne me fait plus souffrir.

MORIZOT.
Demain, vous dis-je... et j'espère que cela vous apprendra à ne plus être distrait dans les rues de Paris.

DELORMONT.
Que voulez-vous ?... Je devais me marier le lendemain... je sortais de chez ma prétendue... je lui avais parlé amour, elle ne m'avait parlé qu'ambition.

AIR : Amis, voici la riante semaine. (*Le Carnaval.*)

De ses discours l'âme encor tout émue,
Modestement, à pied sur le pavé,
A mes grandeurs je rêvais dans la rue,
Je me voyais quelque poste élevé.
    J'étais ministre... quand, par terre
Je me suis vu tout à coup renverser...

MORIZOT.
Et plus heureux qu'on ne l'est d'ordinaire,
Sans avoir eu la peine d'exercer.

DELORMONT.
Cet accident, du moins, m'a permis de connaître combien je suis aimé... madame de Sainville a voulu me faire transporter chez elle, m'a donné la moitié de son appartement et ne m'a pas quitté pendant les instants de fièvre et de délire... c'est à sa douce présence, à sa tendresse, que je dois ma guérison.

MORIZOT.
J'y suis bien aussi pour quelque chose... il ne faut pas que l'amour vous rende ingrat envers la médecine... Voyons votre pouls... il y a encore de la fréquence dans les pulsations.

DELORMONT.
C'est possible.

MORIZOT.

Quelqu'idée vous tourmente.

DELORMONT.

J'en conviens.

MORIZOT.

Des idées d'amour ou de jalousie?...

DELORMONT.

Non, c'est une chose plus inquiétante... dans les arrangements ministériels qui se préparent... on me propose un portefeuille.

MORIZOT.

A votre âge... à trente ans!

DELORMONT.

Et pourquoi pas?

AIR du vaudeville de Partie et Revanche.

Croyez-vous donc que la vieillesse
Soit le seul âge des talens?
Et des emplois pourquoi sans cesse
Déshériter les jeunes gens?
N'est-on pas soldat à vingt ans?...
A sa patrie on doit son zèle,
Et l'on est pour bien la servir
Assez âgé, dès que pour elle
On est en âge de mourir...

Aussi, ce n'est pas cela qui m'arrête... mais mille autres raisons, qui font que je ne sais si je dois accepter ou refuser... Voyons, votre avis à vous, docteur?

MORIZOT.

Faut-il parler franchement?

DELORMONT.

Sans doute.

MORIZOT.

Vous avez de la fortune, de la réputation... Il y aura

7.

toujours assez d'ambitieux sans vous; et le ministère ne restera pas vacant... on vous estime, on vous aime, restez-en là... vous avez trop à perdre et pas assez à gagner.

DELORMONT.

Votre avis est donc qu'il faut refuser?

MORIZOT.

Dans votre intérêt, car dans le mien, je devrais vous conseiller le contraire. Une fois ministre, vous auriez sans cesse des contrariétés, des ennuis, des impatiences... de là des irritations, des fièvres inflammatoires... ce serait tout profit pour la Faculté.

DELORMONT.

Mais cependant une place où l'on peut faire tant de bien... une si belle place...

MORIZOT.

Y en a-t-il qui vaillent l'indépendance et la liberté?... moi, par exemple, je n'ai besoin de personne, et tout le monde a besoin de moi : bourgeois, grands seigneurs, Excellences sont à mes genoux à la moindre chute... et Dieu sait si ma clientèle est nombreuse... Dieu sait si je pourrais m'élever... mais je veux rester comme je suis... je n'ai pas d'ambition et vous ferez comme moi; vous ne quitterez pas le certain pour l'incertain, et le bonheur présent pour des chagrins à venir.

DELORMONT.

Vous avez peut-être raison.

MORIZOT.

Après cela, si vous ne vous en rapportez pas à moi seul, consultez vos amis, madame de Sainville.

DELORMONT.

Je m'en garderai bien... avec ses idées de grandeur et d'ambition, elle ne me pardonnerait pas même d'hésiter.

MORIZOT.

C'est juste... elle qui a toujours des gens à recommander...

DELORMONT.

Elle est si bonne, si obligeante.

MORIZOT.

C'est plus que de l'obligeance, car, sans discernement, elle prodigue sa protection à tout le monde, surtout à ceux qu'elle ne connaît pas; elle veut à toute force créer des fonctionnaires, hommes ou femmes.

AIR de Marianne. (DALAYRAC.)

> Elle croit perdre sa journée,
> Lorsque le soir elle n'a pas
> Fait placer quelque infort unée
> Dans le timbre ou dans les tabacs...
> Jeune et jolie,
> Dès qu'elle prie,
> Chacun lui croit
> D'avance quelque droit,
> Et dans les sels, dans les octrois,
> Combien a-t-elle accaparé d'emplois!
> Enfin, son obligeance extrême
> Voulait hier se mettre en frais,
> Pour protéger un Gascon... mais
> Il s'est placé lui-même.

DELORMONT.

Vous êtes injuste envers elle.

MORIZOT.

Non vraiment... elle suit le torrent... elle fait comme tout le monde, car à aucune époque, ni sous l'Empire, ni sous la Restauration, on n'a vu autant de solliciteurs; il semble que le peuple ne se soit battu que pour faire des substituts ou des sous-préfets... il en sort de dessous terre, et l'on dirait que c'est pour les faire éclore qu'on a dépavé les rues.

DELORMONT.

Vraiment!

MORIZOT.

AIR : Ainsi que vous, je veux, mademoiselle.

Ceux qui jadis se proclamaient en France
Indépendants par principe et par choix,
Ont oublié déjà l'indépendance
    Pour encombrer tous les emplois.
Argent, honneurs, il faut qu'on leur en donne...
Littérateur, avocat, député,
Grands libéraux qui demandent l'aumône
    Dans le bonnet de la liberté.

Aussi, dès que vous serez ministre, vous n'aurez qu'à bien vous tenir... les pétitions vous suivront partout...

« Car la Garde qui veille aux barrières du Louvre
    N'en défend pas nos rois. »

Vos meilleurs amis, ceux mêmes sur lesquels vous croirez devoir compter, ne vous aborderont plus qu'un placet à la main... je ne dis pas cela pour moi, j'ai les places en horreur... seulement, et si, contre mon avis, vous vous décidez à accepter, je vous recommande mon neveu.

DELORMONT.

Et vous aussi, docteur, vous qui blâmiez madame de Sainville !

MORIZOT.

C'est bien différent... un neveu... et puis personne ne le saura... (Adèle paraît.) Une jeune fille.

SCÈNE II.

Les mêmes ; ADÈLE, sortant de la chambre à gauche.

ADÈLE.

Ah ! mon Dieu ! des messieurs !

DELORMONT.

Eh ! quoi, mademoiselle, notre vue vous effraie ?

ADÈLE.

Non certainement... mais je croyais que madame de Sainville...

MORIZOT.

Elle est absente en ce moment, sortie depuis ce matin.

ADÈLE.

Je le sais bien, car voilà trois heures un quart que je l'attends.

DELORMONT.

Je vous en demande excuse en son nom.

MORIZOT.

Vous la connaissez beaucoup, madame de Sainville?

ADÈLE.

Je l'ai vue une fois en ma vie... lorsqu'elle allait, il y a deux ans, aux eaux du Mont-Dore; mon oncle a eu le bonheur de lui rendre un service en arrêtant sa calèche, dont les chevaux avaient pris le mors aux dents.

DELORMONT.

Votre oncle, quel est-il?

ADÈLE.

Un ancien militaire, qui n'avait qu'une petite pension de six cents francs.

MORIZOT.

C'est peu pour vivre.

ADÈLE.

Et encore, il ne l'employait pas à cela.

DELORMONT.

Et à quoi donc?

ADÈLE.

A mon éducation.

AIR d'*Aristippe*.

Il me disait : « C'est la richesse
De ceux qui n'ont rien...

DELORMONT.
En effet.

ADÈLE.

Travaille donc... » et sa tendresse
De tous les maîtres m'entourait.
On l'eût cru riche, à ce qu'il dépensait.
Aussi, dans mon âme attendrie
Son souvenir est toujours respecté,
Pour lui je donnerais ma vie.

DELORMONT.

De ses bienfaits vous avez profité.

ADÈLE.

C'est un si brave homme que mon oncle !... aussi madame de Sainville lui avait dit : « Monsieur, quoique je ne vous aie vu que dix minutes, je ne vous oublierai pas. » Et en effet, à peine de retour à Paris, elle lui a envoyé une place.

DELORMONT.

Ah ! que c'est bien à elle !... et vous, docteur, qui osiez l'accuser, quand, dans sa reconnaissance, elle a fait le bonheur de ce brave homme.

ADÈLE.

Son bonheur !... pas tout à fait, au contraire, cela lui a causé bien du chagrin... c'était une place de professeur au collège de notre ville.

DELORMONT.

Professeur !

ADÈLE.

De troisième... pour cela, il fallait savoir le latin... et mon oncle qui, depuis l'âge de quinze ans, a fait toutes les guerres de la Révolution, n'a eu le temps d'apprendre que l'exercice, de sorte que dans cette place, il était...

DELORMONT.

Je comprends.

MORIZOT.

Que disais-je!... quelle inconséquence! quelle étourderie!

DELORMONT.

C'est possible, mais l'intention du moins était bonne... et c'est pour dédommager votre oncle...

ADÈLE.

Qu'elle m'a fait placer dans la maison royale de Saint-Denis... et c'est pour cela qu'une grande dame qu'elle protége, et qui m'a protégée en route, m'a amenée de Riom.

MORIZOT.

De Riom, en Auvergne? c'est là que vous demeuriez?... un endroit fort agréable... une ville charmante où mon neveu a été sous-préfet.

(Delormont va s'asseoir auprès de la table.)

ADÈLE.

Ah! le dernier sous-préfet, c'était votre neveu?... vous seriez M. Morizot, cet oncle si bon, si aimable, dont il me parlait si souvent?

MORIZOT.

Lui-même, ma chère enfant... (A part.) Serait-ce par hasard, cette jeune personne dont, depuis un mois, j'entends tous les jours faire l'éloge?... c'est ce que je ne tarderai pas à savoir.

ADÈLE.

Quel dommage de l'avoir destitué! de l'avoir envoyé à Paris... il était si estimé... si aimé dans le pays!...

MORIZOT, à Delormont.

Vous l'entendez... eh! bien, voilà les gens que l'on renvoie! tandis que d'autres obtiennent tout par les protections, par la faveur... par de jolies dames à qui l'on ne peut rien refuser.

DELORMONT, avec colère.

Si c'est pour madame de Sainville ou pour moi que vous parlez ainsi, je vous répète que vous avez tort... car si tel événement dont il était question tout à l'heure arrivait jamais, je vous jure sur l'honneur qu'à dater de ce moment, toute influence cesserait... je lui refuserais tout.

MORIZOT.

Dieu le veuille !

ADÈLE.

J'entends une voiture.

MORIZOT.

C'est la maîtresse de la maison.

ADÈLE.

Ah! que j'ai peur !

DELORMONT, à Morizot.

De la discrétion avec elle... mais je rentre; car elle serait capable de deviner mon silence.

(Il rentre dans l'appartement à droite.)

MORIZOT, le regardant marcher.

Allons! vous marchez à merveille... et d'aujourd'hui, je vous déclare guéri... je vais seulement, pour quelques jours encore, vous tracer le régime à suivre... mais partons, car la voici.

(Il suit Delormont.)

ADÈLE.

Et moi, je me sauve... j'aime bien mieux qu'elle me fasse appeler.

(Elle rentre dans la chambre à gauche.)

SCÈNE III.

Mme DE SAINVILLE, DURANTI; ils entrent par le fond.

Mme DE SAINVILLE, à la cantonade.

Allez, mes amis, allez; je suis trop heureuse d'obliger des gens de talent... des gens de mérite... qui tous les jours font antichambre chez moi.

DURANTI.

Et que peut-être vous ne connaissez pas!

Mme DE SAINVILLE.

Au contraire, des gens très-connus... toujours les mêmes... tous ceux qui demandaient sous l'autre gouvernement... Eh bien! monsieur Duranti, vous ne me donnez pas de nouvelles de l'Opéra-Bouffe?... vous y étiez hier, avez-vous vu la débutante?

DURANTI.

Parfaite, quoique Française... quels yeux noirs! quel gosier! et puis, elle avait une toque!... j'ai applaudi à trois reprises... une fois pour la toque.

Mme DE SAINVILLE.

Oh! vous êtes un amateur éclairé des arts!

DURANTI.

Mais je m'en pique... aux Italiens, d'ailleurs, peu importe, c'est toujours bien... c'est un théâtre de confiance... A la dernière saison... j'arrive un soir, et je crie : *bravo, signor*... on me dit que c'étaient des Allemands; je crie : *bravo, meinherr* et la représentation a été tout de même.

Mme DE SAINVILLE.

Je sais que vous êtes un des fidèles... un habitué du balcon.

DURANTI.

Et j'ose dire que cela demande quelques connaissances, quelques études; et surtout beaucoup de tact, car il ne s'agit pas au balcon de cris ni de trépignements, comme au parterre... les *bravo*, les *brava*, doivent toujours partir dans le même ton que l'air qui vient de finir. (Prenant dans le haut.) La, la, la, la, la, *brava*... (Prenant un ton grave.) lo, lo, lo, lo, lo, *bravo*... Aussi, il faut être musicien pour se permettre d'ouvrir la bouche, et d'exprimer une opinion.

Mme DE SAINVILLE.

Y aura-t-il pour les débuts de M. Lablache, quelque solennité, quelque scène à effet?

DURANTI.

Certainement... une grande ovation avec pluie de fleurs, et bouquets sur le théâtre... l'émotion est commandée et les bouquets aussi.

Mme DE SAINVILLE.

Les avez-vous pris chez ma protégée, madame Bernard ?

DURANTI.

Non... c'est chez une autre.

Mme DE SAINVILLE.

Tant pis... vous savez que je m'intéresse à elle... c'est une mère de famille.

DURANTI.

Ce sera pour le premier enthousiasme que nous improviserons.

Mme DE SAINVILLE.

A la bonne heure.

DURANTI.

Vous n'oublierez pas ce que vous m'avez promis...

Mme DE SAINVILLE.

Non certainement, vous avez été trop aimable à mon dernier concert... voix délicieuse, surtout dans les nocturnes, et je ferai apostiller votre demande par M. Delormont... c'est une recette, n'est-il pas vrai?

DURANTI.

Non, cousine, une préfecture... on me la doit comme indemnité... après ce que je viens de perdre à la révolution.

Mme DE SAINVILLE.

Vous n'aviez rien...

DURANTI.

J'avais une valeur intrinsèque que je n'ai plus... Comme neveu d'un pair de France, je pouvais trouver une dot de cinq cent mille francs... on nous payait autrefois ce prix-là.

Mme DE SAINVILLE.

C'était bien cher.

DURANTI.

C'était le cours... mais voilà mon oncle qui est éliminé... il faut qu'il renonce à la pairie, et moi, à ma dot.

Mme DE SAINVILLE.

Vous n'êtes pas le seul.

DURANTI.

Raison de plus pour se hâter... car ils se jettent sur les préfectures, et toutes les nouvelles places sont aux anciens.

Mme DE SAINVILLE.

Vous avez raison... j'y vais...

SCÈNE IV.

Les mêmes; MORIZOT.

Mme DE SAINVILLE, apercevant Morizot qui sort de chez M. Delormont.

Bonjour, docteur... comment se porte votre malade?

MORIZOT.

A merveille, et ce sera, je crois, aujourd'hui, ma dernière visite.

Mme DE SAINVILLE.

Ah! tant mieux... quand je dis tant mieux... on est toujours charmé de vous voir, car nous vous devons tant de reconnaissance.

MORIZOT.

Vous êtes trop bonne.

Mme DE SAINVILLE.

A propos, avez-vous lu le *Moniteur* aujourd'hui?

MORIZOT.

En fait de journaux, je ne lis jamais que la *Gazette de santé.*

Mme DE SAINVILLE, à Duranti.

Je vois alors qu'il ne sait pas encore...

DURANTI, à madame de Sainville.

Non... il ne sait pas encore...

Mme DE SAINVILLE, à Morizot.

J'ai quelque chose à vous dire... une bonne nouvelle à vous apprendre... et puis quelqu'un à vous recommander.

MORIZOT.

Madame, en fait de protégée, je vous apprendrai qu'il y en a une ici, que vous avez fait venir de province, de Riom...

Mme DE SAINVILLE, avec joie.

Elle est arrivée... la petite Adèle de... de... Comment l'appelez-vous?

MORIZOT.

Je n'en sais rien.

Mme DE SAINVILLE.

Ni moi non plus.

MORIZOT.

Mais il y a trois heures qu'elle vous attend... là.

Mme DE SAINVILLE.

La pauvre enfant!... je veux la voir... l'embrasser...

DURANTI.

Et moi... et ma place?

Mme DE SAINVILLE.

J'y cours!... Ah! mon Dieu! et M. Delormont à qui il faut que je parle.

AIR de la valse des Comédiens.

Adieu, cousin, au rendez-vous fidèle,
Je vous attends à l'heure du repas.

MORIZOT.

Mais vous m'aviez parlé d'une nouvelle...

Mme DE SAINVILLE.

J'ai réfléchi, vous ne la saurez pas.

MORIZOT.

Vit-on jamais un caprice semblable?

Mme DE SAINVILLE.

Oui, je me tais, je me le suis promis,
Pour vous surprendre.

MORIZOT.

Ah! si c'est raisonnable,
Je réponds bien que je serai surpris.

Ensemble.

Mme DE SAINVILLE, à Duranti.

Adieu, cousin, vous connaissez mon zèle,
Et vous savez si l'on peut s'y fier,
S'il se présente une place assez belle,
C'est votre nom qu'on verra le premier.

DURANTI.

Pour m'obliger je connais votre zèle,
J'ai mis en vous mon espoir tout entier,
Et s'il s'offrait une place assez belle,
Pensez à moi, n'allez pas m'oublier.

MORIZOT, à part.

Un peu plus tard je reviendrai près d'elle,
Peut-être alors, si je veux la prier
De me conter cette grande nouvelle,
Elle dira : Je viens de l'oublier.

(Morizot et Duranti sortent.)

SCÈNE V.

DELORMONT, Mme DE SAINVILLE.

Mme DE SAINVILLE, à Delormont qui entre.

Eh! bien, monsieur, m'apportez-vous ce que je vous ai demandé?

DELORMONT.

Je l'aurais voulu, mais, en conscience, ce n'est pas raisonnable.

Mme DE SAINVILLE.

AIR : J'en guette un petit de mon âge. *(Les Scythes et les Amazones.)*

Lorsque c'est moi qui vous supplie,
Dois-je m'attendre à des refus?

DELORMONT.

Pour des gens qui, je le parie,
Vous sont tout à fait inconnus!...
Il faut, sur de pareils chapitres,
S'informer et voir par ses yeux.

Mme DE SAINVILLE.

J'ai su qu'ils étaient malheureux,
J'ai pensé qu'ils avaient des titres.

Enfin vous m'avez refusée... je n'oublierai pas... mais pour M. Duranti dont je vous ai déjà parlé, j'espère au moins...

DELORMONT.

Quels sont ses droits?

Mme DE SAINVILLE.

D'abord, il est mon cousin... ensuite, il est pour moi d'une complaisance extrême.

DELORMONT.

Beau mérite!

Mme DE SAINVILLE.

C'en est un que vous n'avez pas... du moins aujourd'hui!... enfin, il chante avec un goût exquis.

DELORMONT.

Talent précieux dans un administrateur!

Mme DE SAINVILLE.

Pourquoi pas? il vous faut dans les départements des préfets amis des arts... qui les encouragent, les cultivent, et donnent des concerts à leurs administrés.

DELORMONT.

Système de Mazarin... ils chantent, ils paieront.

Mme DE SAINVILLE.

Oui, monsieur... il y a trop longtemps que la sombre politique envahit les salons... qu'elle cède enfin la place à l'harmonie... l'État ne peut y perdre et nos oreilles ne peuvent qu'y gagner.

DELORMONT.

C'est-à-dire que vous voudriez, pour nos départements, une organisation musicale?

Mme DE SAINVILLE.

Ce ne serait pas la plus mauvaise... Enfin, monsieur, ce qu'on vous demande est une apostille de votre main... une simple apostille... le reste ne vous regarde pas.

DELORMONT.

Eh! n'est-ce rien qu'une recommandation? (A part.) Dans ce moment surtout... elle ne se doute pas de quel poids est la mienne... Je signe donc en faisant des vœux pour qu'on n'ait pas d'égard à ma signature.

Mme DE SAINVILLE.

Je vous remercie bien.

DELORMONT.

Mais je vous prie au moins de n'en pas parler au docteur... car ce seraient encore des diatribes sur l'influence des femmes.

Mme DE SAINVILLE.

Ah! c'est lui que vous écoutez; c'est lui qui me nuit auprès de vous et dont le crédit bientôt dépassera le mien.

DELORMONT.

Pouvez-vous le penser?

Mme DE SAINVILLE.

Eh! bien, prouvez-le-moi, en m'accordant également une autre demande...

DELORMONT, à part.

Il y a dans les femmes une ténacité...

Mme DE SAINVILLE.

Je vous en prie, si vous m'aimez...

DELORMONT.

Non, madame.

Mme DE SAINVILLE.

Vous ne m'aimez pas?

DELORMONT.

Je vous aime trop pour vous laisser commettre une injustice... et c'en serait une...

Mme DE SAINVILLE.

Ainsi, vous me refusez?

DELORMONT.

Bien décidément... et je vous prie de ne plus m'en parler.

Mme DE SAINVILLE.

Adieu, monsieur, je suis fâchée... très-fâchée... c'est la dernière fois que je vous solliciterai.

DELORMONT.

AIR du vaudeville du Premier Prix.

Cela se rencontre à merveille ;
En honneur, vous ferez très-bien.

Mme DE SAINVILLE.

Mais aussi, je vous le conseille,
Ne me demandez jamais rien.
Ou bien, d'une rigueur extrême
Alors n'allez pas m'accuser,
Et rappelez-vous que vous-même
M'aurez appris à refuser.

DELORMONT.

Élise!...

Mme DE SAINVILLE.

Et ma protégée qui m'attend, et que je n'ai pas encore embrassée... J'ai l'honneur, monsieur le comte, de vous saluer avec le plus profond respect.

(Elle sort.)

SCÈNE VI.

DELORMONT, seul.

Et je serais ministre !... non, morbleu !... le docteur avait raison... comment résister à ses persécutions?... à cette influence de tous les instants?... avoir à lutter contre celle qu'on aime ou contre sa conscience... Non pas que je craigne de succomber, car je n'écouterai que le devoir et la justice... mais ce seraient des discussions continuelles... ce serait compromettre mon bonheur intérieur... la paix de mon ménage... et à ce prix, je ne me sens pas le courage d'être homme d'État... j'aime mieux tout simplement être libre et heureux... allons, n'hésitons plus... C'est aujourd'hui qu'on attend ma réponse... et on va l'avoir... Je refuse... c'est beau à écrire...

(Il se met à la table et écrit.)

SCÈNE VII.

DELORMONT, JULES.

JULES.

Elle est ici... mon oncle me l'a dit... le difficile est de se présenter soi-même; ma foi, à tout hasard... je dirai que je viens de la part du docteur... (Apercevant Delormont.) Un monsieur qui écrit... (S'approchant.) Pardon, monsieur, de vous déranger...

DELORMONT, levant la tête.

Un étranger !... (Le regardant plus attentivement.) eh! mais, serait-il possible?

JULES.

Je ne me trompe pas... c'est lui...

DELORMONT.

Jules!

JULES.

Delormont!...

(Ils se précipitent dans les bras l'un de l'autre.)

DELORMONT.

Oui... c'est bien toi... l'ami de mon enfance... le compagnon de mes études et de mes jeux... celui qu'au collège, je chérissais le plus!

JULES.

C'est vrai! Nous ne nous quittions pas... on nous avait nommés les inséparables!...

DELORMONT.

Et voilà dix ans que nous ne nous sommes vus!

JULES.

C'est ainsi que dans le monde, on acquitte les promesses du collège... le tourbillon nous emporte dans des sentiers opposés... on ne se voit plus... on s'oublie.

DELORMONT, lui prenant la main.

Non! on s'aime toujours... Mais comment se peut-il que j'aie ignoré ton sort? le destin a-t-il été juste envers toi? S'il t'eût été contraire, ton ancien camarade l'aurait su le premier.

JULES.

Tu connaissais mon goût pour le métier des armes?

DELORMONT.

AIR du vaudeville du *Baiser au porteur*.

Au collège je me rappelle
Que le tambour te faisait tressaillir.

JULES.

A ce penchant je fus fidèle
Et quand je sortis de Saint-Cyr,
Dans les combats j'espérais obtenir

Ou le bâton de maréchal de France,
Ou le trépas qu'on trouve au champ d'honneur ;
Mais l'un et l'autre ont trompé ma vaillance,
Moi, j'ai toujours eu du malheur !

Et la paix me trouvant seul en face d'un traitement de réforme qui ne me donnait pas de quoi vivre, j'ai quitté l'épaulette pour prendre la carrière administrative.

DELORMONT.

Tu as bien fait.

JULES.

Là, j'ose le dire, je me suis conduit en homme d'honneur... voilà pourquoi je n'y suis plus.

DELORMONT.

Comment cela ?

JULES.

Sous le dernier gouvernement, lors de leurs élections, il fallait renoncer à sa conscience ou à sa place... j'ai pensé alors qu'il valait mieux ne plus être sous-préfet, et rester honnête homme.

DELORMONT.

Et dans ce moment où, autant que possible, toutes les injustices se réparent, tu n'es pas encore replacé ?

JULES.

Que veux-tu ! quand on n'a pas de protecteurs...

DELORMONT.

Tu as mieux que cela... tu as des titres... je connais tes talents, tes lumières, tes principes... voilà des gens dont on est heureux de pouvoir répondre... et la première préfecture vacante est à toi... je te la donne...

JULES.

Je te remercie... mais il faudrait pour cela que le ministre fût de ton avis.

DELORMONT.

Il en est, je te le jure... car devant de tels abus, il n'est pas permis de reculer... Qu'importe mon bonheur intérieur... j'en dois le sacrifice à mon prince, à mes concitoyens, à ma patrie... arrivera ce qu'il pourra, j'accepte !

JULES.

Que dis-tu ?

DELORMONT.

Que je viens de prendre une résolution courageuse... (Il prend le papier qui était sur la table et le déchire.) Je suis ministre, mon ami.

JULES.

Qu'entends-je ?

DELORMONT.

Il ne faut pas que cela t'effraie... maintenant ils ne font plus peur...

JULES, balbutiant.

Daignez m'excuser... monseigneur...

DELORMONT.

AIR : T'en souviens-tu.

Dieu ! quel langage et quel compliment fade !
Ne suis-je pas ce que j'étais hier,
Ne suis-je pas toujours ton camarade ?
Rapproche-toi, viens et ne sois pas fier.
   Au moindre événement sinistre
On voit, dit-on, s'éloigner l'amitié ;
C'est le contraire, et quand je suis ministre
   M'aurais-tu donc disgracié ?

JULES.

Mon ami, mon bienfaiteur...

DELORMONT.

Le premier titre me suffit... Je n'en veux point d'autre ; je fais ce que tu ferais à ma place... j'acquitte envers toi la dette du collège.

JULES.

Mais pardonne à mon scrupule, à mes craintes... si la place était promise... si de hautes influences...

DELORMONT.

Je saurais leur résister... j'ai du caractère, de l'entêtement, quand il s'agit de récompenser le mérite et l'amitié.

JULES.

Ah! je suis au comble de mes vœux, car tu ne sais pas qu'il est ici une personne que j'aime... dont je suis aimé.

DELORMONT.

Ici!... que dis-tu?

JULES.

La voici, mon ami, la voici.

DELORMONT, à part.

A la bonne heure... il m'avait fait peur.

SCÈNE VIII.

Les mêmes; ADÈLE.

JULES, à Adèle.

Venez, mademoiselle, venez partager ma joie... j'obtiens enfin cette place que j'ambitionnais, parce qu'elle doit me rapprocher de vous; remerciez avec moi, l'ami, le protecteur à qui nous la devons. (Désignant Delormont.) C'est le ministre...

ADÈLE, étonnée et avec beaucoup d'éclat.

Le ministre!...

DELORMONT, passant au milieu et les prenant par la main.

Oui, mes enfants... mais silence avec tout le monde, même avec madame de Sainville.

ADÈLE, embarrassée.

Oui, monseigneur...

8.

DELORMONT.

Encore !

ADÈLE.

Non, je voulais dire : Votre Excellence.

DELORMONT, souriant.

Il n'y en a plus, mes chers amis... ce mot est rayé, dit-on, du dictionnaire ministériel. (A Jules.) Viens, que nous causions... je vais écrire devant toi, que j'accepte... le sort en est jeté.

JULES.

AIR : L'amour qu'Edmond a su me taire.

Oui, je crois que le sort contraire
De sa rigueur se lasse enfin ;
J'obtiendrai celle qui m'est chère,
Car notre hymen à présent est certain.
De quel trésor je te suis redevable !
Ah ! c'est bien plus qu'une place...

DELORMONT.

Oui, ma foi,
Si je pouvais en donner de semblable,
Je tâcherais de les garder pour moi.

(Jules et Delormont sortent du même côté.)

SCÈNE IX.

ADÈLE, DURANTI, Mme DE SAINVILLE.

Mme DE SAINVILLE, entrant par le fond avec Duranti.

Que je suis heureuse !... je sors des bureaux où tout était dans l'attente d'un grand événement... le ministre s'en va.

DURANTI.

Vraiment !... c'était de cela qu'on s'occupait ?

Mme DE SAINVILLE.

Du tout... c'était de son successeur... je me suis adressée

à un chef de division qui est toujours là... inamovible comme l'escalier du ministère... et en voyant sur votre pétition l'apostille de M. Delormont : « Voilà, m'a-t-il dit, une signature qui est toute-puissante. »

ADÈLE, à part.

Je crois bien.

DURANTI.

Quel bonheur d'être ainsi protégé !...

Mme DE SAINVILLE.

« Je ne puis vous en dire davantage, a-t-il continué, mais quoi qu'il arrive, je vous réponds de mon zèle... et à la première préfecture vacante... c'est une affaire faite. »

DURANTI.

Il a dit cela?

Mme DE SAINVILLE.

Mot pour mot.

DURANTI.

Bravo !... il y en a une, disponible de ce matin.

Mme DE SAINVILLE.

Et laquelle?

DURANTI.

Celle de l'Ardèche.

ADÈLE, à part.

Quel bonheur !... en voilà une... allons en prévenir Monseigneur.

(Elle sort avec précaution par la porte à droite.)

Mme DE SAINVILLE.

Comment le savez-vous?

DURANTI.

Par un ami qui est à la source de toutes les nouvelles officielles, le directeur du télégraphe... vous savez... un grand homme qui fait toujours aller ses bras à l'O pér Bouffe.

Mme DE SAINVILLE.

A merveille... mais du silence... car si vous parliez, vous auriez dans un instant trente concurrents.

DURANTI.

Ne craignez rien... je sais me taire... c'est même ce que je sais le mieux.

SCÈNE X.

Les mêmes; MORIZOT.

MORIZOT, posant son chapeau avec colère.

A-t-on idée de cela? qui s'y serait attendu? ces choses-là ne sont faites que pour moi!...

DURANTI.

Eh! mais, qu'est-ce donc, mon cher docteur?

Mme DE SAINVILLE.

Il a aujourd'hui un surcroît de mauvaise humeur... Vous aurait-on fait quelque injustice, quelque passe-droit?

MORIZOT.

Au contraire... et le moyen de parer un coup comme celui-là... on vient de me montrer le *Moniteur*, où j'ai lu en toutes lettres que j'étais nommé baron... au moment où je ne me défiais de rien.

DURANTI.

Et c'est là ce qui vous fâche?

MORIZOT.

Certainement.

Mme DE SAINVILLE.

Laissez donc... vous en êtes enchanté.

MORIZOT.

Je suis furieux... on connaît mon dédain pour les titres... mon caractère franc, loyal, un peu frondeur... aussi j'ai toute l'opposition dans ma clientèle, de bons malades... qui paient bien... beaucoup de banquiers.

Mme DE SAINVILLE.

Il y a aussi quelques barons parmi eux.

MORIZOT.

C'est égal... je n'en vais pas moins passer à leurs yeux pour une girouette; et la preuve, c'est que depuis la nouvelle de ma promotion, j'ai reçu plus de vingt lettres, où l'on me dit, « que l'on part pour la campagne... que l'on va faire un voyage... qu'on me prie de ne pas venir... » manière honnête de me donner mon congé.

Mme DE SAINVILLE.

Vous croyez?

MORIZOT.

J'en suis sûr... Voilà un titre qui me coûtera cher... et si cela continue... moi qui avais équipage, me voilà obligé d'aller à pied... ou de prendre demi-fortune, à cause de ma nouvelle dignité.

DURANTI.

Il est sûr que des armes de baron sur une demi-fortune...

MORIZOT.

Morbleu! je saurai qui est-ce qui m'a joué ce tour-là!... qui est-ce qui a voulu me rendre ridicule!... je présume que c'est notre doyen... d'abord, il ne peut pas me souffrir.

Mme DE SAINVILLE, passant entre Duranti et Morizot.

Non, monsieur; ce n'est pas lui... c'est moi.

MORIZOT.

Vous, madame... Eh! morbleu!...

Mme DE SAINVILLE.

J'ai cru bien faire, et quoi que vous en disiez... votre vanité s'en réjouit.

MORIZOT.

Je ne me réjouirai jamais de perdre quinze ou vingt mille francs par an, et il est aussi par trop fort, il est incroyable, il est inouï qu'on ne puisse pas vivre tranquille, et que madame, dans l'excès de sa bienveillance, fasse condamner à être barons, des gens honnêtes et paisibles qui ne demandaient qu'à n'être rien.

Mme DE SAINVILLE.

Il suffit, monsieur, il suffit... je vois qu'on a tort d'obliger des ingrats.

DURANTI.

Certainement... et si vous pouvez me transmettre son titre... je ne demande pas mieux... cela, et la préfecture vacante...

MORIZOT.

Hein? que dites-vous?... il y a une préfecture?...

DURANTI.

Celle de l'Ardèche.

MORIZOT.

Dieu soit loué! il faut croire qu'aujourd'hui, je ne serai pas toujours malheureux.

DURANTI.

Est-ce que par hasard vous la voudriez?

MORIZOT.

Précisément.

DURANTI.

Un médecin préfet !

MORIZOT.

Le département ne s'en porterait pas plus mal.

AIR du vaudeville de *Partie carrée.*

Mais aujourd'hui, rassurez-vous, madame,
   A cette place je tiens peu,
Et ce n'est pas pour moi que je réclame,

Mais pour un parent, un neveu.
Puisque vos soins, sans que je le voulusse,
M'ont fait baron ; daignez, par équité,
Faire placer notre neveu... ne fût-ce
Que comme indemnité!

Mme DE SAINVILLE.

J'en suis fâchée, monsieur, vous êtes trop difficile à protéger... et j'y renonce...

MORIZOT.

S'il n'y a pas esprit de contradiction!... C'est justement parce qu'on lui demande...

Mme DE SAINVILLE.

Non, monsieur, mais c'est parce que j'ai promis à une autre personne... à M. Duranti que voici... et qui l'emportera.

MORIZOT, d'un air de doute.

C'est ce qui n'est pas bien sûr.

Mme DE SAINVILLE.

Vous prétendriez nous le disputer?

MORIZOT.

Certainement... chacun pour soi ; Dieu et les ministres pour tout le monde... et si, moi aussi, je veux me mêler de demander... ne croirait-on pas que c'est difficile ?

Mme DE SAINVILLE.

Eh! bien, nous verrons.

MORIZOT.

Nous verrons.

DURANTI, bas à madame de Sainville.

Courage, ne cédez pas!

MORIZOT.

Voici justement M. Delormont

DURANTI, à part.

Attention!... l'affaire sera chaude.

SCÈNE XI.

Les mêmes; DELORMONT, entrant avec ADÈLE.

ADÈLE, bas à M. Delormont.

Oui, monseigneur, c'est comme je vous le dis... celle de l'Ardèche est vacante.

DELORMONT.

C'est bien... (A part, et souriant.) Cette petite aussi qui se mêle d'intriguer.

ADÈLE, de même.

Et à cause de ce que vous disiez tout à l'heure à M. Jules...

DELORMONT.

Je ne l'ai point oublié... et la place est à lui.

ADÈLE.

Quel bonheur!

DELORMONT, saluant les autres personnes.

Bonjour, monsieur Duranti... bonjour, madame... êtes-vous toujours fâchée contre moi?

Mme DE SAINVILLE, froidement.

Cela dépendra de vous.

MORIZOT, à part.

Ils sont en brouille... le moment est favorable.

DELORMONT.

Bonjour, docteur... (A demi-voix.) vous allez peut-être me blâmer... mais il n'y a plus à y revenir... j'ai accepté.

MORIZOT, de même, avec joie.

Vraiment! eh bien! en conscience, c'est ce que vous pouviez faire de mieux... (A part.) Maintenant mon affaire est sûre... (Haut.) Que je sois le premier à vous féliciter... et comme vous n'êtes pas de ces gens qui négligent les promesses faites à l'amitié... je vous rappellerai ma demande de ce matin.

DELORMONT, souriant.

Laquelle?... je vous avoue que j'ai oublié.

MORIZOT, souriant.

Déjà... je vois que Votre Excellence est entrée en fonctions.

Mme DE SAINVILLE.

Votre Excellence!... que dit-il?

ADÈLE, bas à Morizot.

Ils n'ont plus ce titre-là.

MORIZOT.

Oui, ils ne l'ont plus... mais on le leur donne toujours dans l'intimité, (Regardant madame de Sainville.) et comme il est maintenant ministre...

Mme DE SAINVILLE.

O ciel!... et ne pas m'en faire part... n'en prévenir personne!...

MORIZOT.

Excepté moi... (Haut et vivement à Delormont en regardant madame de Sainville.) Oui, monseigneur, il me faut une préfecture... cela maintenant dépend de vous seul... et comme il y en a une vacante, celle de l'Ardèche...

DELORMONT.

N'en parlons pas, docteur... elle était déjà promise et accordée.

ADÈLE, à part.

S'il savait que c'est à moi!

MORIZOT.

Eh quoi! pour la première grâce que je vous demande... vous me refusez.

Mme DE SAINVILLE.

C'est bien, monsieur, et ce mot seul nous réconcilie. vois que malgré vos nouvelles dignités, vous n'avez point

oublié votre apostille de ce matin, et que mon protégé...
M. Duranti...

DELORMONT.

Vous vous trompez, madame... ce n'est pas lui que je nommerai.

Mme DE SAINVILLE.

Il serait possible !

ADÈLE, bas.

Bien, monseigneur.

DELORMONT.

J'ai disposé de cette place... et je ne suis pas maître.

Mme DE SAINVILLE.

Vous ne l'êtes pas de manquer à votre promesse.

MORIZOT.

Encore moins à l'amitié... et à peine arrivé au pouvoir...

DELORMONT, à part.

Joli début !

MORIZOT, qui a remonté le théâtre, redescend entre Delormont et Adèle.

Voilà donc cet homme qui ne devait écouter que la voix de la justice !

ADÈLE, bas à Morizot.

Mais taisez-vous donc... Car cette place... c'est à moi, c'est à votre neveu qu'elle est donnée.

MORIZOT, de même.

Dieu ! qu'entends-je ! (Haut.) Si cependant c'est un homme de mérite... s'il a des droits... c'est bien différent... je n'insiste plus.

Mme DE SAINVILLE.

Et moi, plus que jamais... je le veux... je l'exige.

DURANTI, bas, à madame de Sainville.

A merveille ; il faut se montrer.

Mme DE SAINVILLE.

Ou entre nous, désormais tout est rompu.

DELORMONT.

Eh bien! soit... J'aurais trop à rougir de ma faiblesse!
je saurai sacrifier à mon devoir les intérêts de mon amour...
j'aime mieux être malheureux que d'être injuste.

MORIZOT, lui prenant la main.

Bien, monseigneur... je suis le premier à vous approuver, et je vous demande pardon de ma vivacité... (Bas à Adèle.) Je cours chercher mon neveu, et reviens avec lui remercier Son Excellence.

AIR : Finale du premier acte de *Fra-Diavolo*.

Ensemble.

Mme DE SAINVILLE.

Oui, pour un instant il l'emporte,
Mais afin de toucher son cœur,
S'il faut s'y prendre d'autre sorte,
J'en veux venir à mon honneur.

MORIZOT.

C'est donc mon neveu qui l'emporte,
Ah! rien n'égale mon bonheur,
Et la justice est donc plus forte
Que l'intrigue et que la faveur!

ADÈLE.

Enfin, c'est Jules qui l'emporte,
Ah! rien n'égale mon bonheur,
Et la justice est donc plus forte
Que l'intrigue et que la faveur!

DELORMONT.

Vouloir abuser de la sorte
Du pouvoir qu'elle a sur mon cœur!...
Que la justice ici l'emporte,
Je n'écoute plus que l'honneur.

DURANTI.

Il paraît que la brigue est forte,
Mais j'ai toujours eu du bonheur,
Il faudra bien que je l'emporte
La beauté parle en ma faveur.

Mme DE SAINVILLE, bas à Duranti.

J'avais tort, je le voi,
Je m'y serai mal prise;
Mais partez, je réponds de finir l'entreprise.

ADÈLE, regardant madame de Sainville et Delormont.

Elle reste avec lui, je crains quelque surprise.
(Bas à Delormont.)
Du courage!

Mme DE SAINVILLE, à Duranti.

Laissez-moi.

(Duranti sort.)

Ensemble.

ADÈLE.

Je tremble qu'elle ne l'emporte,
Et dans ce moment j'ai grand' peur
Que la justice soit moins forte
Que l'amour et que la faveur.

MORIZOT.

C'est donc mon neveu qui l'emporte, etc.

Mme DE SAINVILLE.

Oui, pour un instant il l'emporte,
Mais afin de toucher son cœur,
Il faut s'y prendre d'autre sorte,
J'en veux venir à mon honneur.

DELORMONT.

Vouloir abuser de la sorte, etc.

(Adèle sort par la porte à gauche, Morizot par le fond.)

SCÈNE XII.

DELORMONT, Mme DE SAINVILLE, assise et le coude appuyé sur son fauteuil.

DELORMONT.
Élise... tout est donc fini entre nous?

Mme DE SAINVILLE.
Oui, monsieur... c'est vous qui l'avez voulu... vous qui n'avez pas craint de m'humilier aux yeux de vos amis!

DELORMONT.
Pouvez-vous me supposer une pareille pensée?... revenez à la justice, à la raison, et qu'un instant d'amour-propre...

Mme DE SAINVILLE.
Ah! n'en parlons plus... si je me plains, ce n'est pas de mon amour-propre blessé... ce sont de mes illusions détruites... Je m'étais flattée que nous n'aurions qu'une âme, qu'une pensée, qu'une volonté.

DELORMONT.
Oui, dans tout ce qui regarde notre intérieur... et soumis d'avance à vos moindres désirs, je vous laisse maîtresse absolue... mais ce qui touche à mes devoirs, à ma conscience... à mon honneur... seriez-vous heureuse, si dans le monde on m'accusait...

Mme DE SAINVILLE, se levant.
Le monde est donc tout, pour vous?... peu vous importe que, moi, je vous accuse!... que je me plaigne de vous!...

DELORMONT.
Quelle idée! quelle folie!...

Mme DE SAINVILLE.
Oui, tout paraît absurde, extravagant aux cœurs indifférents!... mais que voulez-vous, je m'étais fait un bonheur à

ma manière... je me voyais déjà votre épouse... entourée de toute votre tendresse et de votre confiance... dépositaire de vos secrets... C'était de ma part bien de la présomption, bien de l'orgueil, j'en conviens... mais je croyais tout, je me croyais aimée... c'est un rêve de plus que vous avez eu soin de dissiper.

DELORMONT.

Eh ! quoi... vous pleurez !...

Mme DE SAINVILLE.

C'est malgré moi... car je voudrais vous cacher mes larmes... c'est un signe de faiblesse, et vous qui avez tant de caractère...

DELORMONT.

Ah ! vous ne savez pas combien il m'en a coûté... combien il m'en coûte encore pour résister à vos instances.

Mme DE SAINVILLE.

Je sais au moins que vous n'avez pas craint de m'affliger... et c'est un courage dont mon cœur serait incapable.

DELORMONT.

Aussi, croyez, mon amie, que s'il y avait eu moyen de vous accorder cette demande...

Mme DE SAINVILLE.

Et en quoi donc est-ce si difficile ?... je ne reviens pas sur notre querelle... je n'y mets point d'obstination... mais au moins, donnez-moi des raisons et je cède... je suis prête à me rendre... Est-ce là être injuste ?

DELORMONT.

Non, sans doute... et c'est tout ce que j'attendais de vous.

Mme DE SAINVILLE, allant se rasseoir.

Eh bien ! monsieur... venez là... je vous écoute.

DELORMONT, debout auprès d'elle.

D'abord, c'est un ancien camarade de collège... un ami

à moi... un ami intime que tout le monde connaît pour tel.

Mme DE SAINVILLE.

Comment, monsieur, ce serait là le premier acte de votre autorité?... vous commenceriez par placer vos amis!... joli début pour un ministre... Je suis tout à fait désintéressée dans la question... mais, en conscience, cela va produire le plus mauvais effet; donner de fâcheuses idées pour l'avenir... car, dans la position où vous êtes, tout dépend des premières démarches... la moindre imprudence devient une faute grave.

DELORMONT.

C'est-à-dire qu'il faudrait donner la préférence à des indifférents... à des gens que je ne connais pas... peut-être même, à des ennemis.

Mme DE SAINVILLE.

Pour paraître impartial, cela vaudrait mieux... et je ne veux pas ici vous reparler de la personne que je vous ai proposée... ce choix-là vous déplait et je n'insiste plus... mais enfin il vous était totalement étranger et, sous ce rapport, c'était un choix convenable... nulle prévention contre lui... il n'avait jamais rien fait... on pouvait le croire capable... il l'est peut-être... je n'en sais rien.

DELORMONT.

C'est possible... mais, à coup sûr, il l'est moins que l'autre.

Mme DE SAINVILLE.

Aussi, je n'ai jamais voulu vous empêcher de faire quelque chose pour lui .. c'est votre ami, il devient le mien; et si vous pouviez l'oublier, c'est moi qui vous parlerais en sa faveur... mais pas maintenant... plus tard, lorsqu'on n'aura plus les yeux sur vous... lorsque ayant satisfait à l'opinion publique, vous pourrez payer la dette de l'amitié... alors, on ne saura seulement pas qu'il est des vôtres... et il passera incognito au milieu d'une grande liste, dans les conseillers d'État... tout le monde y est.

DELORMONT.
Oui, mais en ce moment, il a ma promesse.

Mme DE SAINVILLE.
Eh! n'avais-je pas la vôtre?... mais pardon... je ne veux pas vous influencer... j'oublie que je ne parle ici que comme conseil, et comme amie bien dévouée... car, pour éclater à vos yeux, mon attachement n'a pas attendu votre fortune... je vous aimais, ingrat, bien avant vos nouvelles dignités, et ce sont elles au contraire, qui nous ont désunis.

DELORMONT.
Que dites-vous?

Mme DE SAINVILLE.

AIR de la romance de Téniers.

Oui, ce pouvoir, objet de votre envie,
A mon amour ne peut ajouter rien;
Bien avant lui, vous seul étiez ma vie,
Et quel qu'il soit, votre sort est le mien.
Ne suis-je pas la moitié de votre âme?
Et votre amour, votre rang, vos honneurs,
    Tout est à moi... je les réclame
Comme j'aurais réclamé vos malheurs.

DELORMONT, avec émotion.
Ah! je le sais... et croyez-vous que je sois insensible à tant d'amour?... croyez-vous que je puisse jamais m'acquitter envers vous?...

Mme DE SAINVILLE, lui prenant la main.
Eh bien! mon ami, je vous en supplie, ne me refusez pas la première grâce que je vous demande... cette place à laquelle je tiens... non, pour mon protégé... mais pour moi... pour vous, pour notre bonheur... faites que je ne conserve plus de doutes sur votre amour.

DELORMONT.
Ah! Élise, que me demandez-vous?

Mme DE SAINVILLE.

Un sacrifice, je le sais... mais à moi, il ne me coûterait rien... parlez, exigez... vous verrez si j'hésite... Serez-vous donc moins généreux que moi?

DELORMONT, vivement.

Non, sans doute.

Mme DE SAINVILLE, de même.

Vous vous rendez... Ah! que je suis heureuse! mille fois plus que celui pour qui je sollicite... il n'obtient qu'une place... mais moi, je retrouve celui que j'aime... je retrouve son cœur!

DELORMONT.

Vous le voulez... mais c'est mal, je le sens.

Mme DE SAINVILLE.

Pas de regrets, pas de remords... si vous pouviez lire dans mon cœur, vous verriez combien il est ému... touché de vos bontés! oui vraiment... c'est si bien à vous!... (A part et le regardant.) Si j'osais, je lui rendrais sa parole... mais ce docteur qui m'a défiée... (Haut.) Adieu, adieu... je vais faire un heureux... et son bonheur me sera doublement cher... car c'est à vous que je le dois.

(Elle sort.)

SCÈNE XIII.

DELORMONT, seul, et plongé dans ses réflexions.

Ah! qu'elle est forte de ma faiblesse! mais le moyen de résister à une jolie femme qu'on aime... et qui pleure... j'aurais tout bravé, j'y étais décidé... mais ces larmes auxquelles je ne m'attendais pas!... Pour être ministre, on n'a pas le cœur insensible!... et Jules qui lui-même est amoureux doit m'excuser plus facilement qu'un autre. Je lui dirai tout bien franchement... le voici... Allons, du courage... Dieu! le docteur est avec lui.

SCÈNE XIV.

DELORMONT, MORIZOT, JULES.

MORIZOT, tenant Jules par la main.

Viens, mon garçon... viens le remercier tous les deux. (A Delormont.) Ah! monseigneur! ah! mon ami! Comment vous témoigner ma reconnaissance!... j'ai un neveu préfet.

DELORMONT.

Que dites-vous?

MORIZOT.

Oui, c'est pour lui que je sollicitais... et vous m'aviez prévenu... vous avez été de vous-même au-devant du mérite.

DELORMONT, embarrassé.

Mes amis!

MORIZOT.

Continuez ainsi et tout ira bien... (A Jules.) car tu ne sais pas ce qu'il a fait pour toi... j'en ai été le témoin... il a résisté à toutes les instances d'une femme charmante... il y a mis un courage, un caractère...

DELORMONT, avec contrainte.

Docteur!...

MORIZOT.

Ah! vous le disiez ce matin... quand on le veut bien, on est au-dessus de toutes les influences... et vous ne vous repentirez point de votre choix... ce n'est pas parce qu'il est mon neveu, mais vous ne sauriez trouver un administrateur plus intègre et plus capable... D'abord, il y a toujours eu des talents dans notre famille.

JULES, le tirant par son habit.

Mon oncle!

MORIZOT.

Laisse-moi donc... on doit aux grands la vérité tout entière, et tu ne m'empêcheras pas de la dire à monseigneur.

JULES.

Voici mes titres... mes demandes.

DELORMONT, les prenant d'un air distrait et les posant sur la table.

C'est bien.

MORIZOT, à Delormont.

AIR du vaudeville de l'Écu de six francs.

Jules vous doit son mariage,
Et vous assurez le bonheur
De sa femme, de son ménage,
Bien plus, de moi, votre docteur...
Dieu! quel grand administrateur!
Dès le premier jour il va faire
Trois heureux... et j'en connais tant
Qui ne les ont pas faits pendant
Tout le temps de leur ministère!

DELORMONT, passant au milieu, et avec embarras.

Mon ami... mes chers amis... je n'ai encore aucun droit à votre reconnaissance... plus tard; c'est différent... je me flatte, j'espère que ma bonne volonté sera moins stérile... et mes efforts plus heureux.

JULES, avec chaleur.

Et que puis-je demander encore... lorsque tu me rends plus que je n'avais perdu!

DELORMONT, avec embarras.

Ah! plût au ciel... ce serait le plus cher de mes vœux... mais... malgré moi...

JULES.

Que veux-tu dire?

DELORMONT, de même.

Je ne sais comment l'expliquer...

MORIZOT.

Est-ce que mon neveu aurait mal compris?

DELORMONT.

Non, car mon seul désir était de lui rendre service... et j'ai toujours les mêmes intentions, la même volonté... je me regarde comme engagé avec lui... mais dans ce moment...

MORIZOT et JULES.

Qu'entends-je!

DELORMONT, baissant les yeux.

Une nécessité impérieuse.

MORIZOT, sèchement.

Phrase ministérielle... style de circulaire... il retire sa parole.

DELORMONT, à Jules.

Non... mais je viens prier un ami de vouloir bien me la rendre... plus tard, je te l'assure, je te dédommagerai du sacrifice que je te demande... tu peux t'en rapporter à mon amitié.

JULES.

Et qui me dit qu'alors, elle sera plus puissante qu'aujourd'hui?

MORIZOT.

Qui nous dit qu'une nécessité impérieuse ne vous ôtera pas encore la mémoire?

DELORMONT, avec hauteur.

Monsieur!...

MORIZOT.

Cet homme fort, courageux... qui devait se soustraire à toutes les influences...

AIR du vaudeville de Turenne.

Il se rend au premier caprice,
Le premier choc le détourne du but;

Morbleu! c'est par une injustice
Qu'il prétend faire son début.
(A Jules qui veut le calmer et le faire taire.)
A ma franchise il faut qu'il s'habitue;
Je n'ai pas peur, je suis indépendant...
Car, grâce au ciel, je n'ai que du talent
Et crains peu qu'on me destitue!

Mais je sors, car la colère pourrait m'emporter trop loin... seulement, un dernier avis... vous avez tort de négliger les amis que vous aviez avant votre ministère... vous verrez ceux qui vous resteront après.

(Il sort précipitamment.)

DELORMONT.

Jules, je t'ai fait l'aveu de mes torts... je ne désespère point de les réparer... ce n'est pas à mes paroles, c'est désormais à mes actions à me justifier.

(Il sort.)

SCÈNE XV.

JULES, seul.

Ainsi, tout est fini... plus d'espoir, plus d'avenir, plus d'hymen... perdre à la fois toutes mes illusions... la maîtresse que j'aimais, et l'ami sur lequel j'avais compté... à cette idée, mon courage m'abandonne, et je me trouve sans force contre le coup qui m'accable.

(Il tombe dans un fauteuil auprès de la table.)

SCÈNE XVI.

JULES, Mme DE SAINVILLE.

Mme DE SAINVILLE.

Je ne me sens pas d'aise!... J'ai écrit à M. Duranti et au docteur de venir tout de suite... tout de suite; à l'un, pour remercier le ministre, et à l'autre pour dîner avec nous... maintenant que j'ai réussi, je ne lui en veux plus... le cœur est si joyeux après une victoire!

JULES, à part.

Il ne me reste plus qu'un parti à prendre, je m'embarquerai... j'irai chercher sur les mers de nouveaux périls... j'y trouverai peut-être la fin de mes infortunes.

Mme DE SAINVILLE, voyant Jules.

Ah! pardon, monsieur... (Jules fait un mouvement et se lève.) je suis peut-être indiscrète... mais vous paraissez affligé.

JULES, avec un soupir.

En effet, je n'ai que trop sujet de l'être... quand on perd en un instant toutes ses espérances.

Mme DE SAINVILLE.

Que je vous plains! mais dites-moi, le mal est-il sans remède?

JULES.

Hélas! oui.

Mme DE SAINVILLE.

Peut-être... quelquefois on se hâte trop de perdre courage.

JULES.

Je vous remercie de l'intérêt que mon sort vous inspire... mais il ne dépend pas de vous de le changer...

Mme DE SAINVILLE.

Vous n'en savez rien... voyons, contez-moi votre peine... cela soulage toujours... dites-moi qui cause vos chagrins.

JULES.

Un homme puissant que j'avais cru généreux et sensible... M. Delormont.

Mme DE SAINVILLE, avec beaucoup d'étonnement.

Il se pourrait! lui...

JULES.

Oui, madame... il me traite sans pitié... il me retire une place qui assurait mon bonheur, mon mariage.

Mme DE SAINVILLE.

Pauvre jeune homme!...

JULES.

Il me force à le haïr!

Mme DE SAINVILLE.

Non... attendez... cela ne se peut... je lui parlerai... (A part.) Je ne veux pas que personne soit malheureux par celui que j'aime... (Haut.) Il faut faire une nouvelle tentative.

JULES.

Qui, moi!... que je m'expose encore à ses refus et à ses dédains... jamais.

Mme DE SAINVILLE.

Vous avez raison, ne vous en mêlez pas, mais laissez-moi m'en charger.

JULES.

Quel est votre projet?

Mme DE SAINVILLE.

Vous le saurez... j'ai peut-être plus de crédit que vous ne pensez... tout ce que je vous demande, c'est de me laisser faire.

JULES.

Quoi! madame...

Mme DE SAINVILLE.

Cela ne vous regarde en rien, c'est moi qui m'expose au refus.

JULES, à part.

Voilà, par exemple, une singulière protectrice.

Mme DE SAINVILLE.

Taisez-vous, le voici... comme il a l'air rêveur!...

SCÈNE XVII.

Les mêmes ; DELORMONT.

DELORMONT, à part, s'avançant lentement.

AIR : Un jeune Grec, assis sur des tombeaux.

A ma conduite, oui, plus je réfléchis,
Et plus je suis honteux de ma faiblesse ;
Mais c'en est fait : le dessein en est pris,
Dussé-je perdre à jamais ma maîtresse,
Je reviendrai sur cet engagement,
 Et quoique mon cœur en gémisse,
J'ai des devoirs autres que ceux d'amant,
Et l'honneur veut qu'on manque à son serment
 Quand on promet une injustice.

Mme DE SAINVILLE, allant au-devant de Delormont, et le ramenant sur le devant de la scène.

Mon ami, vous allez me trouver bien exigeante... j'ai encore quelque chose à vous demander.

DELORMONT.

Madame...

Mme DE SAINVILLE.

Ce sera la dernière fois d'aujourd'hui... voici un jeune homme...

DELORMONT, à part, détournant la tête avec embarras.

O ciel ! Jules !...

Mme DE SAINVILLE.

Ne détournez pas les yeux... écoutez-moi, et regardez-le... car il est bien à plaindre... il est digne de votre intérêt.

DELORMONT.

Je le sais mieux que personne.

Mme DE SAINVILLE.

En ce cas, faites ce qu'il désire...

DELORMONT, étonné.

Que dites-vous?

Mme DE SAINVILLE.

C'est si facile, on n'a qu'une signature à donner... à votre place, moi je signerais toute la journée... allons, je vous en prie !

DELORMONT.

Vous le connaissez donc?

Mme DE SAINVILLE.

Non... mais je le protége... je m'y intéresse... je veux absolument qu'il soit placé... et quelle que soit sa demande, je vous prie de la lui accorder.

DELORMONT.

Quelle idée!... quoi! c'est vous qui le voulez?...

Mme DE SAINVILLE.

Mieux que cela... je l'exige.

DELORMONT, à part.

Moi qui allais le lui demander... (Haut.) C'est bien... je vous remercie, mon amie, la place est à vous, donnez-la à qui vous voudrez.

Mme DE SAINVILLE.

Ah! que je vous embrasse!... (Courant vers Jules.) Tenez, tenez... c'est de moi que vous l'obtiendrez... j'espère que vous êtes content!

JULES, après avoir fait un geste de remerciment à madame de Sainville, à part.

Comment! il accorde à un seul mot d'une femme, ce qu'il refusait à un ancien ami!

Mme DE SAINVILLE.

Mais, voici mon autre protégé.

SCÈNE XVIII.

Les mêmes; DURANTI, en habit à la française et l'épée au côté; il entre en faisant des saluts multipliés.

Mme DE SAINVILLE, à Duranti.

Approchez... (Elle le prend par la main et l'amène à Delormont.) C'est monsieur Duranti que je vous présente.

DURANTI.

Oui, monseigneur... c'est moi, j'arrive près de vous conduit par la beauté, le respect et la reconnaissance.

(Il fait un salut à chaque mot.)

DELORMONT, très-froidement.

Que puis-je pour votre service?

DURANTI.

C'est déjà fait, monseigneur... il ne me reste qu'à vous remercier de la place que vous avez accordée pour moi à madame.

DELORMONT.

Moi!... je ne lui ai rien accordé pour vous.

DURANTI et Mme DE SAINVILLE.

Que dit-il?

JULES, à part.

Il la refuse donc quelquefois?

DURANTI.

Comment, monseigneur... cette préfecture?...

DELORMONT.

Elle est donnée... mais ce n'est pas à moi qu'il faut vous en prendre... c'est à votre protectrice qui en était maîtresse et qui en a disposé pour un autre.

Mme DE SAINVILLE.

Qu'est-ce que cela signifie?

DELORMONT.

Je vais vous l'expliquer. — Il y avait pour cette place deux prétendants... chacun était recommandé et protégé par une femme charmante.

DURANTI.

Là... c'est un abus que la protection des femmes... parce qu'il s'en trouve toujours une plus jolie... et les hommes sont si inconstants !

Mme DE SAINVILLE, avec étonnement.

Ah ! nous étions deux !... voilà ce que je ne savais pas.

DELORMONT.

Oui, madame... deux femmes également adorables... mais l'une avait pour elle la justice, et l'autre le caprice... Qui devait l'emporter ?

Mme DE SAINVILLE, avec dépit.

J'entends... c'est moi qui suis le caprice.

DELORMONT.

Au contraire... la demande que vous avez appuyée était celle d'un homme plein de talent et de mérite... d'un ami que je vous ai sacrifié.

Mme DE SAINVILLE.

Quoi ! ce serait monsieur ?

DELORMONT.

Oui, madame, mon protégé que vous me recommandez à moi-même... et je me suis empressé de faire droit à une demande aussi juste... trop heureux, en vous obéissant, de réparer des torts que mon cœur se reprochait.

(Il passe auprès de Jules.)

JULES.

Ah ! mon ami, n'en parlons plus.

DELORMONT, l'embrassant.

Si... parlons-en pour ne plus y retomber.

SCÈNE XIX.

Les mêmes; ADÈLE et MORIZOT, entrant ensemble.

MORIZOT.

Brouillés, vous dis-je... brouillés à jamais.

ADÈLE, montrant Delormont et Jules qui s'embrassent.

Ah! mon Dieu! les voilà dans les bras l'un de l'autre.

MORIZOT.

Qu'est-ce que je vois?

Mme DE SAINVILLE.

Mon ouvrage, docteur; car cette préfecture que nous demandions tous les deux est accordée à un troisième protégé... (A part.) Au moins, ce n'est pas le sien et cela me console.

MORIZOT.

Il serait vrai... (A Delormont.) Ah! monseigneur!... (A madame de Sainville.) ah! madame! que j'étais injuste! et comment vous remercier de ce que vous avez fait pour mon neveu!

Mme DE SAINVILLE.

Son neveu... c'est original... (En riant.) Eh bien! dites encore que je ne fais pas de bons choix.

DELORMONT.

Oui... par hasard.

DURANTI.

Ce que c'est que de protéger les gens qu'on ne connaît pas!

Mme DE SAINVILLE.

C'est un tort... (Se tournant vers Delormont.) et cela ne m'arrivera plus, Vous le jure... mais ce pauvre Duranti, que sera-t-il donc?

DURANTI.

Oui, qu'est-ce que je serai?

DELORMONT.

Cousin du ministre!... c'est une assez belle place; et vous me serez d'une grande utilité contre les solliciteurs... qui d'entre eux aurait droit de se plaindre?... quand je leur dirai : « Voilà le cousin de ma femme, voilà mon cousin pour qui je ne fais rien. »

DURANTI.

Le bel avantage!

Mme DE SAINVILLE.

Ma foi, mon cher Duranti, je crois que je vous ai porté malheur, et je renonce désormais à protéger personne.

DELORMONT.

Je vous en remercie.

MORIZOT.

Et moi, je vous en félicite... on ne fait que des ingrats... vous l'avez bien vu par moi-même... Désormais, madame, épouse d'un ministre, moitié d'une Excellence, songez seulement à l'aimer, à embellir sa vie, à le distraire dans ses ennuis, à le consoler dans ses chagrins... et vous aurez encore assez d'occupations...

Ensemble.

AIR de Fra-Diavolo.

MORIZOT, DURANTI, ADÈLE.

Victoire! (*Bis.*)
Au pouvoir il est admis;
Victoire, il est donc admis!
Il mettra sa gloire
A placer tous ses amis.

Mme DE SAINVILLE, JULES.

Victoire! (*Bis.*)
Au pouvoir il est donc admis,

Victoire, il est donc admis !
Il mettra sa gloire
A bien servir son pays.

DELORMONT.
Victoire ! (*Bis.*)
Au pouvoir... je suis admis,
Victoire... je suis donc admis !
Je mettrai ma gloire
A bien servir mon pays !

JEUNE ET VIEILLE

ou

LE PREMIER ET LE DERNIER CHAPITRE

COMÉDIE-VAUDEVILLE EN DEUX ACTES

EN SOCIÉTÉ AVEC MM. MELESVILLE ET BAYARD.

Théatre du Gymnase. — 18 Novembre 1830.

PERSONNAGES.	ACTEURS.
GUICHARD, prétendu de Rose.	MM. Legrand.
BRÉMONT.	Numa.
Mme BEAUMÉNIL.	Mmes Julienne.
ROSE, sa fille. — Mme GUICHARD.	Jenny Vertpré.
ANGÉLIQUE, amie de Rose	Dormeuil.
AUGUSTIN, fils de M. et madame Guichard.	Valérie.
ÉMILIE, pupille de Guichard.	Élisa Forgeot.
NANETTE, servante de Guichard	Minette Laforêt.

Dans la chambre de Mme Beauménil, au premier acte. — Dans la maison de M. Guichard, au deuxième acte.

JEUNE ET VIEILLE

ou

LE PREMIER ET LE DERNIER CHAPITRE

ACTE PREMIER

Une chambre meublée modestement. Au fond, une commode sur laquelle se trouve une guitare. Deux portes latérales : la porte à gauche de l'acteur est la porte d'entrée; l'autre celle de la chambre de Rose. A droite, une fenêtre, et sur le devant de la scène, à gauche, une table.

SCÈNE PREMIÈRE.

ROSE seule, tenant un livre à la main, et assise auprès de la table, sur laquelle on voit pêle-mêle des livres et des ouvrages de broderie.

ROSE, lisant.

« Quelle surprise pour la pauvre Anaïs! c'est son amant « qui se jette à ses pieds! » (S'interrompant.) Là! j'étais bien sûre qu'il reviendrait, celui-là, ils reviennent toujours, dans les romans! j'en suis bien aise, elle est si gentille, cette petite Anaïs! et puis c'est drôle, comme sa position ressemble à la mienne ! Seule avec sa mère, vivant de son travail, refusant tous les partis, pour rester fidèle à quelqu'un qui est allé bien loin (Avec émotion.) pour faire fortune ! (Soupirant.) Quel dommage qu'ils soient si longs à faire fortune !... (Lisant.) « C'est son amant qui se jette à ses pieds : O ma « céleste amie, lui dit-il, je puis enfin t'offrir ces richesses « que je n'ai désirées que pour toi, ce titre de comtesse... » (S'interrompant.) La voilà comtesse, est-elle heureuse !

AIR du vaudeville de *Turenne*.

Épouser celui que l'on aime,
De l'or, des bijoux, un grand nom,
Dans tous les romans c'est de même.
Si c'était le mien !... Pourquoi non ?
Eh ! mais, après tout, pourquoi non ?
Ça commence par de la peine,
Ça commence par un amant ;
J'ai déjà le commencement,
Faudra bien que le reste vienne !

Mon Dieu ! j'entends quelqu'un, si c'était maman ! (Elle cache bien vite son roman, et reprend son ouvrage.) Non, c'est Angélique, notre voisine, et ma meilleure amie.

SCÈNE II.

ANGÉLIQUE, ROSE.

ANGÉLIQUE.

Bonjour, Rose.

ROSE.

Te voilà, c'est bien heureux ; depuis huit jours qu'on ne t'a vue !

ANGÉLIQUE.

C'est vrai ; ma mère a été un peu malade ; mais aujourd'hui elle se sent mieux, elle va porter mon ouvrage chez le marchand qui me donne de la musique à graver; un air magnifique, ma chère, une cantate de Méhul, pour la fête du premier consul; et je me suis échappée en disant que je venais travailler avec toi.

ROSE.

C'est bien, nous allons causer.

ANGÉLIQUE.

Et j'en ai tant à te demander! Qu'est-ce qu'on dit donc dans le quartier, que tu vas te marier?

ROSE.

Eh! mon Dieu! hier soir encore c'était une affaire arrangée : tout était prêt, les bans publiés, c'était pour aujourd'hui à trois heures.

ANGÉLIQUE.

Et avec qui donc?

ROSE.

Avec M. Guichard.

ANGÉLIQUE.

Ce jeune médecin de notre quartier?

ROSE.

Médecin, à ce qu'il dit. Le fait est que, dans le temps de la réquisition, il s'est mis officier de santé, pour ne pas partir soldat; du reste, ni beau, ni laid, ni bête, ni méchant, mais ennuyeux à faire plaisir.

ANGÉLIQUE.

Qu'importe? s'il est bon, c'est l'essentiel pour un mari.

ROSE.

Oui; mais le moyen d'aimer ça, moi qui ne veux me marier que par amour!... moi, à qui il faut une passion dans le cœur, dussé-je en mourir!

ANGÉLIQUE.

Y penses-tu!

ROSE.

Ah! il n'y a que cela de bon.

AIR : Tu ne vois pas, jeune imprudent. (*Les Chevilles de Maître Adam.*)

Même quand il nous fait souffrir,
Combien un amour a de charmes!
Ne pas manger, ne pas dormir,
Ne se nourrir que de ses larmes!...
Puis ne plus travailler jamais,
Se promener triste et rêveuse...
Ah! ma chère, si tu savais
Quel bonheur d'être malheureuse!

ANGÉLIQUE, soupirant.

Ah! tu as bien raison! Pourquoi alors donner des espérances à ce M. Guichard?

ROSE.

Ce n'est pas moi, c'est maman qui lui trouvait des qualités. Il est vrai qu'il a six mille livres de rentes; et ma pauvre mère, qui ne rêve qu'aux moyens de quitter notre cinquième étage de la rue Serpente, et qui met tous les jours à la loterie sans en être plus riche!...

ANGÉLIQUE.

Il y a des numéros qui ne sortent jamais.

ROSE.

C'est ce qu'elle dit, et elle pensait qu'un mari serait moins difficile à attraper qu'un terne; aussi, elle avait arrangé tout cela pour aujourd'hui. Mais après avoir bien hésité, bien pleuré, j'ai pris une belle résolution, j'ai écrit à M. Guichard que je ne l'aimais pas, que je ne l'aimerais jamais; et la lettre vient de partir.

ANGÉLIQUE.

Tu as bien fait, 'l valait mieux tout lui dire.

ROSE.

Oh! je ne lui ai pas tout dit, ni à ma mère non plus, mais à toi, je peux te l'avouer : c'est que j'ai un amoureux.

ANGÉLIQUE.

Il serait possible!

ROSE.

Cela t'étonne?

ANGÉLIQUE.

Ah! mon Dieu, non, car j'en ai un aussi.

ROSE.

Et tu ne me le disais pas! (Elles s'asseyent sur le devant de la scène.) Conte-moi donc ça. Le mien est jeune, il est aimable, il est charmant.

ANGÉLIQUE.

Comme le mien.

ROSE.

Des yeux noirs, l'âme sensible, et les cheveux bouclés, comme lord Mortimer, que nous lisions l'autre mois, dans ce nouveau roman qui vient de paraître : *les Enfants de l'Abbaye.*

ANGÉLIQUE.

Eh bien! le mien lui ressemble aussi.

ROSE.

Ce doit être : tous ceux qu'on aime se ressemblent. Et t'a-t-il fait sa déclaration?

ANGÉLIQUE.

Du tout! il ne m'a jamais rien dit; ni moi non plus.

ROSE.

Est-elle bête!... Nous ne sommes pas ainsi; nous nous entendons à merveille! Nous étions convenus d'un signal, il jouait sur son violon, car il joue du violon...

ANGÉLIQUE.

Comme le mien.

ROSE.

Un coup d'archet étonnant, il jouait une romance nouvelle d'un nommé Boïeldieu :

10.

Vivre loin de ses amours.

Cela voulait dire : « Me voici, puis-je paraître ? » Et moi j'achevais l'air sur ma guitare, ce qui voulait dire : « Je suis seule. » Et puis, quand il y avait des obstacles, nous nous écrivions.

ANGÉLIQUE.

Ah! que ce doit être gentil de recevoir des lettres!

ROSE.

Je le crois bien... Et puis c'est si commode!

AIR : Ce que j'éprouve en vous voyant. (ROMAGNESI.)

Sans se troubler, un amoureux
Vous dit ainsi tout' sa pensée;
De rougir on n'est pas forcée,
On n'a pas à baisser les yeux,
Et puis, vois-tu, ce qui vaut mieux,
Quand de près il dit : J'vous adore!
Ce mot-là, quoique bien joli,
S'efface et s'éloigne avec lui;
Mais par lettre on l'écoute encore
Longtemps après qu'il est parti.

Et je te montrerai les siennes; quelle ardeur! Quelle passion! Ça brûle le papier! Pourvu qu'on ne me les enlève pas! je crois que ma mère a des soupçons; je l'ai vue rôder encore ce matin...

ANGÉLIQUE.

Où sont-elles?

ROSE.

Dans ma commode.

ANGÉLIQUE.

Veux-tu que je les emporte, que je les cache chez moi?

ROSE.

Ah! tu me rendrais un grand service. Tiens, voici la clef; le troisième tiroir à droite, sous un fichu, derrière mes bas de soie. (Au moment où Angélique va se lever, on entend tousser.) Chut! on vient.

ANGÉLIQUE.

C'est ta mère.

ROSE.

Ne bouge pas.

SCÈNE III.

LES MÊMES; Mme BEAUMÉNIL.

Mme BEAUMÉNIL.

Ah! toujours à jaser!

ANGÉLIQUE, se levant.

Bonjour, madame Beauménil; vous vous portez bien, madame Beauménil?

Mme BEAUMÉNIL.

Qu'est-ce que tu viens faire? apporter des romans?

ANGÉLIQUE.

Oh! non... j'arrive, et je venais...

ROSE.

Oui! elle me rapportait ma guitare, que je lui avais prêtée, pour apprendre la romance du Prisonnier.

ANGÉLIQUE, l'emportant dans la chambre à droite.

Je vais la remettre dans ta chambre.

Mme BEAUMÉNIL.

Des romances! Voilà comme ces petites filles se perdent l'imagination.

ROSE, s'approchant.

Eh bien! maman?

Mme BEAUMÉNIL, soupirant.

Tu l'as voulu, ta lettre est chez lui.

ROSE, à part.

O Émile!...

Mme BEAUMÉNIL.

Mais tu en auras des regrets, Rose, tu verras.

ROSE.

Jamais, maman.

ANGÉLIQUE, qui est revenue.

Non, sans doute, madame Beauménil, et puisqu'elle ne l'aimait pas...

Mme BEAUMÉNIL.

Ah! tu t'en mêles aussi, toi?... Veux-tu bien aller faire tes doubles croches, et nous laisser tranquilles.

ANGÉLIQUE.

AIR de la valse des Comédiens.

Adieu, je pars.

Mme BEAUMÉNIL.

Va rejoindre ta mère.

(Elle va s'asseoir auprès de la table.)

ANGÉLIQUE, bas à Rose.

Ce soir ici je viendrai te trouver.

ROSE, de même.

N'y manque pas... pour mes lettres, ma chère,
Et mes amours que je dois t'achever.
Nous brûlerons d'une ardeur éternelle.

ANGÉLIQUE.

Jusqu'au tombeau.

ROSE.

Je t'en fais le serment.

ANGÉLIQUE.

C'est l' rendez-vous.

ROSE.

Ah! j'y serai fidéle,
Comme à tous ceux qu'il m' donne d' son vivant!

Mme BEAUMÉNIL, à Angélique.

Eh bien! te voilà encore!

ANGÉLIQUE.

Je m'en vas.

Ensemble.

ROSE.

Pars vite, allons, va rejoindre ta mère;
Ce soir ici tu viendras me trouver;
N'y manque pas, pour mes lettres, ma chère,
Et mes amours que je dois t'achever.

Mme BEAUMÉNIL.

Allons! partez, rejoignez votre mère.
Toujours ici vous venez la trouver;
La matinée se passe à ne rien faire,
A votre ouvrag' vous feriez mieux d' penser!

ANGÉLIQUE.

Adieu, je pars, je vais près de ma mère,
Ce soir ici je viendrai te trouver;
J'y reviendrai, pour les lettres, ma chère,
Et tes amours que tu dois m'achever.

(Elle sort.)

SCÈNE IV.

ROSE, Mme BEAUMÉNIL.

Mme BEAUMÉNIL, regardant sortir Angélique.

Encore une bonne tête qui donnera de la satisfaction à sa mère!

ROSE, câlinant.

Vous êtes toujours fâchée, maman?

Mme BEAUMÉNIL, avec humeur.

J'ai tort! Sacrifier un si bel avenir, un homme si aimable!

ROSE.

Oh! si aimable!...

Mme BEAUMÉNIL.

Oui, mademoiselle, vous ne jugez que la figure; mais M. Guichard avait tout plein de qualités : et une femme en aurait fait tout ce qu'elle aurait voulu.

ROSE.

Je ne veux rien en faire.

Mme BEAUMÉNIL.

C'est ça! on trouve une occasion de s'assurer un sort, de sortir de la gêne où on est... mademoiselle ne veut pas, et il faut recommencer à gagner sa vie à la pointe de son aiguille... Si vous croyez que c'est agréable de se perdre sur du feston, et de prendre de la chicorée pour du café!

ROSE.

Ah! mon Dieu! ne semble-t-il pas que ce soit un parti si brillant?

Mme BEAUMÉNIL.

Comment donc? Six mille livres de rentes!

ROSE.

Et quelqu'un que l'on n'aime pas.

Mme BEAUMÉNIL.

Bah! une fille bien née finit toujours par aimer six mille livres de rentes.

ROSE.

Encore l'argent!

Mme BEAUMÉNIL.

C'est qu'il n'y a que cela de réel; et quand tu auras mon âge...

AIR : Contentons-nous d'une simple bouteille.

On r'grette, hélas! au déclin de la vie,
Les bons hasards négligés ou perdus;
Tu ne s'ras pas toujours jeune et jolie,

Et les maris alors ne viendront plus.
Il s'ra trop tard quand tu voudras te plaindre ;
Pour s'enrichir il n'est que le printemps...
Car la fortune est légèr'... pour l'atteindre,
Il faut avoir ses jambes de quinze ans.

ROSE.

A quinze ans, comme à soixante, je penserai toujours de même. Vous croyez donc que le caractère peut changer, et que, sur mes vieux jours, je deviendrai avide, intéressée ?

M#### BEAUMÉNIL.

Peut-être bien ; je l'espère.

ROSE.

Fi donc ! Chez les hommes, c'est possible ; mais nous autres femmes, nous ne tenons pas à la fortune ; et, pour moi, je n'y tiendrai jamais. De l'eau, du pain sec, et la liberté de disposer de mon cœur, voilà tout ce que je demande.

M#### BEAUMÉNIL.

Oui, de l'eau ! crois ça, et bois-en, ça fait un joli ordinaire ! Mais, malheureuse enfant, tu aimes donc quelqu'un, alors ?

ROSE, avec effort.

Eh !... oui, maman... j'aime...

M#### BEAUMÉNIL.

Voilà le grand mot lâché !... Et qui donc ? je suis sûre que c'est quelque petit officier de l'armée d'Italie, car c'est la mode aujourd'hui ; toutes les jeunes filles ne rêvent qu'officiers, depuis les victoires du premier consul. Un beau service qu'il nous a rendu là ! Si tu t'avises jamais de donner dans le militaire... je sais ce que c'est, ton père était fourrier à la trente-deuxième demi-brigade.

ROSE.

Rassurez-vous, ce n'est point un militaire, c'est mieux que ça : un artiste plein d'ardeur et de talent, qui est parti pour s'enrichir, et qui reviendra avec des millions dans ses poches.

Mme BEAUMÉNIL.

Oui, comme ce M. Émile, dont les croisées donnent en face des nôtres; un artiste, à ce qu'on dit; il est parti depuis six mois, pour courir après la fortune.

ROSE, à part.

Si elle savait que c'est le mien!

Mme BEAUMÉNIL.

Tiens, voilà ses fenêtres ouvertes. C'est donc vrai, comme m'a dit la voisine, qu'il est revenu d'hier au soir?

ROSE, à part, et regardant à la fenêtre.

Lui, de retour! quel bonheur!... Il a donc réussi! (Haut.) Tenez, maman, j'ai fait un rêve cette nuit. Nous avions un bel hôtel, de beaux meubles, une bonne voiture; vous verrez que tout ça nous arrivera.

Mme BEAUMÉNIL, qui a mis ses lunettes et a pris son feston.

Oui, compte là-dessus; en attendant fais ta broderie, et porte-la chez la lingère.

(Elle s'assied.)

ROSE.

Aujourd'hui?

Mme BEAUMÉNIL.

Il le faut bien, c'est demain le loyer, et notre bourse est à sec.

ROSE, faisant la moue, et ôtant son petit tablier.

C'est que c'est joliment loin, à pied.

Mme BEAUMÉNIL.

Dame! comme tu n'as pas encore ta voiture... Et tu songeras aussi à faire notre petit ménage.

ROSE.

Ah! quel ennui!... Heureusement que nous allons ce soir au spectacle.

Mme BEAUMÉNIL.

Au spectacle?

ROSE.

Mais oui, cette loge à *la Montansier.*

Mme BEAUMÉNIL.

Impossible! c'est M. Guichard qui l'avait retenue; et maintenant nous ne pouvons accepter ni son bras, ni sa loge.

ROSE.

Toujours M. Guichard!... (A part.) Ah! quand elle verra Émile! (On entend en dehors le violon qui joue l'air : « *Vivre loin de ses amours.* » Rose prêtant l'oreille du côté de la fenêtre, à part.) Ah! mon Dieu! je ne me trompe pas : c'est son violon que j'entends, à la fenêtre en face, et notre air convenu.

Mme BEAUMÉNIL, écoutant de l'autre côté.

Eh! mais, Rose, il me semble que l'on sonne à la porte.

ROSE.

Oui, oui, maman; allez donc voir ce que c'est.

Mme BEAUMÉNIL, se levant.

La réponse de M. Guichard. (On sonne encore.) Un moment, on y va!

(Elle sort.)

SCÈNE V.

ROSE, seule, et achevant l'air qui a été joué par le violon.

Vivre loin de ses amours,
N'est-ce pas mourir tous les jours?

C'est bien lui... Oh! comme le cœur me bat. (Elle court à sa fenêtre, et l'ouvre.) Émile... Je vous revois... Ah! quel bonheur!... Ça fait mal... ça suffoque. (Lui faisant signe de se taire.) Parlez bas, je vous en prie... Vous m'aimez toujours?... n'est-ce pas, monsieur?... Toujours... Ah! j'en étais sûre... Si j'ai été fidèle?... Est-ce que cela se demande?... Vous me trouvez embellie!... (Souriant.) Je ne vous ferai pas le même compliment... Êtes-vous devenu brun!... c'est le soleil d'Italie... A propos, avez-vous fait fortune?... Vous revenez bien riche?... Comment!... pas un sou... plus pauvre qu'auparavant!... Ah! mon Dieu!... Mais vous le faites donc exprès, monsieur!... Il ne vous reste que mon amour?... Pauvre garçon!... il est ruiné... Oh! c'est ma mère...

(Elle ferme la fenêtre.)

SCÈNE VI.

ROSE, Mme BEAUMÉNIL, portant une corbeille élégante, qu'elle pose sur la table.

Mme BEAUMÉNIL.

Voilà bien une autre aventure!

ROSE.

Quoi donc, maman?

Mme BEAUMÉNIL.

Une corbeille magnifique.

ROSE.

Une corbeille, que l'on apporte?

Mme BEAUMÉNIL.

De la part de M. Guichard.

ROSE.

M. Guichard! Qu'est-ce que cela signifie?

Mme BEAUMÉNIL.

Que, tout entier aux préparatifs de la noce, il n'est pas rentré chez lui, qu'il n'a pas encore ta lettre, et qu'il ignore...

ROSE.

Ah! mon Dieu! il ne fallait pas recevoir...

Mme BEAUMÉNIL.

Est-ce que j'ai eu le courage?... D'ailleurs, on ne fait pas une pareille confidence à un domestique.

ROSE, passant auprès de la table.

Ah! il a pris un domestique! Mais vous allez renvoyer tout cela, j'espère?

Mme BEAUMÉNIL.

Aussitôt que j'aurai quelqu'un.

ROSE, s'approchant de la corbeille.

A la bonne heure! Je ne veux pas qu'il pense... (Regardant la corbeille.) Ça fait un joli effet, le satin.

Mme BEAUMÉNIL, à Rose, qui entr'ouvre la corbeille.

N'y touche donc pas, Rose, puisque ce n'est plus pour nous!...

ROSE.

Mon Dieu! maman, on peut bien regarder; je veux voir seulement comment tout cela est choisi.

Mme BEAUMÉNIL.

Pour te moquer de M. Guichard. Dame! il n'a pas des millions comme ton artiste.

ROSE, soupirant, à part.

Oui, joliment! Pauvre Émile! J'ai le cœur navré!... (Haut.) Oh! le joli dessin!

Mme BEAUMÉNIL, regardant un tulle brodé.

Charmant! C'est le voile, et un voile d'Angleterre encore! Dis donc, du prohibé, c'est cossu.

ROSE, le mettant.

Oui, tenez, cela se met ainsi; on croise cela par devant.

Mme BEAUMÉNIL.

Ah! c'est joli, très-joli; et ça te va...

ROSE.

Vous trouvez?

Mme BEAUMÉNIL.

Et ce bouquet. (Elle lui met le bouquet.) Je ne t'ai jamais vue avec un bouquet.

ROSE, à part.

Ah! son malheur me le rend plus cher que jamais. (Haut.) Voulez-vous une épingle, maman? (A part.) Et son image sera toujours... (Haut.) Un peu de côté : ça aura plus de grâce.

Mme BEAUMÉNIL, l'admirant.

Ah! si tu te voyais! Comme des fleurs vous relèvent une femme! (Elle prend dans la corbeille de la blonde qu'elle montre à Rose.) As-tu remarqué cette blonde pour garnir la robe de noce?

ROSE, la regardant.

Il y a de quoi faire deux rangs.

Mme BEAUMÉNIL.

Deux rangs de blonde! Aurais-tu été heureuse avec cet homme-là! (Continuant à la parer.) Et dire que tout cela va être pour une autre!

ROSE.

Pour une autre!

Mme BEAUMÉNIL.

Écoute donc, il a envie de se marier, ce garçon; il voudra utiliser sa corbeille. J'ai idée que ce sera la fille de M. Gibelet, l'huissier au conseil des Anciens.

ROSE.

Comment! la petite Gibelet, qui loge ici au quatrième?

Mme BEAUMÉNIL.

Oui. Elle le regarde toujours de côté.

ROSE, brusquement.

Je crois bien; elle louche...

Mme BEAUMÉNIL.

Oh! non.

ROSE.

C'est-à-dire qu'elle louche horriblement... Une petite sotte, si envieuse, si méchante, qui a toujours un air...

Mme BEAUMÉNIL.

Hum! Si elle te voyait avec cette toilette, elle en ferait une maladie. Tu es si gentille comme ça!

ROSE.

Vous trouvez? je voudrais bien me voir aussi, maman.

Mme BEAUMÉNIL.

Attends; je vais chercher le miroir.

(Elle entre dans la chambre de Rose.)

ROSE, seule.

Certainement, ce n'est pas tout cela qui m'éblouira. Je suis trop sûre de mes principes. Pauvre Émile! mais après tout, il n'a rien. (Elle s'est approchée de la corbeille, d'où elle retire une boîte qu'elle ouvre.) Tiens, il y a le collier, et il n'y a pas les boucles d'oreilles!... Et ma pauvre mère, travailler à son âge; elle qui n'aime pas à se priver!... (Regardant un schall.) V'là justement le schall que je désirais!

Mme BEAUMÉNIL, revenant.

Tiens, voilà la glace de la toilette.

(Elle tient le miroir devant elle.)

ROSE.

Quelle fraîcheur; quelle élégance! (A part, et d'un ton pénétré.) Ah certainement, ce n'est pas d'une bonne fille.

SCÈNE VII.

Les mêmes; GUICHARD, qui est entré tout doucement, et qui les regarde.

GUICHARD.

Me voilà, belle-mère!

ROSE et Mme BEAUMÉNIL.

O ciel! M. Guichard!

GUICHARD.

Restez donc, je vous en prie. Ce que vous regardiez vaut mieux que ce que vous allez voir. C'est assez galant, n'est-ce pas, belle-mère? Mais si on ne l'était pas un jour de noce!...

Mme BEAUMÉNIL, embarrassée.

Mais comment êtes-vous donc entré?

GUICHARD, d'un air fin.

Ah! dame! les maris se glissent partout. J'ai trouvé la porte ouverte.

Mme BEAUMÉNIL.

Je croyais l'avoir fermée.

ROSE, interdite.

Et, vous venez...

GUICHARD.

Parbleu! je viens vous chercher.

ROSE et Mme BEAUMÉNIL, se regardant.

Nous chercher!

GUICHARD.

Sans doute. Dites donc, il y a des gens qui tiennent à se marier dans les églises; mais comme en ce moment elles sont fermées, l'essentiel c'est la municipalité. Nos amis y sont déjà, avec mes deux témoins, un pharmacien et un capitaine; c'est mon compagnon d'armes.

ROSE.

Le pharmacien?

GUICHARD.

Non, le capitaine; du temps que j'étais aux armées, dans les ambulances, conscrit de l'an III, et depuis médecin du Directoire, qui est mort entre mes mains. Pauvre

Directoire !... Je vois avec plaisir que la mariée ne se fera pas attendre.

ROSE, à sa mère.

Ah ! mon Dieu ! il ne sait donc pas ?...

Mme BEAUMÉNIL.

Monsieur Guichard, est-ce qu'en rentrant chez vous tout à l'heure, on ne vous a pas remis ?...

GUICHARD.

On aurait eu de la peine : je ne suis pas rentré chez moi depuis hier.

Mme BEAUMÉNIL.

Comment !

ROSE, bas.

Il n'a pas reçu ma lettre.

Mme BEAUMÉNIL, de même.

C'est égal, il faut le prévenir.

GUICHARD, remarquant leur trouble.

Eh ! mais, qu'avez-vous donc ? (D'un air sentimental.) Est-ce que ça vous inquiète, Rose, que je n'aie pas couché chez moi ?

ROSE.

Oh ! ce n'est pas cela.

GUICHARD.

Calmez-vous, chère amie ; c'est que j'étais à Versailles pour une succession qui m'est tombée sur la tête, comme une tuile ; mais ça ne m'a pas fait de mal ; une succession, celle de mon oncle Guillaume, ancien fournisseur dans les fourrages, qui m'a laissé vingt mille livres de rentes, c'est modeste.

Mme BEAUMÉNIL.

Tu l'entends, ma fille !

ROSE, avec humeur.

Eh! maman, je ne suis pas sourde. (A Guichard timidement.) Comment, monsieur Guichard, et cette fortune subite, cet héritage ne vous a pas fait changer d'idée à mon égard?

GUICHARD.

Changer d'idée, moi? au contraire.

Mme BEAUMÉNIL.

Quelle délicatesse!

GUICHARD.

Non, ce n'est pas par délicatesse, c'est par calcul. Voyez-vous, moi, je n'ai pas l'air, mais de ma nature, je suis un peu faible, et une femme riche, habituée au monde, je ne serais pas le maître; tandis qu'avec une petite fille pauvre, modeste, qui me devra tout...

Mme BEAUMÉNIL.

C'est bien plus rassurant.

GUICHARD.

Et puis, ce qui m'a décidé pour l'aimable Rose, c'est cette figure candide. (Rose baisse les yeux.) Ce n'est pas elle qui aurait une intrigue à l'insu de sa mère. Voyez ses yeux baissés, avec ça un mari est sûr de son fait, c'est bien tranquillisant.

Mme BEAUMÉNIL.

Quel brave homme! (Bas, à sa fille.) Ah çà! il faut pourtant le détromper, lui dire que tu ne l'épouses pas.

ROSE, la poussant près de lui.

Chargez-vous-en, maman, je vous en prie.

GUICHARD.

Aussi je veux qu'elle soit bien heureuse, qu'elle éclipse tout le monde! (Tirant un écrin de sa poche.) et d'abord, voilà un petit écrin qui manquait à la corbeille.

Mme BEAUMÉNIL, ouvrant l'écrin.

Des diamants!

ROSE, le prenant des mains de sa mère.

Des girandoles!... (A part.) eh bien!! je crois qu'il gagne à être connu... une bonne physionomie!

GUICHARD.

Et pour la maman, un petit cadeau.

(Il lui présente un étui de lunettes.)

Mme BEAUMÉNIL.

Pour moi! un étui! des lunettes! des lunettes d'or!... (Bas à Rose.) Ah! dis-lui, toi, ma fille; je n'ai pas le courage.

(Elle fait passer Rose auprès de Guichard.)

GUICHARD.

Et puis une surprise que je vous garde encore.

ROSE.

Encore!

GUICHARD.

C'est d'occasion; mais nous en jouirons tout de suite, un joli cabriolet que j'ai acheté à un membre des Cinq-Cents qui s'en va avec les autres; il a sauté par la fenêtre. Et moi je serai de là...

(Il imite quelqu'un qui conduit un cabriolet.)

ROSE.

Une voiture! une voiture! maman!

Mme BEAUMÉNIL.

Une voiture; ma fille! juste ton rêve de cette nuit.

GUICHARD, avec joie.

Elle avait rêvé à moi!

Mme BEAUMÉNIL.

Oui, à une voiture, dans laquelle vous étiez, avec vingt mille livres de rentes.

GUICHARD.

Il y en a cinq de plus, et tout cela à votre porte; car j'entends le cabriolet qui vient nous prendre.

(Il va regarder à la fenêtre.)

Mme BEAUMÉNIL, bas, à sa fille.

Et la Gibelet qui est toujours à sa fenêtre, qui nous verrait passer !

ROSE, à part.

Ah ! je n'y tiens plus. Certainement j'aimerai toujours Émile... oh ! ça... Mais je l'attendrais dix ans qu'il n'en serait pas plus avancé.

Mme BEAUMÉNIL.

Eh bien ?

ROSE, avec effort.

Eh bien ! maman, je me sacrifie.

Mme BEAUMÉNIL.

Est-il possible ?

ROSE, pleurant dans ses bras.

Mais pour vous, pour vous seule, car je suis bien malheureuse.

GUICHARD, revenant à elle.

Eh bien ! eh bien ! comme disait le Directoire, partons-nous ?

ROSE.

Ciel ! Angélique ! Je vous en prie, pas un mot de ce mariage.

GUICHARD.

Comment ?

ROSE.

Je vous dirai mes raisons. Mais partons sur-le-champ.

SCÈNE VIII.

Les mêmes ; ANGÉLIQUE.

AIR : On prétend qu'en ce voisinage. (*Fra Diavolo*.)

ANGÉLIQUE.

Ah ! quelle nouvelle imprévue !
Un cabriolet est en bas !

A peine tient-il dans la rue,
Car d'ordinaire il n'en vient pas.

GUICHARD, bas à Rose.

C'est le nôtre... Quelle est cette jeune fillette ?

Mme BEAUMÉNIL.

Une voisine.

GUICHARD.

Je comprends !

ANGÉLIQUE, étonnée.

Vous sortiez ?

Mme BEAUMÉNIL.

Pour quelques instants.

ROSE, troublée.

Oui, pour une course, une emplette.

GUICHARD, bas.

L'emplette d'un mari.

ROSE, de même.

Taisez-vous !

GUICHARD.

Je comprends.

Ensemble.

ROSE et Mme BEAUMÉNIL.

Ne dites rien, elle est bavarde,
Et n'sait pas garder les secrets ;
C'est nous seuls que cela regarde,
Partout nous le dirons après.

GUICHARD.

Je me tairai, je prendrai garde,
Ne craignez rien pour nos secrets ;
C'est nous seuls que cela regarde,
Partout nous le dirons après.

ANGÉLIQUE, étonnée.

Qu'ont-ils donc ? comme on me regarde !

Soupçonnerait-on nos secrets?
De l'adresse, prenons bien garde.
(Bas à Rose.)
Sur mes serments compte à jamais.

ANGÉLIQUE, bas à Rose.
Pour ces lettres, moi qui venais...
Quel contre-temps!

ROSE, de même.
Bien au contraire;
Pendant notre absence, prends-les.

ANGÉLIQUE.
C'est dit, sois tranquille, ma chère.

Mme BEAUMÉNIL.
Partons, il en est temps, je croi.

ROSE, regardant en soupirant du côté de la croisée.
Cher Émile!

GUICHARD, triomphant.
Elle est à moi!

Ensemble.

ROSE et Mme BEAUMÉNIL.
Ne dites rien, elle est bavarde, etc.

GUICHARD.
Je me tairai, je prendrai garde, etc.

ANGÉLIQUE.
Qu'ont-ils donc? comme on me regarde! etc.
(Rose, Guichard et madame Beauménil sortent.)

SCÈNE IX.

ANGÉLIQUE, seule, les regardant partir.

Pauvre Rose! Elle a encore pleuré. Ah! que ces attachements font de mal! Mais, au moins, elle a des motifs de consolation, tandis que moi... (D'un air content.) Je l'ai vu tout à l'heure cependant. Il y avait bien longtemps ! ça m'a fait plaisir. Et puis, je ne sais pas si c'est une idée; mais il m'a semblé qu'il soupirait, quand j'ai passé devant lui. (Revenant à elle.) Allons, j'oublie les lettres de Rose, dépêchons-nous. (Elle ouvre la commode.) Derrière ses bas de soie. En voilà-t-il une provision ! Qu'est-ce qu'ils peuvent donc se dire pour user comme ça des rames de papier ? (Regardant autour d'elle.) Elle m'a promis de me les lire; ainsi il n'y a pas d'indiscrétion. (Elle les rassemble, et en ouvre une.) « Cher ange... » (A elle-même.) C'est gentil ! (Lisant.) « Ma bien-aimée... » (A elle-même.) Comme c'est doux ! Que d'amour ! en v'là-t-il, plein mes poches ! (Lisant.) « Que l'assurance de ta tendresse me rend « heureux ! Elle me donne la force de tout braver... » (A elle-même.) Oh ! ça, je le conçois ! (Lisant). « En vain ta mère « veut t'éloigner de moi; je suis tranquille, j'ai ton serment, « et Rose ne peut plus appartenir à un autre... » (S'interrompant.) Mais qui donc ça peut-il être ? (Elle tourne le feuillet et regarde au bas de la page.) Oh ciel ! Émile ! Émile Brémont ! C'est le mien !... (Avec émotion et s'essuyant les yeux.) Ah ! malheureuse ! Lui qui était si bon, si aimable pour moi ! J'ai pu croire un instant... Et c'en est une autre ! (Parcourant plusieurs lettres.) Oh ! oui ! « Je t'aime, je t'adore... » Il a bien peur qu'elle n'en doute, c'est répété à chaque ligne ! Je n'y vois plus, j'étouffe ! J'ai besoin de respirer. (Elle s'approche de la fenêtre.) Ah ! mon Dieu ! le voilà à sa fenêtre ! (Reculant au milieu du théâtre.) Heureusement que le jour baisse, et qu'il ne me verra pas pleurer.

(Regardant de loin.)

AIR : J'en guette un petit de mon âge. (*Les Scythes et les Amazones.*)

Mais, qu'ai-je vu ! Quels procédés indignes !
  Il me regarde tendrement...
  Et voilà qu'il me fait des signes...
  Ah ! c'est pour elle qu'il me prend !
  Dieu ! dans l'excès de sa tendresse,
  Il m'envoie un baiser, je crois...
  Je n'en veux pas... Je ne reçois

Que ce qui vient à mon adresse.

(Un paquet de lettres, attaché à une pierre, vient tomber à ses pieds.)

Que vois-je ! encore des lettres ! Il croit donc qu'il n'y en a pas assez !

(Elle ramasse le paquet.)

SCÈNE X.

ANGÉLIQUE, ROSE.

ROSE, à part et en entrant.

C'est fini ; me voilà madame Guichard.

ANGÉLIQUE, surprise et essuyant ses yeux.

Ah ! c'est toi, Rose ?

ROSE.

Oui, ma mère et ce monsieur se sont arrêtés en bas. (Remarquant son trouble.) Mais qu'as-tu donc ? Comme tu es émue !

ANGÉLIQUE, s'efforçant de sourire.

Moi, non. C'est qu'en ton absence, et pendant que je prenais ces lettres, il m'est arrivé une aventure.

ROSE.

Une aventure ?

ANGÉLIQUE.

Oui, tu ne m'avais pas dit que c'était M. Émile.

ROSE.

Je ne te l'avais pas dit ? ah ! je croyais... Au surplus, qu'est-ce que ça te fait ?

ANGÉLIQUE.

Oh ! rien du tout. Mais comme je loge dans la même maison, j'aurais pu lui éviter la peine de t'envoyer ses lettres (Montrant la fenêtre.) au risque de casser les carreaux, comme celle-ci.

(Elle lui présente la lettre.)

ROSE, repoussant la lettre, et regardant du côté de la porte.

Encore une! non, quoi que tu en dises, je ne dois plus souffrir... on n'aurait qu'à me surprendre. (A part.) Une femme mariée!

ANGÉLIQUE, regardant au fond.

Personne ne vient.

ROSE.

Eh bien! lis-la vite. Tout ce que je puis me permettre, c'est de l'écouter.

ANGÉLIQUE, à part, ouvrant la lettre.

Qu'est-ce qu'elle a donc? (Elle lit.) « On assure que vous « allez vous marier... » (A Rose.) Vois-tu comme on fait des contes. (Lisant.) « Je ne puis le croire. Vous savez qu'au mo- « ment où vous serez à un autre, je me tue... »

ROSE.

O ciel!

ANGÉLIQUE.

Ça, il n'y manquerait pas, il a une tête!... et tu as bien fait de refuser M. Guichard.

ROSE, troublée.

Continue.

ANGÉLIQUE, lisant.

« Vous avez donc oublié vos serments! Relisez-les, je « vous renvoie vos lettres. Ce sera votre punition! Mais « non, c'est une calomnie, n'est-ce pas, Rose? tu m'aimes « encore, j'en suis sûr, mais j'ai besoin de l'entendre de ta « bouche. Aussi, je brave tout. Une planche peut me con- « duire près de toi, elle va de ma fenêtre à celle de ta « chambre, et dès que la nuit sera venue... »

ROSE, effrayée.

Ah! mon Dieu! il oserait?... Mais non, il sera raisonnable. Va le trouver, dis-lui...

ANGÉLIQUE.

Quoi donc?

ROSE.

Silence! c'est M. Guichard.

ANGÉLIQUE.

Le rival dédaigné?

ROSE.

Chut! mets-la avec les autres.

(Angélique cache les lettres.)

SCÈNE XI.

Les mêmes; GUICHARD.

GUICHARD, à la cantonade.

C'est très-bien, madame Beauménil. Dépêchez-vous de mettre le couvert. Ce n'est pas que j'aie grand appétit : mais je suis pressé. (A Rose.) Un souper fin, que j'ai envoyé prendre chez Legacque, par mon domestique à tournure; car nous soupons avec la maman et nos amis; et puis après cela, cher ange, nous partons.

ANGÉLIQUE, étonnée.

Vous partez! Comment?

GUICHARD.

Dans ma voiture, (Baisant la main de Rose.) en tête-à-tête.

ANGÉLIQUE, bas.

Mais prends donc garde! il te baise la main.

ROSE, embarrassée.

Tu crois?

ANGÉLIQUE.

Et tu le laisses faire!

GUICHARD.

Qu'est-ce qu'elle a donc, cette petite? Est-ce qu'on ne peut pas embrasser sa femme?

ANGÉLIQUE, étonnée.

Sa femme!

GUICHARD.

Oui, certainement ; depuis une heure.

ANGÉLIQUE, bas, à Rose.

Si c'est comme ça que tu lui es fidèle!...

ROSE, de même.

Ce n'est pas pour moi, c'est pour ma mère.

GUICHARD.

J'espère que mademoiselle Angélique me fera le plaisir d'assister au souper; car les amis de ma femme sont les miens. Je l'aime tant! et elle m'aime aussi : elle me le disait encore tout à l'heure...

ANGÉLIQUE, bas.

Comment! tu as pu lui dire...

ROSE, de même.

A cause de ma mère.

ANGÉLIQUE, de même.

Pauvre fille!

GUICHARD.

Et je vous crois, Rose, je vous crois sans peine. Et ce diable de souper qui ne viendra pas! Est-ce lui? Non. (Entre un domestique.) c'est mon domestique, c'est-à-dire votre domestique. Saluez votre maîtresse. (Le domestique salue.) Tu es passé chez moi? Ah! mes lettres. Donne, donne, et presse le souper. (Le domestique sort.) Qu'est-ce que je vois là? Une lettre. (A Rose.) C'est votre écriture, une lettre de vous.

ANGÉLIQUE.

Comment!

ROSE.

De moi! O ciel! ma lettre de ce matin.

GUICHARD.

Comment, chère amie, vous m'avez écrit?

ROSE, bas, à Angélique.

Celle où je lui dis que je ne l'aime pas, que je ne l'aimerai jamais.

GUICHARD.

Une lettre d'amour, le jour de mon mariage!... Oh! c'est joli, c'est très-joli. Voyons.

ROSE, se jetant sur lui.

Monsieur Guichard, c'est inutile, ne l'ouvrez pas.

GUICHARD.

Si fait, si fait!

ROSE, lui retenant la main.

Je vous en prie, vous me feriez rougir.

GUICHARD.

Il y a donc des choses!... Eh bien! chère amie, je ne vous regarderai pas. Je lirai sans regarder.

(Il ouvre la lettre.)

ROSE, poussant un cri.

Ah! monsieur!...

SCÈNE XII.

Les mêmes; Mme BEAUMÉNIL.

Mme BEAUMÉNIL.

Mon gendre, eh vite! eh vite! on vous demande en bas, pour un malheur qui vient d'arriver.

GUICHARD.

Un malheur?...

Mme BEAUMÉNIL.

Ici, en face, un jeune homme qui loge au-dessus de la mère d'Angélique.

ANGÉLIQUE, bas à Rose.

C'est Émile.

ROSE.

Comment! qu'est-ce donc?

Mme BEAUMÉNIL.

On n'en sait rien; mais voilà une heure que l'on frappe à sa porte, et il ne répond pas.

ROSE et ANGÉLIQUE.

Ah! mon Dieu!

Mme BEAUMÉNIL.

Et l'on sent dans l'escalier une odeur de charbon.

GUICHARD, froidement.

C'est qu'il s'asphyxie.

ROSE.

Ah! le malheureux!

ANGÉLIQUE, à Rose.

Il a appris ton mariage; et dans son désespoir...

Mme BEAUMÉNIL.

On a été chercher le commissaire, qui demande un médecin. Je me suis empressée de dire que mon gendre était ici.

GUICHARD.

Moi... par exemple!

ROSE et ANGÉLIQUE.

Oui, oui, vous avez bien fait.

Mme BEAUMÉNIL.

Vous ne pouvez pas vous dispenser d'y aller, mon gendre, le devoir, l'humanité...

ROSE.

Eh! sans doute, monsieur.

ANGÉLIQUE.

Courez donc vite!

GUICHARD.

Mais permettez : on ne dérange pas ainsi un marié qui va souper...

ROSE.

Il s'agit bien de cela! Allez donc, monsieur, allez au secours de ce pauvre jeune homme, ou je ne vous aimerai de ma vie.

ANGÉLIQUE, l'entraînant.

Venez vite, monsieur.

Mme BEAUMÉNIL.

Venez, mon gendre.

GUICHARD.

Voilà, belle-mère, voilà.

(Il sort avec madame Beauménil et Angélique.)

SCENE XIII.

ROSE, seule.

Ah! je succombe. Pourvu qu'il n'arrive pas trop tard!... Pauvre Émile! et c'est par amour pour moi! Et dire que peut-être en ce moment!... (On entend, dans le cabinet à droite, une guitare qui répète l'air : « *Vivre loin de ses amours.* ») Qu'entends-je?... ma guitare, dans ma chambre!... (Courant à la croisée.) Est-ce qu'il aurait osé?... Oui, oui, sa fenêtre ouverte, et cette planche, au risque de se tuer. Ah! je n'ai pas une goutte de sang dans les veines. Si l'on venait... Grand Dieu! la porte s'ouvre. (Courant à la porte du cabinet.) N'entrez pas, Émile. (Elle repousse vivement la porte.) Seule ici... Non, vous dis-je; non, vous n'entrerez pas, monsieur; c'est inutile, je mets le verrou. (A part.) Ah! il n'y en a pas.

(Elle tombe dans un fauteuil, la porte s'ouvre.)

ACTE DEUXIÈME

Un salon. Porte au fond; deux portes latérales. Au-dessus de celle à droite, une grande lucarne.

SCÈNE PREMIÈRE.

ÉMILIE, GUICHARD, AUGUSTIN, NANETTE.

(Guichard est assis, et tient un journal. Émilie est debout à sa droite et Augustin à sa gauche. Nanette range l'appartement.)

GUICHARD.

Allons, quand je te dis que ça ne se peut pas!

AUGUSTIN.

Mais, mon papa!...

GUICHARD.

Mais, mon fils, tu ferais beaucoup mieux de t'en aller à ton École de droit, au cours de M. Poncelet.

AUGUSTIN.

Non, mon papa, je n'irai pas ce matin, j'aime autant étudier mon violon.

GUICHARD.

Hein! tu dis...

AUGUSTIN.

Je dis que je n'irai pas.

GUICHARD, avec colère.

Ah! tu ne veux pas y aller?

AUGUSTIN.
Non.
GUICHARD, se levant.
Eh bien! à la bonne heure, n'y va pas, ça m'est égal, ça regarde ta mère. (A Nanette.) Nanette, tu es bien sûre qu'elle n'est pas rentrée?
NANETTE.
Pardine, monsieur; puisque voilà mademoiselle Émilie qui arrive de Saint-Sulpice, où elle l'a laissée.
ÉMILIE.
Oui, mon tuteur; et elle doit, après, aller chez son directeur.
GUICHARD.
Dieu! si elle pouvait l'inviter pour aujourd'hui!
AUGUSTIN.
L'abbé Doucin!
GUICHARD.
Certainement; car ici, je ne sais pas comment ça se fait, c'est toute la semaine jeûne, vigile et carême, à moins que l'abbé ne soit invité. Je ne fais de bons dîners que quand il est des nôtres, lui et son épagneul. Brave homme, du reste, qui est gourmand, par bonheur.
AUGUSTIN.
Mais, mon papa, je ne vous comprends pas. Si ça vous déplaît de faire maigre, pourquoi ne le dites-vous pas à maman?
GUICHARD.
Pour la faire crier! Merci. Avec ça que lorsque ça commence, ça dure longtemps...
AUGUSTIN.
Laissez donc! si vous lui disiez...
GUICHARD.
Oui, toi, c'est possible; parce qu'elle te gâte, ta mère.

AUGUSTIN.

Pas tant, pas tant.

GUICHARD.

Si, elle te gâte. Mais moi! il y a près de quarante ans qu'elle en a perdu l'habitude, depuis que je l'ai épousée, dans la République. Moi qui avais choisi une petite fille sans fortune, pour être le maître, ça m'a joliment réussi... Le jour même de notre mariage, nous eûmes une querelle. Cette fois-là c'était ma faute. Imaginez-vous une lettre que je trouve dans mes papiers; une lettre qu'elle m'avait écrite avant la noce, une plaisanterie, une épreuve qu'elle avait voulu faire! J'eus la bêtise de me fâcher. Elle me l'a assez reproché depuis, et ça lui a donné un avantage sur moi. Ah! mes enfants! une femme est bien forte quand son mari a des torts.

NANETTE.

Aussi, monsieur a quelquefois des crises.

GUICHARD.

Hein! Qu'est-ce que vous dites? Mêlez-vous de votre cuisine.

NANETTE.

Non, vous n'en avez peut-être pas, de crises?

GUICHARD.

Oui; mais heureusement que j'ai un excellent moyen de les faire cesser, et même de les empêcher!

ÉMILIE.

Et lequel?

GUICHARD.

Quand je vois quelque chose qui se prépare, je prends bravement ma canne et mon chapeau, et je vais me promener au Luxembourg, ça me rappelle mon bon temps, le temps du Directoire; mes pauvres Directeurs!... Et souvent, dans mes méditations politiques, car j'ai toujours aimé la politique, je me dis : « Dieu me pardonne! ma femme me traite comme le premier consul les a traités. Je n'ai plus voix au chapitre. »

AUGUSTIN.

C'est votre faute, mon papa; et si vous voulez, je vais vous donner un moyen de ravoir la majorité.

GUICHARD.

Une conspiration à nous trois! j'en suis.

AUGUSTIN.

Eh! bien, me voilà, moi, qui suis votre fils...

GUICHARD.

Je m'en flatte.

AUGUSTIN.

Voilà Émilie, votre pupille, la fille d'une ancienne amie de ma mère, cette pauvre Angélique!

GUICHARD.

Eh bien?

AUGUSTIN.

AIR du vaudeville de *la Robe et les Bottes.*

Toujours soigneux de vous complaire,
Nous vous avons défendu jusqu'ici ;
Et vous savez, même contre ma mère,
Que vos enfants prenaient votre parti.
 Mais ce parti qui vous honore
Ne compte, hélas! que nous deux... vous voyez...
Mariez-nous, pour augmenter encore
 Le nombre de vos alliés.

GUICHARD.

Est-il possible? Vous vous aimez!... Ça ne se peut pas. Je ne m'en suis jamais aperçu.

AUGUSTIN.

C'est égal, mon papa, nous nous aimons. Et si, comme je vous disais tout à l'heure...

GUICHARD.

Eh! mon Dieu! je ne demanderais pas mieux! mais les obstacles... (A Émilie.) Toi, d'abord, tu n'as rien.

AUGUSTIN.

Comment, rien?

GUICHARD.

Absolument rien. Je dois le savoir, moi qui suis son tuteur.

ÉMILIE.

Il a raison.

AUGUSTIN, à Émilie.

Et ces papiers cachetés dont tu me parlais, et que t'a remis ta mère?

GUICHARD.

Des papiers? Qu'est-ce que c'est que ça?

ÉMILIE.

Ils ne sont pas pour moi, ils sont à l'adresse d'une personne que je n'ai jamais vue, un ancien ami de ma mère, M. Émile Brémont.

GUICHARD.

Je ne connais pas.

NANETTE.

Tiens; c'est peut-être des billets de banque?

GUICHARD.

Que vous êtes bête, ma chère!... Au fait, ça se pourrait.

AUGUSTIN.

Eh! mon Dieu! qu'importe? L'essentiel, c'est que nous nous aimions. (A Guichard.) Vous parlerez, n'est-ce pas?

GUICHARD.

Tu vas me faire gronder.

ÉMILIE.

Oh! je vous en prie!

AUGUSTIN.

Mon petit papa !

GUICHARD.

Que vous êtes câlins !

NANETTE, qui est remontée, regarde par la porte du fond.

Voici madame.

GUICHARD, AUGUSTIN et ÉMILIE.

Ah ! mon Dieu !

GUICHARD.

Ne dites rien, n'ayons pas l'air...

SCÈNE II.

LES MÊMES ; Mme GUICHARD. Elle a un petit mantelet de dévote et une robe de soie grise, avec un bonnet très-simple.

Mme GUICHARD, à la cantonade.

Mettez écriteau à l'instant. Je le veux. On donnera congé.

GUICHARD.

Qu'est-ce donc, chère amie ?

Mme GUICHARD.

Cet appartement qui est trop grand pour nous. Et décidément je le mets en location. J'en aurai mille écus.

GUICHARD.

Nous déloger de notre maison ! Et où irons-nous ?

Mme GUICHARD.

Au troisième.

GUICHARD, à part.

Encore une économie ! (A madame Guichard.) Mais, chère amie...

Mme GUICHARD.

Quelle objection y trouvez-vous ?

GUICHARD.

Je trouve que mon cabinet sera bien froid.

Mme GUICHARD.

On bouchera la cheminée, c'est par là que vient le vent.

GUICHARD.

Et les locataires du troisième ?

Mme GUICHARD.

Je leur donne congé. Des gens qui se sont fourrés dans la révolution... des libéraux, des jacobins, ils n'ont que ce qu'ils méritent.

GUICHARD, cherchant à détourner la conversation.

Vous quittez l'abbé Doucin, chère bonne ?

Mme GUICHARD.

Oui, monsieur.

NANETTE, à part.

On s'en aperçoit.

Mme GUICHARD.

Il est fort mécontent de vous tous.

ÉMILIE.

De moi, madame ?

Mme GUICHARD, se tournant vers elle.

Oui, mademoiselle. Il a remarqué vos distractions pendant l'office. (Lui rendant un petit livre.) Eh ! tenez, voilà votre livre de prières que vous avez oublié sur votre chaise. Une autre fois vous aurez une femme de chambre derrière vous pour le rapporter.

(Émilie baisse les yeux.)

NANETTE.

Dame ! il faisait si froid.

Mme GUICHARD.

Et vous, mademoiselle Nanette, pourquoi avez-vous refusé

à M. l'abbé Doucin d'être de l'association du sou?... Tous les domestiques honnêtes en sont.

NANETTE.

Que voulez-vous? Le peu d'argent que j'ai, je l'envoie à ma mère.

Mme GUICHARD, brusquement.

Taisez-vous. Vous n'aurez jamais de religion. (A Augustin.) Bonjour, Augustin, bonjour, mon garçon. Ne trouvez-vous pas que, tous les jours, il me ressemble davantage?

AUGUSTIN.

Maman me fait toujours des compliments.

Mme GUICHARD.

Il est gentil celui que tu me fais là. Voyons, où avons-nous été hier au soir?

AUGUSTIN.

Maman, j'ai été au spectacle.

Mme GUICHARD.

Qu'est-ce que j'apprends là!... au spectacle! dans ces lieux de perdition!... Vous ne sortirez plus sans moi. Vous me suivrez à mes conférences.

NANETTE, à part.

C'est bien amusant!

AUGUSTIN, de même.

Si c'est comme cela qu'elle me gâte!

GUICHARD, à Émilie.

Pourquoi, aussi va-t-il lui dire...

Mme GUICHARD.

Qu'est-ce que c'est?

GUICHARD

Je dis, chère amie... Je demande si l'abbé Doucin vient dîner aujourd'hui.

Mme GUICHARD.

Non.

GUICHARD.

Tant pis, ça m'aurait fait plaisir.

Mme GUICHARD.

Il est un peu souffrant; il a des crampes d'estomac.

GUICHARD.

Pauvre homme!

(Augustin passe auprès d'Émilie.)

Mme GUICHARD.

Et ça me fait penser que je lui ai promis... Nanette, donnez-moi ces deux bouteilles de fleurs-d'oranger et cette boîte de conserves d'abricots, dans l'armoire de ma chambre.

NANETTE, sortant.

Oui, madame.

Mme GUICHARD.

Ce digne homme! ça lui fera du bien.

GUICHARD, bas aux enfants.

Ces bonnes confitures dont elle ne veut jamais nous donner.

Mme GUICHARD.

A propos, monsieur Guichard...

GUICHARD, se retournant.

Chère amie?...

Mme GUICHARD.

Il faut aller le remercier de l'honneur qu'il vous a fait.

GUICHARD.

L'abbé Doucin? qu'est-ce qu'il m'a donc fait?

Mme GUICHARD.

Comment! est-ce que je ne vous l'ai pas dit? Grâce à lui vous voilà marguillier de la paroisse.

GUICHARD.

Ah!

Mme GUICHARD.

Eh bien! vous ne comprenez pas ce que cela veut dire, marguillier de la paroisse?

GUICHARD.

Si fait.

Mme GUICHARD.

Un titre qui vous donne voix à la fabrique, qui vous place au premier banc!... vous ne vous réjouissez pas?

GUICHARD.

Pardonnez-moi, chère amie; marguillier! je suis très-content, me voilà marguillier. (Appelant.) Nanette!

NANETTE, revenant avec deux bouteilles, et une boîte qu'elle présente à M. Guichard.

Monsieur?

GUICHARD.

Je suis marguillier, Nanette, je veux que tout le monde s'en réjouisse, et pour fêter ma nouvelle dignité, tu vas me donner à déjeuner un bon beefsteak.

Mme GUICHARD, arrangeant les confitures.

Hein! qu'est-ce que vous avez dit?

GUICHARD.

J'ai dit un bon beefsteak, avec des pommes de terre.

Mme GUICHARD.

Y pensez-vous? un jour maigre!

GUICHARD.

C'est aujourd'hui maigre? (A part.) Je n'en sors pas, je vais encore avoir des pruneaux. (Haut.) Mais, ma bonne, je suis marguillier.

Mme GUICHARD.

Raison de plus pour vous mortifier, pour donner le bon

exemple. (Regardant l'étiquette des bouteilles.) C'est la meilleure, celle qui est sucrée, n'est-ce pas, Nanette ?

NANETTE.

Oui, madame.

Mme GUICHARD.

Vous boirez l'autre, monsieur Guichard.

GUICHARD.

Moi ?

(Augustin revient auprès de sa mère.)

Mme GUICHARD, souriant.

Ah ! vous êtes gourmand ! vous aimez les chatteries ! (Regardant les confitures.) Elles ont bien bonne mine.

(En prenant un peu.)

GUICHARD, avançant la main.

Oui ; elles doivent être...

Mme GUICHARD, lui donnant un coup sur les doigts.

Eh bien !...

GUICHARD.

Oh ! merci.

ÉMILIE, bas à Guichard.

Dites donc, mon tuteur, c'est le moment de lui parler.

GUICHARD, bas.

Tu crois ?

ÉMILIE.

Elle me paraît de bonne humeur.

NANETTE, de même.

Allons, monsieur !

(Augustin, de sa place, fait des signes à son père.)

Mme GUICHARD, se retournant.

Qu'est-ce que c'est ?

AUGUSTIN.

Rien, maman, c'est mon père qui a quelque chose à vous dire, et qui nous priait de le laisser.

Mme GUICHARD.

Air de la valse de Robin des Bois.

est ort heureux... c'est ce que je désire,
De vous parler j'avais aussi dessein.

GUICHARD, à part.

Grand Dieu! que va-t-elle me dire?

Mme GUICHARD, à Nanette.

Portez cela chez notre abbé Doucin.

AUGUSTIN.

Allons, papa.

GUICHARD, à demi-voix, à son fils.

C'est une rude tâche.
Je risque fort...

AUGUSTIN, de même.

Que craignez-vous, enfin?

GUICHARD, de même.

Elle pourrait, hélas! si je la fâche,
Me faire faire encor maigre demain.

Ensemble.

AUGUSTIN.

Laissons-les seuls, que chacun se retire :
De lui parler ma mère avait dessein.
Est-ce pour nous? que va-t-elle lui dire?
Dans tout cela je crains l'abbé Doucin.

ÉMILIE.

Laissons-les seuls, que chacun se retire ;
De lui parler sa mère avait dessein.
Est-ce pour nous? que va-t-elle lui dire?
Dans tout cela je crains l'abbé Doucin.

NANETTE.

Laissons-les seuls, que chacun se retire :
De lui parler madame avait dessein.
Est-ce pour vous? que va-t-elle lui dire?
Dans tout cela je crains l'abbé Doucin.

GUICHARD.

Que l'on me laisse, et chacun se retire,
De me parler ma femme avait dessein ;
  (A part.)
Je tremble, hélas! que va-t-elle me dire?
Veut-elle aussi me gronder ce matin?

Mme GUICHARD.

Laissez-nous seuls, que chacun se retire,
De lui parler aussi j'avais dessein ;
  (A part.)
Monsieur Guichard à mes plans doit souscrire,
Je l'ai promis à notre abbé Doucin.

(Augustin, Émilie et Nanette sortent.)

SCÈNE III.

GUICHARD, Mme GUICHARD.

Mme GUICHARD.

Voyons, parlez, monsieur Guichard, je vous écoute.

GUICHARD.

Moi, je ne sais... je... (A part.) Que diable, aussi! me laisser tout seul!...

Mme GUICHARD.

Eh bien?

GUICHARD.

Pardon, chère amie, après vous. Vous avez quelque chose à me dire?

Mme GUICHARD.

Oh! c'est fort simple. L'abbé Doucin, qui prend tant d'intérêt à ce qui vous regarde, m'a donné d'excellents conseils pour toute la famille. D'abord pour Augustin. Ce cher enfant! j'avais des projets sur lui, je pensais à le faire entrer dans les ordres, mais les temps sont mauvais, c'est un état perdu. Et puis, ce qui autrefois n'était pas un obstacle, il n'a pas de vocation. Vous le voyez, il aime le monde, le spectacle. Je crois même, Dieu me bénisse! qu'il est un peu libéral. L'École de droit me l'a gâté, il faut donc chercher à le sauver d'une autre manière, pendant qu'il est encore jeune, et je ne vois que le mariage.

GUICHARD, à part.

Je l'y ai donc amenée! (Haut.) Je crois qu'il aimerait mieux ça.

Mme GUICHARD.

AIR du *Pot de fleurs*.

Ah! je n'en suis pas étonnée!
Cela doit lui sourire assez;
Lui, qui voit toute la journée
Le bonheur dont vous jouissez.
Le mariage est un état, je pense,
Où l'on fait bien son salut.

GUICHARD.

Je le crois,
Car je sais déjà, quant à moi,
(A part.)
Qu'on peut y faire pénitence!

Mme GUICHARD.

Nous venons, avec M. l'abbé Doucin, de lui trouver un excellent parti : Mademoiselle Esther Grandmaison.

GUICHARD.

La fille du receveur-général? Elle n'est pas jolie.

Mme GUICHARD.

Quatre-vingt mille francs de dot, une piété exemplaire, et des espérances, et une famille si respectable! Le père a eu le courage de prêter serment contre sa conscience, pour être fidèle à la bonne cause.

GUICHARD.

C'est bien. Mais ma pupille Émilie...

Mme GUICHARD.

J'ai aussi pensé à elle. Je sais combien vous l'aimez, et je ne cherche qu'à vous être agréable. Nous lui assurons le sort le plus doux; du repos et de la liberté pour toute sa vie. A force de protections, je la fais entrer chez les dames de la rue de Varennes.

GUICHARD.

Au couvent!

Mme GUICHARD.

On viendra la chercher aujourd'hui, à trois heures, sauf votre approbation, ainsi que pour Augustin, car vous êtes le maître de votre pupille et de votre fils, comme de votre femme.

GUICHARD.

Alors...

Mme GUICHARD.

Ainsi, c'est décidé, c'est convenu. Je vous en préviens, il n'y a plus à revenir maintenant. Voyons, qu'avez-vous à me dire?

GUICHARD.

Mon Dieu! chère amie, c'était la même chose, à peu près; seulement...

Mme GUICHARD.

Vous voyez bien que nous sommes toujours d'accord, et que je ne cherche qu'à vous complaire en tout. Mais vous, mon ami, ne ferez-vous rien pour moi?

GUICHARD.

Quoi donc, ma bonne?

Mme GUICHARD.

Oh! vous ne pouvez plus refuser... Vous savez, ce don à la paroisse; un marguillier doit donner l'exemple, et puis vous ne me refuserez pas.

GUICHARD.

C'est selon. Combien serait-ce?

Mme GUICHARD.

AIR : Pour le trouver, j'arrive en Allemagne. (*Yelva.*)

C'est à peu près...

GUICHARD.
Parlez, je vous écoute.

Mme GUICHARD.

Vingt mille francs que ça pourra coûter.
Ah! c'est bien peu pour ses fautes...

GUICHARD.

Sans doute,
Quand on en a beaucoup à racheter.
Moi, qui suis sobre, et jamais ne m'oublie,
Pour mes péchés faut-il payer autant?
Heureux encor, si j'avais, chère amie,
Le droit d'en faire au moins pour mon argent!

Mme GUICHARD.

Hein, plaît-il?

GUICHARD.

Je verrai si cela se peut.

Mme GUICHARD, sévèrement.

Comment donc? cela se doit, j'y compte, entendez-vous? il le faut. (D'un ton caressant.) Adieu, mon ami.

GUICHARD.

Adieu, ma bonne.

Mme GUICHARD, *sortant.*

Adieu.

(Elle sort.)

GUICHARD, *seul.*

Que le diable m'emporte si elle les aura !

SCÈNE IV.

ÉMILIE, GUICHARD, AUGUSTIN.

Augustin et Émilie reparaissent de côté, et regardent si madame Guichard est partie.)

AUGUSTIN.

Elle est partie.

ÉMILIE.

Eh bien ! mon tuteur ?

GUICHARD.

Ah ! voilà les autres.

ÉMILIE.

Vous avez parlé ?

GUICHARD.

Certainement.

AUGUSTIN.

Et ça va bien, n'est-ce pas ?

GUICHARD, *embarrassé.*

C'est-à-dire, il ne faut pas aller trop vite, cela commence à se débrouiller un peu.

AUGUSTIN et ÉMILIE.

Ah ! tant mieux.

GUICHARD, *à Augustin.*

Toi d'abord, ta mère n'est pas éloignée de te marier.

AUGUSTIN, à Émilie.

Quel bonheur !

GUICHARD.

C'est déjà une bonne chose. Par exemple, il n'y a que la personne sur laquelle vous n'êtes pas d'accord, parce que c'est une autre qu'Émilie.

AUGUSTIN.

Ah ! mon Dieu ! Mais vous lui avez dit ?...

GUICHARD.

Non, je n'ai pas voulu la brusquer, d'autant qu'elle a de très-bonnes intentions pour la petite. Seulement ça ne cadre pas tout à fait avec vos idées, vu qu'elle voudrait la faire entrer au couvent.

ÉMILIE.

Moi !

AUGUSTIN, en colère.

Tandis qu'on me marierait à une autre... Et vous ne vous êtes pas montré ?

GUICHARD.

Est-ce qu'on peut tout faire à la fois ? En un jour, c'était déjà beaucoup d'avoir obtenu cela !

ÉMILIE.

La belle avance !

AUGUSTIN.

Aussi, c'est de votre faute !

GUICHARD.

Comment, c'est ma faute !

ÉMILIE, pleurant.

Vous êtes d'une faiblesse...

GUICHARD, élevant la voix.

Ah ! c'est comme ça. Eh bien ! arrangez-vous, je ne m'en

mêle plus. Obligez donc des ingrats! on n'en a que des désagréments.

AUGUSTIN, furieux.

Je n'obéirai pas.

ÉMILIE.

Ni moi non plus.

SCÈNE V.

Les mêmes; NANETTE, accourant.

NANETTE.

Monsieur, monsieur, voilà quelqu'un qui veut voir l'appartement.

GUICHARD.

Allons, les affaires à présent! avertis ma femme.

NANETTE.

C'est que le monsieur voudrait louer sans remise et écurie.

GUICHARD.

Qu'est-ce que ça me fait? je ne demande pas mieux. Mais avertis ma femme, je ne m'en mêle pas. (Regardant les enfants qui pleurent de côté.) Je vois qu'il y aura du bruit aujourd'hui. Je m'en vais faire un tour de Luxembourg.
(Il prend sa canne et son chapeau, et se sauve par la porte à gauche.)

SCÈNE VI.

ÉMILIE, à droite, pleurant; AUGUSTIN, à gauche, essuyant ses yeux; BRÉMONT et NANETTE, entrant par la porte du fond.

NANETTE, faisant entrer Brémont.

Entrez, entrez, monsieur.

BRÉMONT.

C'est bien. Voyons l'appartement.

NANETTE.

Pas encore; dans un instant.

BRÉMONT.

Est-ce que ton maître ne veut pas louer sans remise et sans écurie?

NANETTE.

Si, monsieur, jusqu'à présent. Mais pour qu'il le veuille définitivement, il faut que madame y consente, et je vais la prévenir. Daignez vous asseoir, et l'attendre.

(Elle sort.)

BRÉMONT.

Auprès de ces jeunes gens. Volontiers, car j'ai toujours aimé la jeunesse. Il y a en elle une franchise, une insouciance, une gaieté de tous les moments. (Apercevant Émilie qui pleure.) Ah! mon Dieu! (Regardant Augustin.) Et l'autre aussi!... Eh bien! eh bien!... (S'approchant d'eux.) Qu'est-ce que c'est donc? Qu'y a-t-il, mes jeunes amis?

AUGUSTIN.

Ses amis...

BRÉMONT.

Pardon, je ne vous connais pas, c'est vrai; mais vous pleurez tous deux, et pour moi on n'est plus étranger dès qu'on a du chagrin. Moi qui viens de loin, j'en ai eu tant!

AUGUSTIN et ÉMILIE, s'approchant de lui.

Il serait vrai!

BRÉMONT, leur prenant la main.

Vous le voyez, voilà déjà la connaissance faite. Il y a du bon dans le malheur, et il ne faut pas trop en médire: il rapproche, il unit les hommes. C'est le bonheur qui rend égoïste, et heureusement je vois que nous n'en sommes pas là.

AUGUSTIN.

Il s'en faut.

BRÉMONT.

Je comprends : quelque penchant, quelque inclination contrariée...

AUGUSTIN et ÉMILIE.

Qui vous l'a dit?

BRÉMONT.

Hélas! j'ai passé par là.

AUGUSTIN.

Ce pauvre monsieur!

BRÉMONT.

Je n'ai pas toujours eu des rides, des cheveux blancs et une canne. J'étais (Montrant Augustin.) comme mon nouvel ami, vif, ardent, impétueux, et j'avais un cœur, qui est toujours resté le même : il n'a pas vieilli, et cela fait que lui et moi nous avons souvent de la peine à nous accorder. J'aimais, comme vous, une personne charmante (Montrant Émilie.) comme elle.

ÉMILIE.

Et elle vous aimait bien?

BRÉMONT.

Certainement.

AUGUSTIN.

Et vous lui fûtes fidèle?

BRÉMONT.

Je le suis encore : je suis resté garçon en l'attendant.

AUGUSTIN.

Ah! que c'est bien à vous! Voilà comme nous ferons, nous attendrons, s'il le faut, jusqu'à cinquante ans.

ÉMILIE.

Jusqu'à soixante!

BRÉMONT.

C'est le bel âge pour aimer, personne ne vous dérange, ni ne vous distrait.

AUGUSTIN.

Et pourquoi ne l'épousez-vous donc pas?

BRÉMONT.

Qui donc?

ÉMILIE.

Elle, la jeune personne?

BRÉMONT.

Ah! c'est qu'elle s'est mariée.

ÉMILIE et AUGUSTIN.

Quelle horreur!

BRÉMONT.

Pour obéir à sa mère. Moi, je n'étais qu'un pauvre artiste, qui ai quitté la France, avec mon violon et l'espérance; tous les soirs je jouais, avec variations :

Vivre loin de ses amours,
N'est-ce pas mourir tous les jours?

J'ai vécu comme cela une quarantaine d'années; donnant des concerts à Vienne, à Berlin, à Saint-Pétersbourg, où ils m'ont gardé; et à force d'avoir appuyé sur la chanterelle, j'ai acquis quelque fortune, une fortune d'artiste que j'ai conquise sur l'étranger, et que je viens manger en France; car on peut vivre loin de la patrie, mais c'est là qu'il faut mourir! Et ce beau pays m'a tant fait de plaisir à revoir!

ÉMILIE.

Vous avez dû le trouver bien changé?

BRÉMONT.

Mais non! c'est exactement la même chose, comme de mon temps; j'y ai vu partout les couleurs que j'y avais laissées : partout, même enthousiasme pour la gloire et la liberté! Tout y est de même, tout y est jeune, excepté moi!... Mais, voyez, mes enfants, comme l'amour et la vieillesse vous rendent bavards; je voulais savoir votre histoire, et je vous raconte la mienne... A votre tour, maintenant.

AUGUSTIN.

Ah! oui, votre confiance fait naître la nôtre.

ÉMILIE.

Et nous vous aimons déjà.

BRÉMONT.

J'en étais sûr.

AUGUSTIN.

Apprenez donc que c'est ma mère...

ÉMILIE.

Oui, sa mère; madame Guichard, qui ne veut pas nous marier.

BRÉMONT.

Madame Guichard!...

ÉMILIE.

Qu'avez-vous donc?

BRÉMONT.

Rien... Il y a tant de Guichard... et ce ne peut pas être la fille de madame Beauménil.

AUGUSTIN.

Si vraiment.

BRÉMONT.

Rose!...

AUGUSTIN.

Ma mère.

BRÉMONT, à Augustin.

Votre mère! est-il possible!... Que je vous regarde encore!... Un joli garçon!... Et votre père, M. Guichard, le médecin... existe-t-il encore?

AUGUSTIN.

Oui, monsieur.

BRÉMONT, après un soupir.

Ah! tant mieux.

ÉMILIE.

C'est lui qui ne demanderait pas mieux que de nous unir; mais qu'avez-vous donc?

BRÉMONT.

Ce n'est rien, mes amis, ce n'est rien... un peu de trouble... d'émotion.

AUGUSTIN.

On dirait que vous connaissez toute ma famille.

BRÉMONT.

C'est vrai... je suis un ancien ami dont vous avez peut-être entendu parler, Émile Brémont.

ÉMILIE.

M. Émile Brémont!... Ah! si vous pouviez parler en notre faveur?

BRÉMONT.

Je le ferai... comptez-y... et j'ose vous répondre du succès... Mais, voyez-vous, mes chers enfants, j'ai besoin d'un moment pour me remettre. (Les enfants s'éloignent. — A part.) Pauvre Rose! quelle surprise!... quelle joie!... (Haut à Augustin et à Émilie.) Mais surtout ne dites pas que c'est moi! votre mère va venir pour cet appartement...

AIR du vaudeville de *Partie et Revanche.*

Mon cœur bat d'espoir et d'attente,
Je crois qu'il a toujours vingt ans...
Mais mes jambes en ont soixante.
(Augustin lui présente un fauteuil.)
Et maintenant laissez-moi, mes enfants.
(Augustin et Émilie remontent le théâtre.)
(A part, et s'asseyant.)
Elle va venir... du courage!...

ÉMILIE, s'approchant de lui, et lui prenant la main.

Quoi! vous tremblez?

BRÉMONT.

C'est possible.

(A part.)
Entre nous,
On peut bien trembler, à mon âge,
Quand vient l'instant d'un rendez-vous.

AUGUSTIN, à Émilie, qui s'est retirée au fond à droite.

Est-il singulier, notre nouvel ami!

ÉMILIE.

Oui; mais il a l'air d'un honnête homme... et puis il parlera pour nous.

AUGUSTIN.

Et ces papiers que tu devais lui remettre?

ÉMILIE.

Je vais les chercher.

AUGUSTIN.

Et moi je vais travailler.

(Il entra dans sa chambre à droite, tandis qu'Émilie sort par la porte du fond à gauche.)

SCÈNE VII.

BRÉMONT, seul, assis.

Je vais la voir!... Ce mot seul me rend toutes mes illusions, et me transporte en idée au moment où je l'ai quittée... où je l'ai vue pour la dernière fois, dans cette petite chambre bleue avec des draperies blanches, au cinquième étage; et ce cabinet dont la porte fermait si mal! et mon voyage aérien, sur ce pont périlleux, suspendu d'une fenêtre à l'autre, et où je marchais avec tant d'audace; je m'y vois. (Se levant et chancelant.) J'y suis... j'y marcherais encore... avec ma canne... car cette gentille Rose, je l'aime comme autrefois... et elle aussi, j'en suis sûr... Elle est comme moi... elle n'a pas changé... elle me l'avait promis... Je la vois encore... ce regard si tendre... cette jolie taille... (Avec la plus tendre expression.) Ah! Rose!... Rose!... quels souvenirs!... (On entend madame Guichard qui parle haut dans l'intérieur, et qui bientôt paraît à la porte du fond.) On vient... (D'un air fâché.) Quelle est cette dame, et que me veut-elle?...

SCÈNE VIII.

Mme GUICHARD, BRÉMONT.

Mme GUICHARD.

Votre servante, monsieur; c'est vous, m'a-t-on dit, qui voulez louer mon appartement?

BRÉMONT, stupéfait, et la regardant avec émotion.

Comment!... c'est vous, madame, qui êtes madame Guichard?

Mme GUICHARD.

Oui, monsieur.

BRÉMONT, avec découragement.

Ah! mon Dieu!... (A part, la regardant de nouveau.) Cependant, il y a encore quelque chose... et nos cœurs, du moins... nos cœurs... oh! ils ne sont pas changés.

Mme GUICHARD.

Vous avez vu l'antichambre... c'est ici le salon... à droite, la chambre de mon fils... par ici, salle à manger... d'autres chambres à coucher... cabinet de toilette... dégagements.

(Elle passe à la gauche de Brémont.)

BRÉMONT, passe à droite.

C'est inutile, je n'ai pas besoin d'en voir davantage... l'appartement me convient.

Mme GUICHARD.

Oui; mais vous parlez d'en détacher la remise et l'écurie, cela n'est pas possible.

BRÉMONT.
Permettez...

Mme GUICHARD.
Je ne pourrai jamais les louer séparément.

BRÉMONT.
Je les prendrai donc, quoique je n'en aie pas besoin.

Mme GUICHARD.
Il y aurait alors moyen de s'arranger; monsieur pourrait les payer et ne pas les prendre, ou les sous-louer; je ne le force pas, il est le maître.

BRÉMONT.
Vous êtes trop bonne : c'est donc une affaire conclue ?

Mme GUICHARD.
Pas encore; on ne loue pas ainsi, sans connaître, sans prendre des informations; je demanderai quel est l'état, la profession de monsieur ?

BRÉMONT, à part.
Ah ! cela va lui rappeler. (Haut.) Musicien.

Mme GUICHARD, effrayée.
Ah ! mon Dieu !

BRÉMONT.
AIR du vaudeville du Baiser au porteur.
A ce mot seul elle est déjà tremblante,
De souvenir tous ses sens sont émus.

Mme GUICHARD, à part.
Musicien !... Ce mot seul m'épouvante...
Un logement de mille écus !

BRÉMONT.
Aux beaux-arts vous ne croyez plus ?

Mme GUICHARD.
Il faut avoir un peu de méfiance,
Je risquerais trop de perdre.

BRÉMONT.

Ah! grands dieux!
(A part.)
Rose jadis avait moins de prudence,
　Et nous y gagnions tous les deux.
(Haut.)
　Je paierai six mois d'avance.

Mme GUICHARD, d'un air aimable, et lui offrant une chaise.

Vraiment!... asseyez-vous donc, je vous en prie. (Brémont refuse honnêtement.) Ce que j'en dis n'est pas par crainte : la meilleure garantie est dans les manières et la physionomie... de monsieur.

BRÉMONT, la regardant tendrement.

Vous trouvez? (A part.) Allons, voilà un peu de sympathie qui revient, une sympathie arriérée.

Mme GUICHARD, tire sa tabatière et offre du tabac à Brémont.

Monsieur, en usez-vous?

BRÉMONT, à part, la regardant avec surprise.

Ah! Rose prend du tabac?

Mme GUICHARD.

Nous disons donc, mille écus de loyer, trois cents francs de remise, deux cents francs de portes et fenêtres; d'autant qu'ici, nous avons un jour magnifique; nous avons aussi d'excellents portiers, qui auront pour vous les plus grands égards; et aux fêtes, au jour de l'an, vous n'êtes obligé à rien envers eux, qu'au sou pour livre, que vous me payez : c'est cinquante écus.

BRÉMONT.

Ah! tout n'est donc pas compris?

Mme GUICHARD.

Vous êtes trop juste pour le supposer; nous avons aussi le frottage de l'escalier et l'éclairage, deux cents francs.

BRÉMONT.

Comment, madame?

Mme GUICHARD.

Voudriez-vous qu'à votre âge on vous laissât monter un escalier malpropre et mal éclairé, pour vous blesser, vous faire mal? je ne le souffrirais pas, je tiens beaucoup à mes locataires, c'est mon devoir, j'en réponds.

BRÉMONT.

Vous êtes bien bonne, mais voilà des soins et des attentions qui, avec les réparations locatives, font monter mon loyer de mille écus à quatre mille francs.

Mme GUICHARD.

Est-ce donc trop cher pour habiter une maison bien située, bien aérée, une maison tranquille et respectable, où l'on tiendra à vous conserver; car je compte bien que vous ferez un bail, et ce sera de six ou neuf, à votre choix.

BRÉMONT.

Permettez, permettez...

Mme GUICHARD.

Quoi! monsieur, vous hésitez à vous engager, à vous enchaîner à nous, quand c'est moi, quand c'est une dame qui vous en prie! mais c'est fort mal, ce n'est pas galant, et j'avais meilleure idée de vous.

BRÉMONT, à part.

Allons, elle est un peu intéressée, mais elle est toujours bien aimable.

Mme GUICHARD.

Vous acceptez donc, pour neuf ans?

BRÉMONT.

Puisqu'il le faut. (Madame Guichard va s'asseoir auprès de la table. Elle met ses lunettes, et prend la plume. Brémont la regarde, et, à part :) Il paraît que Rose.... (Portant la main à ses yeux.) C'est peut-être pour cela qu'elle ne m'a pas reconnu.

Mme GUICHARD.

Votre nom, monsieur?

BRÉMONT.

Mon nom? (A part.) Quel effet ça va lui faire! (Haut.) Mon nom... Brémont.

Mme GUICHARD.

Brémont avec un *t?*

BRÉMONT, stupéfait.

Avec un *t!*

Mme GUICHARD.

Qu'avez-vous donc?

BRÉMONT.

Quoi! ce nom-là vous est-il tellement inconnu, que vous ne sachiez plus comment l'écrire?

Mme GUICHARD.

Que dites-vous?

BRÉMONT.

Avez-vous donc tout à fait banni de votre souvenir, comme de votre cœur, l'ami de votre enfance, le compagnon de vos peines, Émile Brémont?

Mme GUICHARD.

Émile! il serait possible! quoi! c'est vous?

BRÉMONT, avec transport.

Oui, Rose, oui, c'est moi.

Mme GUICHARD.

Monsieur, un pareil ton...

BRÉMONT.

Convient peu, je le sais, après un si long entr'acte; mais l'amitié, du moins, l'amitié est de tout âge! et n'ai-je pas quelques droits à la vôtre? Faut-il vous rappeler et nos serments et nos premiers amours?

Mme GUICHARD.

Monsieur!...

BRÉMONT.

Faut-il vous rappeler un premier retour, non moins cruel que celui-ci? et le moyen que j'employai pour éloigner votre mari? ma vie que j'exposai pour parvenir jusqu'à la porte de votre chambre, que vous fermiez en vain, Rose? Il n'y avait pas de verrou.

Mme GUICHARD.

Monsieur, le ciel m'a fait la grâce d'oublier ; c'est comme s'il n'était rien arrivé.

BRÉMONT.

Non ! l'on ne perd pas de pareils souvenirs; dites-moi seulement que vous ne l'avez pas oublié.

Mme GUICHARD, émue et hésitant.

Pas tout à fait... et, s'il faut... vous... l'avouer...

SCÈNE IX.

Les mêmes ; NANETTE.

NANETTE.

Madame ! madame ! voici M. l'abbé Doucin.

Mme GUICHARD, à part.

Dieu ! (Haut.) C'est bien, je sais ce que c'est, j'y vais. Où est mon fils ?

NANETTE.

Dans sa chambre, à travailler.

(Elle sort.)

Mme GUICHARD, s'approchant de la porte qu'elle ferme, et dont elle prend la clef.

C'est bien. J'aime autant qu'il ne voie pas cette petite Émilie, et qu'ils ne se fassent pas d'adieux. (A part, jetant un coup d'œil sur Brémont.) C'est souvent si dangereux. (Haut, à Brémont, en le saluant.) Monsieur...

BRÉMONT, allant à elle, et la ramenant sur le devant du théâtre.

Un mot encore ; car j'ai promis de vous parler en faveur de votre fils, qui est amoureux comme nous l'étions...

Mme GUICHARD.

Encore, monsieur!

BRÉMONT.

Et au nom de notre amitié, de nos anciens souvenirs...

Mme GUICHARD.

Monsieur, je vous prie de croire que je vous conserverai toujours comme ami... et comme locataire... mais dans ce moment, des devoirs me réclament, on m'attend, permettez que je vous quitte; j'aurai l'honneur de vous voir dans un autre moment.

(Elle le salue, et sort par la porte du fond à droite.)

SCÈNE X.

BRÉMONT, seul.

Ah! pourquoi l'ai-je revue? moi qui l'avais conservée si tendre, si aimable, si fidèle, comment lui pardonner la perte de mes illusions? moi qui ne vivais que de cela... Et je resterais près d'elle! Non, non! Je me gâterais peut-être aussi. Les cœurs d'à présent ne sont plus comme ceux de mon temps; il n'y a plus d'amitié, plus de passion!

SCÈNE XI.

ÉMILIE, BRÉMONT.

ÉMILIE, pleurant.

Ah! mon Dieu, mon Dieu! je n'y survivrai pas.

BRÉMONT.

Qu'est-ce donc?

ÉMILIE.

M. l'abbé Doucin vient me chercher pour me conduire aujourd'hui même chez les dames de la rue de Varennes.

BRÉMONT.

Pauvre enfant! Et je conçois que ce lieu-là, ce n'est pas gai.

ÉMILIE.

Fût-ce un désert, un cachot, cela m'est bien égal; ce n'est pas cela qui me désole.

BRÉMONT.

Et qu'est-ce donc?

ÉMILIE, sanglotant.

C'est que je serai loin de lui, et que j'en mourrai de chagrin.

BRÉMONT.

Est-il possible? Ah! que vous me faites de plaisir!

ÉMILIE.

Eh bien! par exemple, vous que je croyais si bon!

BRÉMONT.

C'est justement pour ça. (A part.) En voilà donc une qui aime encore, comme de mon temps, du temps du consulat. (A Émilie.) Il faut dire que vous ne voulez pas, et moi, je serai là, je vous soutiendrai.

ÉMILIE.

Et le moyen de résister à madame Guichard, qui m'a élevée! car j'étais une pauvre orpheline, la fille d'une de ses anciennes amies, Angélique Gervaise.

BRÉMONT.

Ah! mon Dieu! cette petite Angélique si bonne, si gentille, qui avait toujours des bonnets à *la Marengo*?

ÉMILIE.

Je ne sais pas.

BRÉMONT.

C'est juste.

ÉMILIE.

Mais ce que je sais, c'est qu'elle vous regardait comme son meilleur ami, et qu'elle ne désirait qu'une chose : c'était de vous voir avant de mourir...

BRÉMONT.

Pauvre Angélique !

ÉMILIE, lui donnant un paquet cacheté qu'elle apportait en entrant.

Pour vous remettre ce dépôt qui vous appartenait, et qu'autrefois, disait-elle, on lui avait confié.

BRÉMONT.

Donnez, donnez, mon enfant. (A part.) Mes lettres et celles de Rose, qui, lors de mon départ, étaient restées entre ses mains. Pauvre Angélique ! celle-là était une amie véritable ; aveugle que j'étais !... Le bonheur était près de moi, sur le même palier. (Regardant Émilie avec émotion.) Ç'aurait pu être là ma fille ! Ah ! que j'étais insensé ! Il paraît que maintenant on est plus raisonnable.

(Il reste près de la table, ouvrant plusieurs de ces lettres, qu'il regarde d'un air mélancolique.)

SCÈNE XII.

ÉMILIE, BRÉMONT, près de la table à droite ; AUGUSTIN, frappant à la porte de sa chambre.

AUGUSTIN, en dehors, frappant à la porte de la chambre à droite.

Eh bien ! eh bien ! ouvrez-moi donc.

ÉMILIE, courant à la porte.

C'est ce pauvre Augustin ! Ah ! mon Dieu ! la clef n'y est plus, on l'aura enfermé.

BRÉMONT, sans quitter la lettre qu'il lit.

C'est tout à l'heure, sa mère...

ÉMILIE

Je l'aurais parié ! C'est pour l'empêcher de me faire ses adieux.

AUGUSTIN, paraissant à la lucarne qui est au-dessus de la porte.

Des adieux ! Est-ce que tu pars ?

ÉMILIE.

A l'instant même ; M. Doucin va m'emmener.

AUGUSTIN.

Et je le souffrirais !... Dis-leur que si on t'éloigne de moi, que si on nous sépare, je me brûle la cervelle.

BRÉMONT, se levant vivement.

Bien, très-bien !

ÉMILIE.

Y pensez-vous ?

BRÉMONT.

Voilà comme j'étais, je me reconnais.

AUGUSTIN.

Mais ce ne sera pas long : attends, attends ; je vais d'abord briser cette porte qui nous sépare.

(Il frappe contre la porte avec les pieds.)

BRÉMONT.

Briser les portes !... Ces chers enfants ! (A Augustin.) Eh ! non, non ; taisez-vous : on va arriver au bruit.

ÉMILIE.

Il a raison ; mais comment sortir ?

AUGUSTIN.

Par escalade.

BRÉMONT.

A merveille !

ÉMILIE.

Il va se faire mal.

BRÉMONT.

Du tout! Il y a un Dieu pour les amoureux; et avec deux ou trois chaises, à l'escalade!

AUGUSTIN.

C'est juste, à l'escalade!

BRÉMONT, avec joie.

A l'escalade!

(Il prend un fauteuil qu'il va poser contre la porte.)

ÉMILIE, montant sur le fauteuil que Brémont vient de mettre contre la porte, et parlant à Augustin.

Prends bien garde, au moins.

(Brémont, qui a été prendre une seconde chaise, la tient encore à la main, quand paraît madame Guichard.)

SCÈNE XIII.

ÉMILIE, à droite, debout sur le fauteuil, causant par la lucarne avec AUGUSTIN, qui lui baise la main; BRÉMONT, tenant une chaise à gauche; Mme GUICHARD, entrant par le fond, en se disputant avec M. GUICHARD.

GUICHARD.

Comment! le nouveau locataire est déjà installé?

Mme GUICHARD.

Le voilà. (Regardant.) Qu'est-ce que je vois?

ÉMILIE, à Augustin.

C'est ta mère.

(Brémont va s'asseoir auprès de la table, et lit tout bas les lettres qu'Émilie lui a remises.)

Mme GUICHARD, qui a été prendre Émilie par la main, et qui l'a fait descendre du fauteuil.)

Qu'est-ce que vous faites là, mademoiselle? et qu'est-ce

que c'est? que signifie une conduite pareille? (Pendant ce temps, Guichard va ouvrir la porte à Augustin.) Regarder ainsi dans la chambre d'un jeune homme, causer avec lui en secret, à l'insu de vos parents, et dans une maison comme la mienne! Sont-ce là les exemples qu'on vous a donnés?

BRÉMONT, ouvrant une lettre qu'il a sous la main, et la lisant à voix haute.

« Ma mère me défend de te voir, mais je m'en moque;
« et dès qu'elle sera sortie, cher Émile, je t'en avertirai,
« en laissant la fenêtre ouverte. »

Mme GUICHARD.

O ciel !

GUICHARD, sortant de la chambre avec Augustin.

Comment, monsieur...

AUGUSTIN.

Mais, mon père...

Mme GUICHARD.

Taisez-vous. Vous êtes aussi coupable; n'avez-vous pas de honte d'un tel oubli de toutes les convenances? causer un tel scandale, escalader des portes, des fenêtres!

BRÉMONT, toujours assis près de la table et lisant une autre lettre.

« Prends garde, cher Émile, ton audace me fait toujours
« trembler; et si les voisins te voyaient passer sur cette
« planche (Guichard passe auprès de madame Guichard.) de ta mai-
« son dans la nôtre, comme tu l'as fait hier... »

Mme GUICHARD.

Ah! mon Dieu!

GUICHARD, écoutant, et à madame Guichard.

Qu'est-ce que c'est? qu'est-ce que lit ce monsieur?

BRÉMONT, sans se lever.

Un roman par lettres, que je me propose de publier avec le nom des personnages.

Mme GUICHARD.

Monsieur !...

BRÉMONT.

Cela dépendra des circonstances, et d'un consentement que j'attends.

GUICHARD.

Le consentement de l'auteur?

BRÉMONT.

Justement.

GUICHARD.

Ce doit être curieux. (Voulant prendre les lettres.) Voyons donc?

Mme GUICHARD, le retenant.

Y pensez-vous? Quelle indiscrétion!

GUICHARD.

Elle ne veut pas que je lise, parce que c'est un roman; ma femme est d'une rigidité de principes... Elle ne peut pas souffrir les romans.

BRÉMONT, se levant.

Je crois qu'elle a tort : les premiers chapitres sont si amusants! quelquefois les derniers sont bien tristes, mais il y a toujours, quand on le veut bien, une leçon morale à en tirer. (A madame Guichard, lui donnant la lettre.) Tenez, madame, lisez vous-même, je vous la confie.

Mme GUICHARD, troublée et voulant cacher la lettre.

Monsieur...

BRÉMONT.

Ne craignez rien : j'en ai bien d'autres.

GUICHARD, à sa femme.

Lis donc, lis donc, ma bonne.

Mme GUICHARD, lisant avec émotion.

« Mon bien-aimé... Mon cher... »

BRÉMONT.

Je vous prie, par exemple, de passer les noms propres.

GUICHARD.

C'est juste. Mon cher... trois étoiles.

BRÉMONT, à demi-voix, à madame Guichard, qui achève de lire la lettre tout bas.

AIR : Mon père, je viens devant vous.

Du roman de nos premiers ans
Relisez la première page...

(A haute voix, à cause de Guichard qui s'approche.)

Et puisqu'enfin dans les romans
Tout finit par un mariage...

GUICHARD, ÉMILIE, AUGUSTIN.

Ah! les romans ont bien raison!

(Augustin passe à la gauche de madame Guichard, et se met à genoux, tandis qu'Émilie à sa droite, en fait autant.)

Ensemble.

GUICHARD.

De grâce, ma femme,
Profitons de cette leçon!

ÉMILIE et AUGUSTIN.

De grâce, madame,
Profitons de cette leçon!

Mme GUICHARD.

Non... non... non... non.

(Pendant ce temps, Brémont a pris le violon, qu'il a aperçu sur la table près de la chambre d'Augustin, et il joue le refrain de l'air : « *Vivre loin de ses amours* ».)

Mme GUICHARD, seule.

Souvenir de mes amours,
Vous l'emportez, et pour toujours.

(A Émilie et Augustin.)

Je cède... Dans vos amours
Soyez heureux, et pour toujours!

Ensemble.

AUGUSTIN et ÉMILIE.

Ah! quel bonheur pour nos amours!

Nous sommes unis pour toujours !

GUICHARD et BRÉMONT.

Ah ! quel bonheur pour leurs amours !
Ils sont unis, et pour toujours !

BRÉMONT, passant auprès d'Augustin et d'Émilie, à part.

Allons, tout n'est pas désespéré ; elle est encore sensible à la musique.

AUGUSTIN, à Brémont.

Notre bienfaiteur, notre ami !

ÉMILIE.

Nous vous devons notre bonheur.

AUGUSTIN.

Et nous vous en remercierons en vous aimant toujours.

BRÉMONT, soupirant, et leur prenant la main.

Toujours ! encore ce mot-là ! Voilà comme j'étais.

ÉMILIE.

Est-ce que vous n'y croyez pas ?

BRÉMONT.

Si, mes enfants ; être aimé toujours fut le rêve de mes jeunes années ! Tâchez que ce soit aussi celui de ma vieillesse ; car, de toutes les choses impossibles, celle-là est encore la plus douce, et si de cette vie l'amour fut le premier chapitre, que l'amitié en soit le dernier.

TOUS.

AIR : C'est à Paris. (CARAFFA.)

Par l'amitié, *(Bis.)*
Que notre vie
Soit embellie ;
Par l'amitié *(Bis.)*
Que le passé soit oublié !

Mme GUICHARD, au public.

AIR : Il m'en souvient, longtemps ce jour. (*Une Heure de mariage.*)

Protégez-moi, ne souffrez pas,

Messieurs, moi qui veux être sage,
Que j'aille encor faire un faux pas :
Ils sont dangereux à mon âge.
Quand j'en faisais dans mon printemps,
Je m'en relevais, et sans peine...
Mais maintenant j'ai soixante ans,
Et j'ai besoin qu'on me soutienne.

TOUS.

Maintenant elle a soixante ans,
Elle a besoin qu'on la soutienne !

LA

FAMILLE RIQUEBOURG

ou

LE MARIAGE MAL ASSORTI

COMÉDIE-VAUDEVILLE EN UN ACTE

Théatre du Gymnase. — 4 Janvier 1831.

PERSONNAGES.	ACTEURS.

M. RIQUEBOURG, négociant. . . . . MM. Gontier.
GEORGES, son neveu. . . . . Paul.
LE VICOMTE D'HEREMBERG . . . . . Allan.
LAPIERRE, domestique de Riquebourg . . . . Bordier.

Mme HORTENSE RIQUEBOURG, femme de
   Riquebourg. . . . . Mmes Léontine Fay.
ÉLISE, nièce de M. et madame Riquebourg . . Élisa Forgeot.

A Paris, dans l'hôtel de Riquebourg.

LA
FAMILLE RIQUEBOURG
ou
LE MARIAGE MAL ASSORTI

Un salon. Porte au fond, portes latérales. La porte à droite de l'acteur est celle de l'appartement de madame Riquebourg; l'autre, celle des bureaux de M. Riquebourg. Une table auprès de la porte à droite.

SCÈNE PREMIÈRE.

ÉLISE, auprès de la table; RIQUEBOURG, debout, donnant des billets de banque à LAPIERRE.

RIQUEBOURG.

Cent, et deux cents, en bons sur le trésor... (A Lapierre.) Porte ces deux cent mille francs-là à Dampierre, mon caissier, ce sont les premiers fonds pour son voyage.

(Lapierre sort.)

ÉLISE.

Il part donc toujours? un jeune marié!

RIQUEBOURG.

Oui, mam'selle ma nièce, avec votre permission, aujourd'hui même à quatre heures, en route pour Nantes; et de là à la Havane; roule, cocher. Eh! eh! c'te diligence-là ne te plairait guère, à ce que je vois?

ÉLISE.

Non, vraiment.

RIQUEBOURG.

Qu'est-ce que tu fais là?

ÉLISE.

J'étudie, mon oncle, ma leçon d'histoire et d'italien.

RIQUEBOURG.

D'l'italien, quelle bêtise! du français, je ne dis pas; ça peut servir en France, et encore, moi qui te parle, la moitié du temps, je m'en passe. (Élise quitte la table et vient auprès de son oncle.) Ça ne m'a pas empêché de faire fortune; au contraire.

AIR du vaudeville de l'*Intérieur de l'Étude*.

On dit qu'autrefois d' la noblesse
C'était l'usage, et de ma main,
Comm' négociant, j'écris sans cesse :
Quartier d'Antin, ou Saint-Germain.
Dans les deux faubourgs on m'estime,
Et chacun d'eux m'y voit en beau :
Mon style est de l'ancien régime,
Et ma fortune est du nouveau.

ÉLISE.

Une fortune si extraordinaire! et dire qu'autrefois vous n'aviez rien!

RIQUEBOURG.

C'était là le bon temps, je me vois encore quand j'étais garçon de magasin à Marseille, sous ce beau ciel du Midi! il y faisait chaud, je m'en vante, et tellement chaud, que dans ce temps-là il ne fallait pas grand'chose pour m'échauffer les oreilles.

ÉLISE.

Oh! vous avez toujours été mauvaise tête.

RIQUEBOURG.

C'est vrai : bon enfant, mais lâchant le coup de poing avec facilité. C'est tout ce qui m'est resté de mes anciennes habitudes ; et encore, faute d'occasions, je finirai par me rouiller entièrement ; car maintenant tout me cède, tout m'obéit. « M. Riquebourg par ci, M. Riquebourg par là. » C'est tout naturel. A force de vendre des marchandises pour les autres, j'en ai vendu pour mon compte, et je me suis tellement lancé dans les vins et les eaux-de-vie, que j'ai fini, comme on dit, par faire ma pelotte. Roule ta bosse, mon garçon !... et j'ai si bien fait rouler la mienne, que du port de Marseille je me suis trouvé dans un bel hôtel de la rue Caumartin...

AIR du vaudeville de *Turenne*.

Avec quelqu's millions dans mes poches ;
Et je m' suis dit, les voyant s'amasser :
J' les ai gagnés, grâce au ciel, sans reproches,
Tâchons d' même d' les dépenser.

ÉLISE.

Qui mieux que vous sut jamais les placer ?
Tous ces trésors, fruits de vos soins prospères,
Vous les donnez à tous ceux qui n'ont rien.

RIQUEBOURG.

C'est assez juste, et l'on doit bien
Quelqu' chose à ses anciens confrères !

ÉLISE.

Et toute votre famille que vous avez prise avec vous !

RIQUEBOURG.

Par malheur il n'en reste guère, les braves gens ne vivent pas longtemps ; je n'avais plus d'autres parents que toi et ton cousin Georges, nous ne pouvions pas manger ça à nous trois ; et tout le monde me disait : « Marie-toi, Riquebourg, tu n'as encore que quarante-cinq ans : n'écoule pas tes années dans l'indifférence et le célibat. » Et ces idées me trottaient dans la tête, quand un jour j'aperçois une jeune personne; ah! dam', celle-là, je me dis sur-le-champ : Voilà! c'est là le numéro qu'il me faut; je n'en veux pas d'autre. Mais, par malheur, c'était une comtesse! une famille qui n'en finissait plus; ce qu'il y avait de plus huppé et de plus fier dans le grand faubourg.

ÉLISE.

C'était désolant.

RIQUEBOURG.

Je crois bien; mais bientôt d'autres informations m'arrivèrent; j'appris qu'ils avaient été ruinés à la révolution! à la première... et ça me rendit courage; je me dis : Les millions en avant! (Souriant.) Ils ne furent point repoussés par la famille; au contraire, car, quoi qu'on en dise, les millions et les titres, ça va bien ensemble, et dès ce jour seulement je commençai à être fier de la fortune que j'avais gagnée. Je rentrai chez moi, j'ouvris ma caisse, et regardant avec orgueil mon or et mes billets de banque, je me dis : Il y a donc du mérite là-dedans, puisque je leur dois mon bonheur, puisqu'ils me donnent pour femme la plus jolie et la plus aimable fille de Paris.

ÉLISE.

C'est bien vrai.

RIQUEBOURG.

N'est-ce pas? que de vertus! que d'esprit! et elle a la bonté de m'aimer, moi qui ne suis qu'une bête auprès d'elle, moi qui, comme je le disais tout à l'heure, n'ai d'autre mérite que ma fortune. Aussi, je m'en console en mettant tout mon mérite à sa disposition. Par exemple, il n'y a qu'une chose qui m'ait coûté pour lui plaire, c'est de ne plus faire ce qu'ils appellent des *cuirs*. A-t-il fallu du temps et de l'habitude!... c'est la seule tyrannie que ma femme ait exercée sur moi. M'empêcher de placer des *t* et des *s* à ma volonté, c'était si absurde! car enfin, c'est moi qui parle : je les mets où je veux, je suis chez moi d'ailleurs; et cependant, même dans mon salon, je voyais tous ces beaux messieurs qui riaient... aussi, sarpebleu!...

ÉLISE.

Mon oncle!

RIQUEBOURG.

N'aie donc pas peur, ma femme n'est pas là! et quand je jurerais un peu le matin, à moi tout seul, je n'ai que ce moment-là... Aussi, j'ai pris en haine tous ces gens comme il faut, barons, ducs et marquis.

ÉLISE.

Il y en a cependant qui sont si bien, et si aimables!

RIQUEBOURG.

Tu en connais?

ÉLISE.

Oui, mon oncle.

RIQUEBOURG.

C'est possible; tu as, comme je le disais tout à l'heure, des connaissances que je n'ai pas; mais sois tranquille, si je te marie jamais, ce ne sera pas de ce côté-là.

ÉLISE.

Que dites-vous?

SCÈNE II.

Les mêmes; LAPIERRE, sortant de l'appartement de madame Riquebourg.

LAPIERRE.

Madame fait dire à mademoiselle de passer chez elle.

ÉLISE.

Et moi qui m'amuse là à causer!

RIQUEBOURG.

Qu'est-ce que ça fait? reste encore.

ÉLISE.

Je le voudrais mais ma tante qui m'attend pour ma leçon de géographie et d'histoire, car c'est elle qui s'est chargée de mon éducation ! il y a deux ans, quand vous m'avez fait venir du pays, tout le monde se moquait de moi ; j'étais si gauche, ne sachant pas dire un mot sans faire une faute !

RIQUEBOURG.

Voilà comme je t'aimais, nous pouvions causer ensemble.

ÉLISE.

Oui ; mais tant que j'étais ainsi, qui m'aurait épousée ? Ma tante me disait toujours que mon avenir en dépendait ; qu'il n'y avait pas en ménage de bonheur possible quand un des deux avait à rougir de l'autre, et comme maintenant, dans la société, tout le monde avait des connaissances et de l'instruction...

RIQUEBOURG.

Laisse-moi donc tranquille ! tu crois peut-être que c'est avec de la géographie ou de l'histoire que tu trouveras un mari...

AIR : De sommeiller encor, ma chère. (Arlequin Joseph.)

A quoi bon app'ler à ton aide
Et la science et son fatras ?
Avec de l'or, et j'en possède,
Avec un' dot, et tu l'auras,
Tu n' manqu'ras pas, tu peux m'en croire,
D'épouseurs... et ça, mon enfant,
C' n'est pa un cont', c'est de l'histoire,
L'histoire de Franc' d'à présent.

Du reste, chacun est libre, fais comme tu voudras. (Élise va s'asseoir devant la table.) Mais je suis altéré d'avoir parlé. Lapierre, donne-moi un petit verre.

LAPIERRE.

Comment, monsieur ?

RIQUEBOURG.

Rhum ou eau-de-vie, comme tu voudras, pourvu que ce soit du sec. (Sur un signe d'Élise, Lapierre hésite.) Eh bien! est-ce que tu ne m'entends pas ?

(Lapierre sort.)

ÉLISE, qui pendant ce temps a pris ses livres et ses cahiers, passe à la gauche de Riquebourg.

Y pensez-vous, mon oncle ? Le docteur qui vous a défendu de prendre la moindre liqueur !

RIQUEBOURG.

Bah ! est-ce que je crois à tout cela ?

ÉLISE.

Il a pourtant bien dit...

RIQUEBOURG.

Oui, oui, ils disent tous que j'ai la même maladie que mon père ; ce n'est pas vrai. Et si c'était, raison de plus... le pauvre cher homme était la sobriété même, ainsi que mon grand-père ; ça ne les a pas empêchés tous deux de mourir à cinquante ans.

AIR du vaudeville du *Baiser au Porteur.*

Tu vois donc bien qu' c'est une duperie ;
Pendant qu' j'y suis, je veux vivre avant tout.
(Lapierre rentre avec un porte-liqueurs qu'il pose sur la table.)
Moi, je chéris le rhum et l'eau-de-vie
Par reconnaissance et par goût.
Dans les liqueurs j'ai, commerçant honnête,
Fait ma fortune, et je peux te l' jurer,
Sans que les un's m'aient fait tourner la tête,
Et sans qu' jamais l'autre ait pu m'enivrer !

(On entend sonner au dehors.)

Tiens, voilà que l'on sonne chez ta tante.

ÉLISE.

J'y vais.

(Elle va pour entrer dans la chambre à droite.)

RIQUEBOURG, à Élise qui est sur le seuil de la porte.

Et surtout ne lui parle pas de ces bêtises du docteur; elle n'en sait rien, et ça l'effraierait.

ÉLISE.

Oui, mon oncle.

(Elle entre dans la chambre à droite.)

RIQUEBOURG.

Et puis ça me ferait mettre de l'eau dans mon vin, ce que je ne veux pas, parce qu'il faut jouir. (A Lapierre.) Verse tout plein, attendu que la vie passe (L'avalant.) comme un petit verre.

LAPIERRE.

C'est là de la philosophie.

RIQUEBOURG.

De la philosophie au rhum! voilà comme je l'aime. Verse encore. Qu'est-ce que tu dis de cela?

(Lui montrant son verre.)

LAPIERRE, passant sa langue sur ses lèvres.

Que ça ne doit pas être mauvais.

RIQUEBOURG.

Eh bien! imbécile, prends-en un, et trinque avec moi.

LAPIERRE, honteux.

Ah! notre maître!

RIQUEBOURG.

Allons donc! je n'aime pas qu'on me réplique... (Lapierre prend un verre et l'emplit.) A ta santé!

LAPIERRE.

A la vôtre. (A part.) V'là-t-il un bon maître! Il n'est pas fier, celui-là!

SCÈNE III.

Les mêmes ; LE VICOMTE D'HEREMBERG, puis GEORGES.

LE VICOMTE, parlant au fond.

Eh bien! viens donc, et monte plus vite, puisque c'est toi qui me présentes.

RIQUEBOURG, achevant son verre.

Qu'est-ce que c'est?

LE VICOMTE, à Riquebourg.

Votre maîtresse est-elle visible?

RIQUEBOURG.

Ma maîtresse!

LE VICOMTE.

Oui, madame de Riquebourg ; veuillez m'annoncer.

RIQUEBOURG, furieux.

Vous annoncer!

GEORGES, entrant.

Bonjour, mon cher oncle.

LE VICOMTE, à part avec étonnement.

Son oncle!... qu'est-ce que j'ai fait là!

GEORGES, présentant son oncle au vicomte.

Monsieur Riquebourg. (A son oncle.) Monsieur le vicomte d'Heremberg.

RIQUEBOURG, à part.

Un vicomte, j'aurais dû m'en douter.

GEORGES.

Il s'est trouvé la saison dernière, avec ma tante et ma cousine, aux eaux d'Aix.

LE VICOMTE.

Où j'ai eu le bonheur de rendre quelques services à ces dames.

RIQUEBOURG.

C'est vrai, ma femme me l'a écrit.

LE VICOMTE.

Et j'ai trouvé ici, à mon retour, une invitation dont je venais la remercier.

RIQUEBOURG.

Dès que cela plaît à ma femme... (A Georges, à demi-voix.) Dis-moi, Georges, où diable as-tu fait cette connaissance-là ?

GEORGES, de même.

C'est un ancien ami, un camarade d'études : nous étions ensemble à l'École polytechnique.

RIQUEBOURG.

Vraiment! c'est dommage que ce soit un vicomte. N'importe, il ne faut pas avoir de préjugés... (Il passe entre Georges et le vicomte; haut.) et dès que vous êtes l'ami de mon neveu, soyez le bienvenu... et si vous voulez prendre quelque chose, un petit verre...

LE VICOMTE, à part, riant.

Le petit verre est admirable.

GEORGES, bas à Riquebourg.

Mon oncle, ça ne se fait pas.

RIQUEBOURG, bas à Georges.

Tu crois? c'est possible, car ce monsieur a un air... (Haut à Lapierre.) Ôte-moi tout ça. (Lapierre sort avec le porte liqueurs. Au vicomte.) Pardon, monsieur, de mon honnêteté. Je vous laisse avec mon neveu. Vous êtes ici chez lui, car Georges est le fils de la maison, c'est notre enfant.

GEORGES.

Mon cher oncle!

RIQUEBOURG.

C'est moi qui l'ai élevé, et j'en suis fier, et à tous ceux qui ont l'air de se moquer de moi, je leur dis : Si je suis un ignorant, mon neveu ne l'est pas. Comme ce monsieur qui, l'autre jour, avait l'air de me plaisanter, parce que je n'entendais pas une phrase de latin qu'il m'avait lâchée. Si tu avais été là, tu vous l'aurais rembarré, n'est-ce pas? Tu lui aurais parlé grec, tu sais le grec?

GEORGES.

Oui, mon oncle.

RIQUEBOURG.

A la bonne heure; aussi, quand je t'ai là auprès de moi, je ne crains rien, je défie tout le monde; et pour bien faire, tu ne devrais jamais me quitter. Mais depuis quelque temps, tu nous négliges, ça nous fait de la peine à tous.

GEORGES.

Vraiment!

RIQUEBOURG.

Et puis, je te trouve triste et changé.

GEORGES, s'efforçant de rire.

Non, mon oncle.

RIQUEBOURG.

C'te bêtise, je ne le vois peut-être pas!

LE VICOMTE.

Monsieur a raison, et hier à l'Opéra tu avais un air malheureux et si abattu que je t'ai cru malade; qu'est-ce que cela veut dire? et qu'est-ce qui te tourmente?

GEORGES.

J'avais beaucoup travaillé.

RIQUEBOURG.

Voilà le mal, il se tuera avec ses mathématiques. Il est trop sage, je lui voudrais quelque bon défaut, ça occupe. (A Georges.) Veux-tu des chevaux, des jockeys? Si tu n'as pas assez d'argent, il ne faut pas que ça t'arrête, je suis là.

GEORGES.

La pension que vous me faites n'est que trop considérable.

RIQUEBOURG, secouant la tête.

Peut-être aussi qu'il y a autre chose. Tu étais hier à l'Opéra, triste et rêveur, est-ce que par hasard, de ce côté-là?... Hein? dame! mon garçon, c'est cher, mais c'est égal, je serai censé n'en rien voir.

GEORGES.

AIR du vaudeville des *Frères de lait*.

Un tel soupçon et m'outrage et me blesse.

RIQUEBOURG.

Comm' tu voudras; on n'en convient jamais.
Je sais c' que c'est que les folies d' jeunesse;
Tout comme un autre autrefois j' m'en donnais :
J' n'en peux plus faire, et ce sont mes regrets.
Mais, les payant pour un neveu que j'aime,
D'un doux souv'nir peut-être encore ému,
Je m' persuad'rai que j' les ai fait's moi-même,
　Et qu' mon bon temps est revenu!

GEORGES.

Ah! mon oncle!

RIQUEBOURG.

Enfin ça te regarde. Je vais avertir ma femme qu'il y a un vicomte qui la demande. Il se peut, malgré ça, qu'elle ne soit pas visible, car, depuis quelque temps, elle est souffrante. Mais nous sommes gens de revue. Votre serviteur de tout mon cœur.

(Il entre dans la chambre de madame Riquebourg.)

SCÈNE IV.
GEORGES, LE VICOMTE.

LE VICOMTE.

Comment, mon ami, c'est là M. Riquebourg, ce négociant si riche, si considéré, et dont sa femme me faisait un si grand éloge?

GEORGES.

Oui, certes. C'est un brave et honnête homme, à qui je dois tout, et pour qui je donnerais mon sang.

LE VICOMTE.

Je le sais; car je me rappelle l'affaire que tu as eue pour lui avec ce monsieur qui riait à ses dépens, et qui ne s'en avisera plus. Mais quand je pense à sa femme, dont le bon ton et les manières distinguées...

GEORGES.

Ce sont là ses moindres qualités, et il est impossible de voir plus de vertu unie à plus de raison! Mariée par l'ordre de ses parents, dont cette union assurait la fortune, à un homme dont les habitudes et les manières ne pouvaient sympathiser avec les siennes, elle ne s'est point dissimulé les difficultés de sa position. Elle a su en triompher; et, où d'autres n'auraient vu que le devoir, elle a su trouver le bonheur.

LE VICOMTE.

Vraiment!

GEORGES.

Tout en souffrant, peut-être, du ton et des manières de son mari, elle n'a point le tort d'en rougir. Elle le couvre de toute sa dignité, l'ennoblit à tous les yeux, et elle a pour lui tant d'estime, qu'elle force les autres à en avoir.

AIR du vaudeville du *Piège*.

Dans le monde il en est ainsi :

Quelques honneurs, quelque rang qu'il cumule,
C'est par sa femme qu'un mari
Est honorable ou ridicule.
Le public juste et circonspect,
Qui dans leurs rapports les contemple,
A pour le mari le respect
Dont sa femme donne l'exemple.

LE VICOMTE.

Elle l'aime donc?

GEORGES.

Oui, sans doute; car elle aime, avant tout, son devoir.

LE VICOMTE.

Et tu crois qu'elle est heureuse?

GEORGES.

Dieu seul le sait. Mais elle semble l'être, et elle l'est en effet. Je sais bien que mon oncle est, parfois, brusque et colère, s'emportant aisément, s'apaisant de même. En un mot, c'est tout à fait l'homme du peuple, avec ses élans généreux et ses défauts habituels. Mais il est si bon pour sa femme, il a tant d'amour pour elle!... Oui, oui, c'est à coup sûr un bon ménage! Et puis, il y a en elle un charme indéfinissable qui rend heureux tout ce qui l'entoure.

LE VICOMTE.

A qui le dis-tu? J'ai passé, l'été dernier, trois mois auprès d'elle, et je t'avoue qu'à la première vue, la tête m'en a tourné.

GEORGES.

Il serait possible!

LE VICOMTE.

Eh bien! qu'est-ce qui te prend? Ne veux-tu pas empêcher qu'on adore ta tante? Tu aurais du mal; car je n'étais pas le seul. Tout ce qu'il y avait aux eaux d'aimable et de brillant n'a pas cessé de lui faire une cour assidue. Quant à moi, plus sage qu'eux tous, j'ai vu, dès les premiers jours, que je perdrais mon temps, qu'il n'y avait rien à faire, et prudemment je me suis retiré.

GEORGES, lui prenant la main.

Ce cher Léon !

LE VICOMTE, riant.

Tu as l'air de m'en remercier, et je n'y ai pas de mérite. D'abord, elle m'en a su gré : j'ai gagné quelque chose dans son estime, ce qui était déjà me payer, et au delà ; et puis ensuite, au lieu d'une passion insensée qui m'aurait rendu coupable ou malheureux, j'ai trouvé près d'une autre cet amour pur et véritable que nul remords ne trouble, que nulle crainte n'empoisonne, et qui, désormais, fera le charme et le bonheur de ma vie ; en un mot, je veux me marier.

GEORGES.

Toi, mon ami ! je t'en fais compliment ; et plus encore à celle que tu as choisie.

LE VICOMTE.

Eh mais ! tu la connais.

GEORGES.

Moi ?

LE VICOMTE.

Oui, et peut-être n'est-ce pas sans intérêt personnel que je te raconte tout cela. Il y a deux ans, j'avais rencontré dans quelques salons une jeune personne charmante, mais sans éducation, sans tournure, tout à fait étrangère aux manières du monde, où, s'il le faut dire, elle était même un objet ridicule ; car j'étais le seul qui, plusieurs fois, eût pris sa défense, et depuis, j'ignorais ce qu'elle était devenue, lorsque cette année, aux eaux d'Aix, je la retrouve, et imagine-toi, mon ami, de la grâce, de l'aisance, une tenue parfaite, et sans avoir rien perdu de sa naïveté première, l'esprit le plus fin et le plus délicat. Deux années de soins et d'études avaient opéré cette métamorphose, et ce qui m'a touché jusqu'au fond du cœur, c'est qu'il m'a été facile de voir que le désir de me plaire avait été la cause d'un tel changement.

GEORGES.

Il serait vrai!

LE VICOMTE.

Oui, cela, et l'exemple, l'amitié et les soins de ta tante.

GEORGES.

Comment! ce serait Élise, ma cousine?

LE VICOMTE.

Oui, mon ami, c'est elle.

GEORGES.

Et tu songerais à l'épouser, toi, jeune, riche, et d'une illustre naissance?

LE VICOMTE.

Eh! pourquoi pas?

GEORGES.

Ah! c'est mille fois trop d'honneur pour nous! et jamais je n'aurais osé rêver pour ma cousine, pour ma sœur, une alliance pareille. Mais il faut que tu saches que mon oncle, que le travail, l'industrie, ont conduit à une immense fortune, mon oncle, qui est maintenant un des premiers négociants de Paris, a été autrefois à Marseille simple commis, simple garçon de magasin.

LE VICOMTE.

Je ne le savais pas; et je me reproche d'avoir ri tout à l'heure à ses dépens : partir de si bas, pour arriver si haut, il faut du mérite pour ça. Pardon, mon ami, je le respecterai maintenant.

AIR : Au temps heureux de la chevalerie.

Gloire à celui qui doit tout à lui-même,
Et qui se fait et son sort et sa part;
Pour bien juger les gens, c'est un système,
On pense au but; moi, je pense au départ.
Du grand Condé j'admire le courage;
Mais il était né prince et général...
Vaut-il celui qui, quittant son village,

S'en va soldat et revient maréchal?
Vaut-il celui qui, loin de son village,
S'en va soldat et revient maréchal?

GEORGES.

Quoi! cela ne te fait pas changer de sentiment?

LE VICOMTE.

Plaisantes-tu? ne sommes-nous pas camarades? n'avons-nous pas étudié ensemble?

GEORGES.

Mais ta famille?...

LE VICOMTE.

Ma famille pense comme moi. A présent, mon ami, il n'y a plus de mésalliance : le commerce, l'industrie, la noblesse, égaux en lumières, en force, en courage, se tiennent et se donnent la main. Qui gouvernera? qui commandera demain? toi, moi, si nos talents nous en rendent dignes; car les talents, l'instruction fixent seuls les rangs, et maintenant il n'y a que deux classes dans la société : ceux qui ont reçu de l'éducation et ceux qui n'en ont pas; c'est là seulement qu'il y a mésalliance, c'est là qu'il y a malheur. Mais, grâce aux nouveaux charmes dont brille ta cousine, nous n'en sommes plus là, et j'arrive avec ma demande en mariage, que j'avais faite par écrit, c'est plus sûr.

GEORGES.

Ah! mon ami, que de reconnaissance!

LE VICOMTE.

J'espère que mon exemple t'encouragera, que tu chasseras ces idées sombres qui t'absorbent et t'attristent, et que, comme moi, tu feras un bon choix et un bon mariage.

GEORGES, soupirant.

Moi, c'est bien différent, ce n'est pas possible, il n'y a pas de bonheur pour moi.

LE VICOMTE.

Et pourquoi donc?

GEORGES.

Ah! si tu savais, si je pouvais t'avouer. Tais-toi! (Regardant du côté de l'appartement de madame Riquebourg.) voilà ma famille; je te laisse avec elle.

SCÈNE V.
RIQUEBOURG, HORTENSE, LE VICOMTE, GEORGES.

HORTENSE.

Mille pardons, monsieur le vicomte, de vous avoir fait attendre, je n'espérais pas votre visite de si bonne heure.

LE VICOMTE.

En effet, c'est agir avec bien peu de cérémonie, et je vous dois des excuses.

HORTENSE.

Moi, je vous dois des remerciements; c'est nous traiter en amis.

AIR : Amis, voici la riante semaine. (*Le Carnaval.*)

J'approuve fort un semblable système,
Et mon mari, qui pense comme nous,
Me le disait tout à l'heure à moi-même.

LE VICOMTE, à Riquebourg.

Serait-il vrai ?... que c'est aimable à vous!

RIQUEBOURG, avec embarras.

Vous êt's bien bon...

(A part; montrant sa femme.)
En vérité, j' l'admire;
Car, pour mon compte, elle a soin de placer
De jolis mots, que j'ai l' plaisir de dire,
Sans avoir eu la peine d' les penser.

HORTENSE, apercevant Georges qui a pris son chapeau, mais qui n'est pas encore parti.

Bonjour, Georges, nous vous avons attendu hier à dîner, vous n'êtes pas venu; cela nous a inquiétés.

GEORGES.

Ah! ma tante!

RIQUEBOURG, à Georges.

Quand je te disais! tu lui as fait de la peine, et puis, on ne conçoit plus rien à ta bizarrerie. Je comptais sur toi, le soir, pour la conduire au bal en tête-à-tête.

GEORGES.

Je n'ai pas pu.

RIQUEBOURG.

Laisse-moi donc! au moment où je donnais la main à ma femme qui était superbe, j'ai aperçu monsieur, debout dans la rue, qui la regardait monter en voiture, par une pluie battante. Et pourquoi? pour aller avec monsieur (Montrant le vicomte.) soupirer à l'Opéra.

GEORGES.

Ne le croyez pas.

HORTENSE, s'efforçant de sourire.

Et quand ce serait, où est le mal? Vous me croyez donc bien sévère!... Écoutez, Georges, quand vous serez heureux, je ne vous demanderai rien, (Montrant le vicomte.) cela regarde monsieur; mais dès que vous avez des peines, du chagrin, je les réclame; c'est moi qui dois être votre confidente, c'est le privilège des tantes; elles ne sont bonnes qu'à cela.

GEORGES.

Ah! madame.

RIQUEBOURG.

Voilà parler, et puisque enfin tu es notre fils, notre enfant, attendu que je n'en ai pas eu de ma femme, ce n'est pas ma faute...

HORTENSE.

Monsieur...

RIQUEBOURG.

Je dis ça, parce qu'on pourrait croire...

HORTENSE, s'empressant de l'interrompre, et se retournant vers le vicomte.

Monsieur le vicomte nous fait-il le plaisir de dîner avec nous?

LE VICOMTE.

Trop heureux d'accepter.

RIQUEBOURG.

Et nous irons au spectacle en famille. Georges, tu donneras le bras à ta tante.

HORTENSE.

Pourquoi le gêner? il aimerait peut-être mieux aller à l'Opéra.

GEORGES.

Ah! vous ne le pensez pas.

LE VICOMTE.

C'est le jour des *Bouffes*, et si ma loge peut être agréable ces dames...

RIQUEBOURG.

Non pas à moi.

AIR de Calpigi. (*Tarare.*)

Dès que j'arrive, il faut qu' j'y dorme;
(A Hortense.)
J' n'y vais qu' pour vous et pour la forme;
Mais j' veux m'amuser aujourd'hui,
Et nous irons chez Franconi;
C'est mon spectacle favori;
Le seul où j'entends à merveille...
Le seul où jamais je n' sommeille...

LE VICOMTE.

A cause du mérite?

RIQUEBOURG.

Non...
A cause des coups de canon.

HORTENSE.

Soit, comme vous voudrez, monsieur, ce qui vous amusera sera ce qui me plaira le plus. Georges, voulez-vous dire qu'on nous envoie chercher une loge?

GEORGES.

J'irai moi-même, si vous le voulez.

LE VICOMTE.

J'ai ma voiture en bas, et je peux te conduire.

GEORGES, bas au vicomte.

Et ta demande?

LE VICOMTE, de même.

Je n'ose pas, tant que ton oncle est là.

GEORGES, de même.

Allons donc !

LE VICOMTE, à Hortense.

N'osant espérer que vous seriez visible d'aussi bonne heure, j'avais pris, madame, la liberté de vous écrire.

RIQUEBOURG.

Comment?

LE VICOMTE.

Ainsi qu'à vous, monsieur, pour vous adresser une demande qui m'intéresse beaucoup.

RIQUEBOURG.

Une demande, à moi?

LE VICOMTE.

Et comme je veux vous laisser la liberté d'y réfléchir, (Lui donnant la lettre.) je la remets entre vos mains, et tantôt, en me rendant à votre invitation, je viendrai savoir la réponse. (A Georges.) Partons, mon ami.

AIR du Siège de Corinthe.

Ce jour doit m'être favorable,
Pour moi tout semble réuni ;
Tous les plaisirs, banquet aimable,
Et puis spectacle à Franconi.

HORTENSE.

Oh! du spectacle, ici, je vous délivre;
N'ayez pas peur; car, en hôtes civils,
Nous vous laissons libre.

LE VICOMTE.

      Je veux vous suivre
Et partager ce soir tous vos périls.

Ensemble.

LE VICOMTE.

Ce jour doit m'être favorable, etc.

GEORGES.

Ce jour doit t'être favorable,
Pour toi, tout semble réuni;
Tous les plaisirs, banquet aimable,
Et puis spectacle à Franconi.

        (Ils sortent tous deux.)

SCÈNE VI.

HORTENSE, RIQUEBOURG.

HORTENSE, regardant la lettre.

Qu'est-ce que cela veut dire?

RIQUEBOURG, la lui donnant.

C'est à toi qu'elle est adressée, et je ne lis jamais les lettres de ma femme, parce qu'on dit que ça porte malheur.

HORTENSE, avec joie.

O ciel! qui se serait douté?... c'est notre nièce Élise qu'il demande en mariage.

RIQUEBOURG, avec humeur.

Eh bien! par exemple...

HORTENSE, étonnée.

Eh quoi! n'êtes-vous pas enchanté, comme moi, d'une alliance aussi honorable?

RIQUEBOURG.

Du tout.

HORTENSE.

Et pourquoi?

RIQUEBOURG.

Je ne te dirai pas que, par goût et par affection, je n'aime pas les seigneurs, ça serait une bêtise; parce qu'enfin un homme en vaut un autre, il y a de braves gens partout, et celui-là, ce n'est pas sa faute s'il est vicomte; mais je te dirai que ma nièce aura cinq cent mille francs de dot, que depuis longtemps, j'ai mis de côté, et je ne me serais pas donné tant de mal pour enrichir un étranger.

HORTENSE.

Le vicomte est riche.

RIQUEBOURG.

Lui, ou tout autre, qu'importe? Ce n'est pas un des miens, et je veux que ce que j'ai gagné à la sueur de mon front ne sorte pas de la famille, c'est à eux, ça leur appartient, ils l'auront, et je ne connais qu'un mari qui convienne à Élise, c'est Georges, c'est mon neveu.

HORTENSE.

Que dites-vous?

RIQUEBOURG.

Y a-t-il au monde un plus honnête homme, un plus brave garçon? Si tu l'avais vu, comme moi, sous le feu du canon!

HORTENSE.

Comme vous! et quand donc?

RIQUEBOURG.

Pardon, je ne voulais pas te le dire, mais, en ton absence, lors de ces derniers événements, quand on mitraillait le peuple, je me suis dit : Le peuple! j'en suis, ça me regarde. J'ai fermé ma maison, mes magasins; et avec mes ouvriers et mes commis je me lançais, sans ordre, au hasard, où il y avait des coups de fusil, car je ne suis pas fort sur la tactique, lorsque je vois arriver au galop un petit jeune homme en habit bleu, qui se met à notre tête, donne des ordres; je regarde, c'était Georges, que je croyais renfermé à l'École. C'était mon neveu qui criait : *En avant! marche!...* Ce gaillard-là faisait marcher son oncle. Corbleu! je l'ai suivi; il nous a bien menés! et on ne veut pas que je donne ma nièce à mon neveu, à mon général!

HORTENSE.

Si, mon ami, si! je trouve cela tout naturel. Ce pauvre Georges! mais cependant...

RIQUEBOURG.

Cependant... cependant... il n'y a pas d'objection qui tienne, ça toujours été mon idée, et si je ne t'en ai pas parlé plus tôt, c'est que, depuis longtemps, j'ai remarqué une chose qui m'a chagriné.

HORTENSE.

Et qu'est-ce que c'est donc?

RIQUEBOURG.

Tu sais combien j'aime Georges; c'est mon soutien, mon appui, c'est, après toi, ce que j'ai de plus cher au monde. Et comme tu es une bonne femme, tu l'aimes parce que je l'aime, pour me faire plaisir; mais cela n'est pas de toi-même, ce n'est pas comme je voudrais.

HORTENSE.

Que dites-vous?

RIQUEBOURG.

Oui, tu te retiens, et il ne faudrait pas, il faudrait être comme moi... tu as peur de lui faire une caresse, de lui faire amitié. Des fois tu le traites avec cérémonie, et d'autres fois tu ne le traites pas bien du tout.

HORTENSE.

Moi!

RIQUEBOURG.

Je t'en donnerai des preuves. Par exemple : restant à Paris, pour mes affaires, je désirais qu'il t'accompagnât dans ton voyage, tu as mieux aimé partir seule avec ta nièce et une femme de chambre. Je ne t'ai pas contrariée, parce qu'avant tout, tu es la maîtresse ; mais cela m'a fait de la peine et à lui aussi.

HORTENSE.

Vous croyez?...

RIQUEBOURG.

Ah dame! il n'est pas démonstratif, il ne fait pas de phrases, celui-là, il ne dit rien, mais il agit; et je sais au fond du cœur combien il nous aime tous deux. Pendant le temps que j'ai été malade, il s'est mis à la tête de ma maison; et, quoique ce ne fût pas son état, il s'y entendait aussi bien que moi, ça allait mieux que si j'y avais été; car il a ce que je n'ai plus, de la jeunesse, et de l'activité, et surtout un zèle pour mes intérêts... Et pour toi, est-il possible d'être plus aimable, plus attentif! Toujours à tes ordres; il se ferait tuer pour t'avoir une loge d'Opéra, ou une invitation de bal! Voilà ce qu'il nous faut pour être tout à fait heureux chez nous. Cela vaut mieux, j'espère, qu'un inconnu, qu'un étranger, et, dès aujourd'hui, pour commencer, il faut que tu en parles à Georges.

HORTENSE, troublée.

Moi!

RIQUEBOURG.

Sans doute; il est toujours de ton avis, il fait toujours ce que tu désires, il te sera facile de le décider.

HORTENSE, de même.

Je l'essaierai du moins.

RIQUEBOURG.

Il le faut, ou je croirai que tu as quelque arrière-pensée en faveur de ce vicomte que tu protéges.

HORTENSE.

Vous pourriez croire?...

RIQUEBOURG.

Oui. Tu as toujours eu un petit penchant pour les gens de qualité ; c'est tout naturel, tu en es ; moi je n'en suis pas.

HORTENSE.

Mon ami!

SCÈNE VII.

Les mêmes ; GEORGES, qui entre tout rêveur et reste au fond.

RIQUEBOURG.

Tiens! le voilà, toujours sombre et rêveur! Qu'a-t-il donc? (L'appelant.) Georges!...

GEORGES, sortant de sa rêverie.

Ah! mon oncle!

RIQUEBOURG.

Arrive, mon garçon ; ta tante a à te parler.

GEORGES, vivement.

Il serait vrai! Me voici.

RIQUEBOURG, souriant.

Ah! ça l'a réveillé! J'ai des ordres à donner à Dampierre, mon commis, qui part ce soir.

GEORGES.

Je le sais. Pour cet établissement que vous voulez former à la Havane.

RIQUEBOURG.

Oui, mon garçon.

GEORGES.

Une belle entreprise, qui, bien menée, doit réussir.

RIQUEBOURG.

Je l'espère. Mais j'en ai une autre qui me tient encore plus à cœur. Nous venons de nous occuper, avec ma femme, de ton avenir, de ton bonheur. Elle te dira cela. Cause avec ta tante, entends-tu, cause avec elle.

(Il rentre dans ses bureaux.)

SCÈNE VIII.

HORTENSE, GEORGES.

GEORGES, étonné, et regardant sortir son oncle.

Qu'est-ce qu'il a donc, mon oncle?

HORTENSE.

Ce qu'il a, Georges? il veut vous marier.

GEORGES.

Ah! c'est là ce qu'il appelle mon bonheur!... J'espère du moins qu'il ne me rendra pas heureux malgré moi; et comme je n'y consens pas...

HORTENSE.

Quoi! sans connaître celle qu'on vous destine?

GEORGES, avec amertume.

Je ne doute pas qu'elle ne soit riche, jeune, aimable, parfaite, en un mot : c'est vous qui avez daigné la choisir; mais quelle qu'elle soit, je la refuse, je n'en veux pas. Point d'amour, point de mariage, jamais. Je veux rester comme je suis.

HORTENSE.

Vous êtes donc bien heureux?

GEORGES.

Moi!... Je suis le plus malheureux des hommes.

HORTENSE, vivement.

Et pourquoi?

GEORGES.

Je ne sais; une fièvre lente me consume et me tue. Sans espoir, sans avenir! cette vie, que je commence à peine, me semble déjà finie.

HORTENSE.

Et quelle carrière, cependant, promet d'être plus brillante? Aimé, estimé de tous, les honneurs vous attendent, la gloire vous appelle, et le désir de servir votre pays n'excite-t-il pas votre ambition?

GEORGES.

De l'ambition! je n'en ai plus. A quoi bon acquérir de la gloire, des honneurs? Pour qui? A qui les offrir? Qui s'intéresse à moi?

HORTENSE.

Et nous, monsieur, nous, vos amis et vos parents?

GEORGES.

Oui, je le sais, vous m'aimez bien.

HORTENSE.

Alors, et si vous le croyez, pourquoi parler ainsi? Il m'appartient peu, je le sais, de vous adresser des conseils; mais si mon âge m'interdit ce droit, mon amitié, peut-être, me le donne. Voyons, confiez-moi tout; je suis votre tante et votre amie.

GEORGES.

Eh bien! oui, votre confiance attire la mienne, vous seule connaîtrez le fardeau qui me pèse... J'aime sans espoir d'être aimé! bien mieux, sans vouloir jamais l'être; car si je l'étais, je fuirais au bout du monde.

HORTENSE.

Insensé! Vous avez pu livrer votre cœur à une passion coupable!

GEORGES.

Coupable! qui vous l'a dit?

HORTENSE.

Les tourments que vous souffrez, car un attachement pur et légitime ne donne que du bonheur. Mais faites un instant un retour sur vous-même; où un pareil amour peut-il vous conduire ?

GEORGES.

Ah! vous n'avez jamais aimé, vous qui me faites une pareille demande... Où il peut me conduire? à aimer, à souffrir; et ces tourments-là sont le bonheur de ma vie. Loin de m'y soustraire, je les cherche, je les désire; et dernièrement, ce que mon oncle ne sait pas, on m'avait nommé à une place superbe, que j'ai refusée... Il fallait m'éloigner d'elle, il fallait quitter Paris.

HORTENSE, avec émotion.

Ah! c'est là qu'elle habite?

GEORGES.

Oui, madame, bien loin d'ici.

HORTENSE.

Et vous n'avez jamais songé à son repos, que vous pouviez troubler, à sa vie, que vous pouviez rendre misérable ?

GEORGES.

AIR : Le choix que fait tout le village. (*Les deux Edmond.*)

Ah! si jamais je le croyais, madame,
Si cet amour, si cruel et si doux,
Pouvait troubler le repos de son âme...
C'est impossible... ainsi, rassurez-vous.
Pour que sur moi descende sa pensée,
Pour abaisser jusque sur moi ses yeux,
Par ses vertus elle est trop haut placée,
Et, grâce au ciel, je suis seul malheureux !

HORTENSE.

Si vous l'êtes, c'est que vous le voulez, c'est que vous vous livrez sans cesse au danger, au lieu de le fuir ou de le braver. Je ne suis qu'une femme, et bien faible, sans doute !

mais si jamais, pour mon malheur, j'avais à combattre des sentiments pareils aux vôtres, loin d'y céder lâchement, j'en mourrais peut-être, mais j'en triompherais. Auriez-vous moins de courage? et faut-il que ce soit moi qui vous donne des leçons de force et d'énergie? Allons, Georges, allons, mon ami, croyez-moi, il n'est point de chagrin si profond que la raison ne puisse adoucir, point d'infortune si grande que notre cœur ne puisse supporter et vaincre! Je vous offre mon aide, mon secours; et si vous êtes ce que je crois, si vous êtes digne de mon estime, vous suivrez mes conseils.

GEORGES.

Parlez.

HORTENSE.

Votre oncle voulait vous faire épouser Élise.

GEORGES.

Élise? ma cousine? c'est impossible, un autre en est épris, le vicomte d'Herembert, mon ami.

HORTENSE.

AIR de la romance de *Téniers.*

C'est ce qu'il faut d'abord faire connaître
A votre oncle.

GEORGES.

Je lui dirai.

HORTENSE.

Et puis, il est d'autres partis peut-être...

GEORGES.

Pour moi, jamais... je l'ai juré.
N'espérant rien de celle que j'adore,
Je veux toujours, en mes soins assidus,
Lui conserver un amour qu'elle ignore
Et des serments qu'elle n'a pas reçus.

HORTENSE.

Eh bien! il est un autre parti plus facile, qui assurera votre tranquillité, et la sienne peut-être. Cette place qu'on vous offrait, et qui vous éloigne de Paris, il faut l'accepter.

GEORGES.

Me priver de sa présence, de mon bonheur!... eh! que vous ai-je fait pour me donner un pareil conseil?

HORTENSE.

Il faut pourtant le suivre; mon amitié est à ce prix, choisissez... Eh bien?

GEORGES.

Y renoncer, jamais!

HORTENSE.

Je vous croyais digne de m'entendre, je vous laisse à vous-même, et n'ai rien à vous dire. (Georges s'éloigne; mais au moment de sortir, il jette un coup d'œil sur Hortense qui ne le regarde plus. Il soupire et sort.) Ah! que c'est mal à lui!

SCÈNE IX.

HORTENSE, seule.

AIR : O mon ange, veille sur moi.

D'où vient que son départ me trouble, m'inquiète?
Fuyons son souvenir... je le veux... je ne puis...
(Elle s'assied près de la table.)
Présent, je le redoute; absent, je le regrette;
Je rougis à sa vue, à son nom je rougis...
Il ne m'a jamais dit quelle est celle qu'il aime;
Je devrais l'ignorer, et cependant, je crois,
Je la connais trop bien... Hélas! contre moi-même,
    O mon ange, protége-moi!

(Elle reste près de la table, la tête appuyée dans ses mains, et plongée dans ses réflexions.)

SCÈNE X.

HORTENSE, RIQUEBOURG.

RIQUEBOURG, sortant de la chambre à gauche, à la cantonade.

Allons donc! qu'est-ce que c'est qu'un pareil enfantillage!

HORTENSE, l'entendant.

Mon mari.

RIQUEBOURG, se parlant à lui-même.

Est-ce qu'un homme doit être ainsi?

HORTENSE.

Qu'y a-t-il?

RIQUEBOURG.

C'est Dampierre qui, pendant que je lui parle de vins de France, de sucre et de café, s'avise d'avoir la larme à l'œil.

HORTENSE.

Et pourquoi?

RIQUEBOURG.

Il ne m'écoutait pas, il pensait à sa femme et à son enfant qu'il va quitter. Que diable! il faut être à ce qu'on fait; il y a temps pour tout. Je n'empêche pas qu'on soit sensible, le soir, après le bureau! Aussi, maintenant, me voilà tout à toi. Eh bien! tu as vu Georges : à quand la noce? Est-il décidé?

HORTENSE, troublée.

Pas encore tout à fait... mais plus tard, j'espère. .

RIQUEBOURG, gaîment.

A la bonne heure, pourvu que ça vienne; d'autant qu'à présent je suis moins pressé, grâce à une idée qui m'est venue.

HORTENSE.

Comment?

RIQUEBOURG.

Le départ de Dampierre me laisse trop d'ouvrage; et j'ai imaginé de prendre avec moi mon neveu, qui, à son âge, ne fait rien.

HORTENSE, à part.

O ciel!

RIQUEBOURG.

Comme mon associé, il habitera ici, chez nous, auprès de sa cousine, de sa future; il ne nous quittera plus.

HORTENSE, à part.

C'est fait de moi! (Haut.) Et vous croyez qu'il acceptera?

RIQUEBOURG.

J'en suis sûr; car c'est me rendre service. Il m'aidera au bureau, dans mes travaux, dans mes affaires. Et ici, dans notre intérieur, ce sera pour nous une société de tous les instants; en mon absence, au moins, tu ne seras plus seule; ça te dissipera, ça t'égaiera, maintenant surtout, que tu es souvent souffrante.

HORTENSE.

J'en conviens; et je crois que je le serais moins si vous aviez daigné m'accorder ce que déjà je vous ai plusieurs fois demandé.

RIQUEBOURG, étonné.

Comment! ce dont tu me parlais encore l'autre jour?

HORTENSE.

Eh bien! oui; permettez-moi de quitter Paris, et d'aller passer quelques mois dans votre terre de Plinville, que nous n'avons pas vue depuis longtemps.

RIQUEBOURG.

Quelle diable d'idée! Mais quand une fois les femmes en

ont une en tête!... Depuis le commencement de l'hiver, il lui a pris un amour de campagne... Voilà trois ou quatre fois qu'elle me presse de partir, par un temps affreux! au mois de décembre!

HORTENSE.

Que m'importe? je n'y tiens pas.

RIQUEBOURG.

Et moi, j'y tiens; est-ce que je peux ainsi, toute l'année, me séparer de toi? Déjà, cet été, quand tu as été aux eaux, que nous étions ici, mon neveu et moi, que tu nous avais laissés veufs, nous ne savions que devenir; cette maison est si grande, quand tu n'y es pas! il n'y a plus de plaisir, plus de bonheur; il me semble que tu aies tout emporté.

HORTENSE, avec tendresse.

Eh bien! venez avec moi.

RIQUEBOURG.

Avec toi! certainement que j'irais, si ça se pouvait; mais mon commerce, mais mes affaires me retiennent ici, je ne peux pas quitter; et quand j'ai bien travaillé toute la journée, il faut que le soir je te retrouve là, près de moi. Ça me console de tout, ça me réjouit, ça me... Enfin, j'ai besoin de toi, je ne peux vivre sans ça, ça m'est impossible.

HORTENSE.

Cependant, si je vous suis chère, vous m'accorderez la grâce que je vous demande. Je souffre ici.

RIQUEBOURG.

Si c'était pour ta santé, je n'hésiterais pas; mais les docteurs s'y opposent, ils disent que ça te tuera.

HORTENSE.

N'importe, laissez-moi partir.

RIQUEBOURG.

Eh! qu'est-ce qui te presse? qu'est-ce qui t'y oblige?

HORTENSE.

Il le faut.

RIQUEBOURG.

Et pourquoi?

HORTENSE.

N'avez-vous pas assez de confiance en votre femme pour vous en rapporter à elle du soin de ce qui est convenable ou nécessaire?

RIQUEBOURG.

Si vraiment.

HORTENSE.

Eh bien! alors ne me demandez rien; fiez-vous à moi, et laissez-moi m'éloigner.

RIQUEBOURG.

Non, morbleu! Je ne conçois pas une insistance pareille; et il faut qu'il y ait quelque chose là-dessous. J'en connaitrai le motif; je le veux, je l'exige.

HORTENSE.

Je ne puis le dire.

RIQUEBOURG.

Eh bien! je n'accorde rien; tu ne me quitteras pas, tu resteras.

HORTENSE, dans le plus grand trouble.

O mon Dieu! il n'est donc pas d'autre moyen; je n'en connais pas du moins.

RIQUEBOURG.

Que dites-vous?

HORTENSE.

Qu'attachée à vous, à mes devoirs, j'ai cru longtemps que rien de ce qui leur était étranger ne pourrait jamais faire impression sur moi; je m'étais trompée. Il est des affections qui ne dépendent ni de notre cœur, ni de notre volonté, qu'on ne peut empêcher de naître, et contre lesquelles on n'est point en garde ; car lorsqu'on commence à les craindre, elles existent déjà...

RIQUEBOURG.

Comment!

HORTENSE.

Non que vous deviez vous alarmer, et que ce cœur ait cessé de vous appartenir; il est à vous par le devoir, par l'estime, par la reconnaissance; et grâce au ciel, je suis digne de vous; je n'ai aucun reproche à me faire, mais peut-être n'en serait-il pas toujours ainsi. Vous êtes mon meilleur ami, mon guide, mon protecteur; venez à mon aide, permettez-moi de m'éloigner, de céder à des craintes, chimériques peut-être, mais que font naître le sentiment de mes devoirs et l'affection que je vous porte.

RIQUEBOURG.

Que viens-je d'entendre ! Il est quelqu'un que vous aimeriez ?

HORTENSE, baissant les yeux.

Non, mais je le crains peut-être ! (Vivement.) Il ne le sait pas, il ne le saura jamais, et c'est pour en être plus sûre que je veux fuir.

RIQUEBOURG.

Ce quelqu'un, quel est-il ?

HORTENSE.

Que vous importe ?

RIQUEBOURG.

Et pourquoi l'aimez-vous ?

HORTENSE.

Je n'ai pas dit cela.

RIQUEBOURG, hors de lui.

Et moi, j'en suis sûr; il fallait l'empêcher, il ne fallait

pas le souffrir; on se commande, on est toujours maître de soi.

HORTENSE.

L'êtes-vous dans ce moment?

RIQUEBOURG.

C'est différent; ce n'est pas de l'amour que j'ai, c'est de la rage!... contre vous, contre tout le monde.

HORTENSE.

Que pouvais-je faire cependant, sinon de tout avouer? J'ai donc eu tort d'avoir confiance en vous, de vous prendre pour conseil et pour ami, d'implorer votre protection?

RIQUEBOURG.

Non, non; vous avez bien fait, c'est moi qui perds la raison; et quoique jamais peut-être on n'ait fait un pareil aveu à un mari, je crois en vous; vous êtes une honnête femme, que j'estime, que je respecte... c'est à lui seul que j'en veux. Quel est son nom? quel est-il? nommez-le-moi, je suis sûr que je le connais, que je l'abhorre, que je l'ai toujours détesté, et si je le rencontre jamais...

SCÈNE XI.

Les mêmes; LAPIERRE.

LAPIERRE, annonçant.

Monsieur le vicomte d'Heremberg.

HORTENSE.

Le vicomte! Ah! mon Dieu! il vient pour cette réponse.

RIQUEBOURG.

Je suis bien en train de la faire! qu'il s'en aille.

HORTENSE.

Une pareille impolitesse! c'est impossible; mais le recevoir, lui expliquer votre refus... Je ne puis en ce moment.

(A Lapierre.) Priez-le de m'attendre au salon, où tout à l'heure j'irai le rejoindre... dites-lui que des occupations... que ma toilette...

LAPIERRE.

Oui, madame.

(Il sort.)

RIQUEBOURG.

Voilà bien des façons pour un vicomte! (A part.) Ah! mon Dieu! si c'était... Oui, c'est lui... j'en suis sûr, maintenant.

HORTENSE.

Qu'avez-vous ?

RIQUEBOURG.

Rien... je n'ai rien... laissez-moi... Rentrez. (Hortense va sortir par la porte du fond. Riquebourg lui montrant celle de son appartement à droite.) Là, dans votre appartement.

HORTENSE.

Qu'est-ce que cela signifie?

RIQUEBOURG, modérant sa colère.

Je veux que vous me laissiez, je le veux.

HORTENSE.

Ah! vous m'effrayez ; j'obéis, monsieur, j'obéis.

(Elle entre dans son appartement.)

SCÈNE XII.

RIQUEBOURG, seul.

Oui, oui, c'est lui; ce doit être lui.. je le saurai, je lui ferai un affront devant tout le monde entier, s'il le faut, je lui demanderai pourquoi il aime ma femme, pourquoi il en est aimé! Oh! je ne crains pas le bruit, ça m'est égal; et si ça ne lui convient pas, eh bien! je le tuerai! ou bien il me tuera. Et dans ce moment-ci, il n'y aura pas grand mal... Il est là, au salon, qui attend ma femme! ce n'est pas elle qu'il verra, c'est moi; allons.

(Il fait un pas pour sortir; en ce moment entre Georges.)

SCÈNE XIII.

GEORGES, RIQUEBOURG.

RIQUEBOURG.

Ah! Georges, te voilà!

GEORGES.

Qu'avez-vous donc?

RIQUEBOURG.

Je suis heureux de te voir, de t'embrasser. Adieu, mon ami.

GEORGES.

Et où allez-vous donc?

RIQUEBOURG.

Je vais me venger.

GEORGES.

Et de qui? au nom du ciel, modérez-vous, pas de bruit, pas d'éclat. Qui vous a offensé? parlez.

RIQUEBOURG.

Je le voudrais ; mais je ne le puis, je ne l'ose; et pourtant, morbleu! à qui demander conseil? à qui confier mes chagrins, si ce n'est à mon seul ami?

GEORGES.

Des chagrins! Et qui peut les causer?

RIQUEBOURG.

Celle que j'aime le plus au monde, ma femme! Tu sais si j'en suis épris! Eh bien! au sein même de notre ménage, dans l'intimité, jamais je n'ai eu un moment de vrai bonheur, jamais je n'ai pu la regarder comme mon égale ; je ne sais quelle supériorité me tenait à distance et m'imposait; je n'osais l'aimer ; et, pour comble de maux, malgré ses soins à me plaire, je sentais qu'ici elle n'était pas heureuse, que, dans le monde, elle rougissait de moi.

GEORGES.

Qu'osez-vous dire ?

RIQUEBOURG.

Oui, mon plus grand désespoir est de m'avouer que je suis au-dessous d'elle, que je ne la mérite pas. Pourquoi l'ont-ils sacrifiée ? Pourquoi, en échange de ma fortune, me l'ont-ils donnée ? J'aurais pris pour compagne une femme élevée comme moi, qui, mon égale en tout, ne m'aurait pas méprisé.

GEORGES.

Ah ! quelle idée !

RIQUEBOURG.

Elle eût eu pour moi de l'estime, du respect, de l'amour peut-être.

GEORGES.

Et qu'avez-vous à désirer dans celle que vous avez choisie ? Pouvez-vous douter de son affection ?

RIQUEBOURG.

Eh bien, oui ! d'aujourd'hui j'en doute ; et maintenant j'y pense, comment en serait-il autrement ? Je me regarde et me rends justice. Dans ce monde dont elle est entourée, n'ont-ils pas tous de l'éducation, de l'esprit, des talents ? Ne sont-ils pas tous plus jeunes, plus aimables que moi ?

GEORGES.

Et vous supposeriez qu'Hortense, que la vertu même, voudrait vous tromper !

RIQUEBOURG.

Me tromper ! Non ; ce n'est pas cela que je veux dire ; au contraire, je ne me plains que de sa franchise. Pourquoi a-t-elle eu en moi tant de confiance ? ou pourquoi ne l'a-t-elle pas eue tout entière ? (A demi-voix.) Car c'est elle, c'est elle-même qui m'a avoué qu'elle préférait, qu'elle aimait quelqu'un.

GEORGES, avec colère et hors de lui.

Qu'entends-je, ô ciel ! Et vous l'avez souffert ! et vous le souffrez encore !

RIQUEBOURG.

Eh bien ! tu vois, toi qui tout à l'heure me recommandais la modération !

GEORGES.

C'est que ce n'est pas à vous, c'est à moi de punir un pareil outrage.

RIQUEBOURG, le retenant.

Georges, mon ami !

GEORGES.

Laissez-moi, je suis furieux.

RIQUEBOURG.

Vous resterez ici, je l'exige, je le veux !

GEORGES.

Vous me retenez en vain ; son nom, dites-moi son nom ?

RIQUEBOURG.

Eh bien ! voilà justement ce que je ne sais pas, ce qu'elle refuse de m'avouer. Mais il y a apparence que c'est ce vicomte d'Heremberg.

GEORGES.

Lui !

RIQUEBOURG.

Et c'est pour en être plus sûr que j'allais le lui demander.

GEORGES.

Y pensez-vous ? compromettre ainsi votre femme !... Et puis vous êtes dans l'erreur ; le vicomte a d'autres idées, d'autres vues ; je le crois du moins ; et du côté d'Hortense, qui peut vous faire soupçonner ?...

RIQUEBOURG.

Écoute; c'est quelqu'un qu'elle craint, qu'elle veut fuir. Une ou deux fois, déjà, elle m'avait parlé de s'éloigner, mais vaguement, faiblement! Aujourd'hui... c'est avec instance, avec prière, à l'instant même ! Il faut donc qu'aujourd'hui, ce matin, dans l'instant, il y ait quelqu'un dont la vue ou la présence ait appelé ces sentiments dans son cœur et l'ait décidée à me faire un pareil aveu.

GEORGES.

O ciel!

RIQUEBOURG.

Est-ce que tu saurais ?...

GEORGES.

Non, non.

RIQUEBOURG.

Eh bien! moi, je le saurai. Il faudra bien qu'elle me dise son nom, ou bien malheur à elle!... Elle ne sait pas de quoi je suis capable.

GEORGES.

De grâce, calmez-vous.

RIQUEBOURG.

Oui, tu as raison; c'est le moyen de tout gâter, et je sens que je m'y prendrais mal. Mais toi, qui es notre ami à tous deux, tu auras plus de pouvoir ou plus d'esprit que moi ; il faut que tu lui parles.

GEORGES.

Moi!

RIQUEBOURG.

Dans son intérêt à elle-même, conseille-lui de me le dire; si elle y consent, il n'est rien que je ne fasse pour elle ; mais si elle refuse, fais-lui comprendre que la paix de notre ménage, que notre avenir, que tout notre bonheur en dépend;

enfin, mon garçon, je me fie à toi, arrange ça pour le mieux. Tu me le promets? J'y compte. Adieu !

(Il rentre dans l'appartement à gauche.)

SCÈNE XIV.

GEORGES, seul.

Je ne puis me rendre compte de ce que j'éprouve ! Mais, malgré moi, et pendant qu'il me parlait, une idée s'est glissée en mon cœur, une idée qui, de tous les hommes, me rendrait le plus heureux, ou le plus malheureux, peut-être ! Non, non, ce n'est pas possible ! je ne veux, je ne dois pas m'y arrêter.

AIR d'Aristippe.

Envers un oncle, un ami véritable,
    Quel crime, hélas! serait le mien !
Eh ! pourquoi donc?... en quoi suis-je coupable?
    Je ne veux rien, je n'attends rien.
Tous mes devoirs, je les connais trop bien ;
Et d'être aimé si j'avais l'espérance,
Si cet espoir n'était point une erreur...
J'aurais bientôt expié cette offense,
Et, je le sens, j'en mourrais de bonheur.

(Il va pour sortir, et, au moment où il est près de la porte du fond, il voit Hortense qui sort de son appartement.)

C'est elle !

SCÈNE XV.

HORTENSE, GEORGES.

HORTENSE.

Je meurs d'inquiétude... Mon mari... Il faut que je le voie... O ciel ! c'est Georges ! (Tombant sur un fauteuil près de la table.) Mon Dieu ! que devenir !

GEORGES, courant à elle.

Ma tante, qu'avez-vous ?

HORTENSE.

Rien, monsieur ; je ne demande rien, qu'à être seule.

GEORGES.

Puis-je vous laisser dans l'état où je vous vois ?

HORTENSE, s'efforçant de sourire.

Rassurez-vous, je ne souffre pas ; je venais d'avoir avec votre oncle une explication où moi seule j'avais tort, sans doute.

GEORGES.

Je ne le pense pas.

HORTENSE, étonnée.

Et qui vous l'a dit?

GEORGES.

Lui-même, qui me confiait tout à l'heure le sujet de ses peines.

HORTENSE.

A vous?... O mon Dieu ! (Se reprenant et cherchant à cacher son trouble.) J'espère, Georges, que connaissant comme moi le caractère de votre oncle, que sa vivacité emporte souvent loin des justes bornes, vous n'ajouterez pas foi à des idées dont lui-même reconnaîtra bientôt la fausseté.

GEORGES.

Je ne crois rien, sinon que vous méritez les respects du monde entier, et que vous êtes ce que la vertu a créé de plus noble et de plus parfait.

HORTENSE.

Je ne mérite point de tels éloges.

GEORGES.

Et mille fois plus encore.

HORTENSE.

Et d'où le savez-vous ?

GEORGES.

Tout le dit, tout me le prouve, et, bien différent de ce que j'étais ce matin, je tenterai désormais, non de vous égaler, c'est impossible, mais du moins de vous suivre et de vous imiter.

HORTENSE.

Que dites-vous ?

GEORGES.

Que je puis mourir maintenant, j'ai épuisé en un instant tout le bonheur que je pouvais éprouver sur terre. Je n'a plus rien à envier, rien à désirer. Dites-moi seulement que mon cœur a deviné le vôtre.

HORTENSE, effrayée, se levant.

Ah ! je me serai trahie !

GEORGES.

Non, votre secret est à vous ; il vous appartient, vous n'avez rien dit, je ne sais rien, et j'ai pu m'abuser sans doute encore, tant que votre bouche n'a pas détruit ou confirmé mes soupçons ; mais quoi que vous prononciez, j'oublierai tout, je vous le jure, tout, excepté l'honneur et la reconnaissance.

HORTENSE.

Eh bien ! prouvez-le-moi.

GEORGES.

Soumis à vos ordres, je les attends.

HORTENSE.

Vous me disiez ce matin : « Si j'étais aimé, je fuirais à l'autre bout du monde. »

GEORGES.

Je l'ai dit ; c'est vrai.

HORTENSE.

Eh bien ! partez.

GEORGES, voulant se précipiter vers elle.

Ah ! qu'ai-je entendu !

HORTENSE, l'arrêtant de loin.

Pas un mot de plus. Je connais mes devoirs; vous connaissez les vôtres. Quoi que j'ordonne, vous m'avez promis d'obéir, et si vous hésitiez un instant, vous ne seriez plus à craindre pour moi.

GEORGES.

J'obéirai. Il n'est point de sort si rigoureux que je n'affronte. J'ai maintenant du bonheur pour toute ma vie!... C'est mon oncle!

SCÈNE XVI.

Les mêmes; RIQUEBOURG; puis LE VICOMTE et ÉLISE.

RIQUEBOURG, à Georges.

Eh bien! lui as-tu parlé? L'as-tu déterminée enfin à tout m'apprendre, à ne plus avoir de secrets pour moi?

HORTENSE.

Oui, j'y suis décidée, je dirai tout.

RIQUEBOURG.

Ah! mon cher Georges! que je te remercie! (Passant entre Georges et Hortense. A Hortense.) En revanche, je te promets tout ce que tu voudras; parle, impose tes conditions; pourvu que je sache son nom, je consens à tout. Eh bien?

HORTENSE.

Eh bien! vos soupçons s'étaient portés tout à l'heure sur le vicomte d'Heremberg...

RIQUEBOURG.

C'est vrai, et je le crois encore.

HORTENSE.

Silence! c'est lui.

(En ce moment entre le vicomte donnant la main à Élise.)

HORTENSE, continuant.

Pour vous prouver à quel point vous vous abusiez et pour

bannir à jamais de votre esprit de semblables idées, j'exige d'abord que vous consentiez à son mariage avec Élise, qu'il aime, et dont il est aimé.

RIQUEBOURG.

Moi! y consentir...

HORTENSE.

Manquez-vous déjà à votre parole?

RIQUEBOURG.

Non. Mais cela regarde mon neveu, à qui je la destine, et qui, j'espère, ne souffrira pas...
(Le vicomte regarde Georges, qui lui prend la main et le tranquillise.)

HORTENSE.

Georges m'a donné son aveu. Demandez-lui.

RIQUEBOURG.

Est-il vrai?

GEORGES.

Oui, mon oncle. (Bas au vicomte.) Je te l'avais bien dit.

LE VICOMTE, à Georges.

Ah! mon ami!

ÉLISE.

Ah! mon cousin!

RIQUEBOURG, à Georges.

Et toi aussi! elle t'a donc ensorcelé? Enfin, puisque je l'ai promis, qu'elle abuse de ma parole..

GEORGES.

Pour faire des heureux.

RIQUEBOURG, à Georges.

Qu'ils le soient, s'ils peuvent, et puisque tu me restes, j'ai de quoi me consoler. (A Hortense.) Est-ce tout?

HORTENSE.

Non, Élise n'est pas la seule pour qui j'ai à demander. J'ai ssi à vous parler en faveur de Georges.

RIQUEBOURG.

Et que ne parle-t-il lui-même?

HORTENSE.

Il n'ose pas, et m'en a chargée.

RIQUEBOURG, étonné.

Est-ce possible! et qu'est-ce donc?

HORTENSE.

Il est naturel qu'à son âge, il cherche à s'éclairer, à s'instruire, et dès longtemps, il avait des projets de voyage.

RIQUEBOURG, avec colère.

Des voyages!... qu'est-ce que cela signifie?

HORTENSE.

Voilà justement ce qui l'empêchait de vous en parler, la crainte de vous fâcher, et cependant, c'est cette idée-là qui le tourmente, qui le rend malheureux, et si vous l'aimez, vous ne résisterez point à ses prières et aux miennes.

GEORGES.

Oui, mon oncle, il le faut, et si vous me refusez...

RIQUEBOURG.

Tu oserais partir malgré moi!... (A demi-voix.) Comment! Georges, tu veux me quitter? c'est toi qui as pu concevoir une pareille pensée! et qu'est-ce que je deviendrai? (Regardant Hortense.) A qui confierai-je mes chagrins? qui m'aidera à me consoler?... Et toi-même, qu'est-ce que c'est que ces idées de jeunesse, ce vague désir de voir du pays, ce besoin de changer de lieu? En trouveras-tu où tu sois plus aimé qu'ici? Est-ce que moi et ta tante ne te rendons pas heureux?... Eh bien! nous redoublerons de soins, de tendresse; je ne te demande en échange que toi, que ta présence; reste avec moi, mon fils, ne me quitte pas.

GEORGES.

Ah! mon oncle!

RIQUEBOURG, à part.

Il cède, il est attendri... (Au vicomte, à Élise.) Mes amis, aidez-moi... (A Hortense.) Et toi aussi, car tu es là, tu ne dis rien : il semble que tu veuilles le voir partir, que tu le pousses dehors !

GEORGES.

N'insistez pas, mon oncle ; car, plus vous m'accablez de bontés, plus je sens que je dois persister dans mes projets.

RIQUEBOURG.

Que dis-tu ?

GEORGES.

Par là, du moins, je puis m'acquitter envers vous; ce voyage ne vous sera pas inutile. Au lieu d'un commis, au lieu de Dampierre, qui ne servirait que faiblement vos intérêts, c'est moi qui m'en occuperai, je prendrai sa place.

RIQUEBOURG, HORTENSE et ÉLISE.

Ciel!

RIQUEBOURG.

Tu veux partir pour la Havane ?

GEORGES.

Oui, mon oncle.

RIQUEBOURG.

Et les dangers de la traversée ! et ceux du climat! si tu étais malade, si tu...

GEORGES, à part, avec joie.

Qu'importe ? je suis aimé.

RIQUEBOURG.

Et quand même tu échapperais à tous les périls... Dans quelques années, à ton retour, si le docteur avait raison, si tu ne me trouvais plus ?

GEORGES.

Que dites-vous ?

RIQUEBOURG.

C'est possible, il me l'a dit, et tu n'aurais donc pas été là pour me fermer les yeux ?

GEORGES.

Mon oncle!

SCÈNE XVII.

Les mêmes; LAPIERRE.

LAPIERRE, à Riquebourg.

Monsieur, M. Dampierre fait demander vos derniers ordres; car la chaise de poste est dans la cour, tout attelée, et prête à partir.

GEORGES, à Lapierre.

Et Dampierre, où est-il?

LAPIERRE.

En bas, avec sa jeune femme, qui pleure, qui se désole.

GEORGES, à part.

Encore un heureux que je ferai! (A Lapierre.) Dis-lui qu'il reste, que je prends sa place.

LAPIERRE.

Vous, monsieur!

GEORGES.

Va vite.

(Lapierre sort.)

RIQUEBOURG.

Ainsi donc, rien ne peut te retenir?

GEORGES, leur tendant la main à tous.

Adieu, tout ce que j'aime, adieu, tout ce qui m'est cher.

HORTENSE.

Georges, vous êtes un brave, un honnête garçon.

RIQUEBOURG.

Parbleu! qui est-ce qui en doute? (Regardant Hortense pendant qu'elle se détourne.) Ah! elle pleure aussi, c'est bien heureux!

j'ai cru qu'elle le verrait partir sans lui donner un regret.

GEORGES, à Riquebourg.

Adieu, mon oncle, mon père !

RIQUEBOURG.

Ah! l'ingrat...
(Il détourne la tête du côté d'Élise et du vicomte, et remonte la scène avec eux pendant que Georges s'approche d'Hortense.)

GEORGES, à Hortense.

Ai-je fait mon devoir ?

HORTENSE.

Oui.
(Riquebourg s'assied sur le fauteuil, et paraît accablé de douleur; le vicomte et Élise, auprès de lui, cherchent à le consoler.)

GEORGES, avec joie.

Et je vous le dois, et je pars heureux, sans remords, sans regrets.
(Hortense, sans lui rien dire, lui tend la main.)

GEORGES, lui baisant la main.

Ah! (Prenant le mouchoir qu'elle tenait.) Mouillé de vos larmes, il ne me quittera plus ; le voulez-vous ? (Hortense lui abandonne le mouchoir, Georges le met dans son sein, et courant vers le fond.) Adieu, pensez à moi, soyez heureux !

RIQUEBOURG, lui tendant les bras.

Georges ! mon ami. (Musique. — Georges sort ; Élise et le vicomte sortent après lui. — Riquebourg, resté seul avec Hortense, après un moment de silence, se lève et s'approche d'elle.) Vous l'avez voulu, je vous ai obéi en tout; j'ai consenti à leur mariage, et plus encore, à son départ... Maintenant, votre promesse, je la réclame. (Avec une colère concentrée.) Celui que vous aimez, quel est-il ? (On entend dans la cour le roulement d'une voiture qui part;

ce bruit fait tressaillir Riquebourg, qui porte la main sur son cœur.) Parlez, où est-il?

    HORTENSE, étendant le bras du côté de la voiture.

Il est parti!

(Riquebourg pousse un cri, et reste la tête appuyée dans ses mains.)

LES
TROIS MAITRESSES
ou
UNE COUR D'ALLEMAGNE

COMÉDIE-VAUDEVILLE EN DEUX ACTES

EN SOCIÉTÉ AVEC M. BAYARD.

Théatre du Gymnase. — 24 Janvier 1831.

PERSONNAGES.	ACTEURS.
LE GRAND-DUC FERDINAND, prince souverain.	MM. Allan.
LE COMTE DE HARTZ, surintendant des menus plaisirs.	Klein.
RODOLPHE, son neveu	Paul.
LA COMTESSE D'AREZZO, maîtresse du grand-duc.	Mmes Léontine Fay.
AUGUSTA, première cantatrice du Théâtre-Italien.	Jenny Vertpré.
HENRIETTE, couturière	Jenny Colon.

Une Fille de boutique. — Officiers. — Soldats. — Peuple.

Dans une petite principauté allemande.

LES
TROIS MAITRESSES
ou
UNE COUR D'ALLEMAGNE

ACTE PREMIER

Un salon meublé simplement. Porte au fond; deux portes latérales. A gauche de l'acteur, une petite porte secrète. Du même côté, et sur le devant, une petite table. Une psyché près de la porte du cabinet à droite.

SCÈNE PREMIÈRE.

HENRIETTE, LE GRAND-DUC, LE SURINTENDANT.

HENRIETTE.

Par ici, messieurs; je remonte dans l'instant, je suis bien fâchée de vous faire attendre.

LE SURINTENDANT.

C'est tout naturel : une jeune et jolie couturière, aussi occupée que vous l'êtes...

HENRIETTE.

J'ai en bas, au magasin, des dames de la cour qui viennent essayer des robes nouvelles.

LE GRAND-DUC, vivement.

De jeunes dames?

HENRIETTE.

Non; quarante-cinq à cinquante ans!... A cet âge-là, cela ne va jamais bien. Les ouvrières ont bien plus de peine; et ce sera peut-être un peu long.

LE GRAND-DUC.

Qu'importe! nous sommes ici à merveille.

HENRIETTE.

Si, en attendant, ces messieurs veulent s'asseoir... Votre servante, messieurs; je reviens le plus tôt possible.

(Elle sort par le fond.)

SCÈNE II.

LE GRAND-DUC, LE SURINTENDANT.

LE SURINTENDANT, au grand-duc qui regarde sortir Henriette.

Eh bien! qu'en dit Votre Altesse?

LE GRAND-DUC.

Très-jolie, et il n'y a que vous, mon cher comte, pour faire de pareilles découvertes.

LE SURINTENDANT.

Et puis une candeur, une naïveté, un cœur qui n'a jamais parlé.

LE GRAND-DUC.

AIR du vaudeville du *Piège*.

Vous en êtes sûr, mon ami?

LE SURINTENDANT.

De sa candeur, de sa constance?
Oui, j'en réponds.

LE GRAND-DUC.

C'est bien hardi :
Vous vous risquez beaucoup, je pense.
Oser répondre, en vos sermens,
De la fidélité d'une autre?
C'est déjà trop, messieurs les courtisans,
D'oser répondre de la vôtre!

LE SURINTENDANT.

Ai-je jamais trompé Votre Altesse?

LE GRAND-DUC.

Non pas vous; mais... (Vivement.) Du reste, vous êtes certain qu'on ne nous a pas vus sortir du palais?

LE SURINTENDANT.

Oui, monseigneur.

LE GRAND-DUC.

Il ne faudrait pas que cette aventure, que je commence à trouver fort piquante, vînt aux oreilles de la comtesse d'Arezzo.

LE SURINTENDANT, à part.

Une femme qui m'a empêché d'être ministre! mais je me venge. (Au prince.) Votre Altesse l'aime donc toujours?

LE GRAND-DUC.

Moi?... mais non; je crois même qu'au contraire...

LE SURINTENDANT, d'un air brusque.

Eh bien! moi, je vous dirai la vérité, parce que je n'ai jamais flatté personne. Vous êtes trop bon, trop grand, trop généreux, vous vous fâcherez si vous voulez, peu m'importe.

LE GRAND-DUC.

Non, mon ami, je ne vous en veux point de votre brusque franchise. Achevez.

LE SURINTENDANT.

Eh bien! elle éloigne du pouvoir tous les gens de mérite; elle prétend que c'est elle qui gouverne.

LE GRAND-DUC.

Ce n'est pas vrai, c'est toujours moi qui règne... après ça, j'en conviens, cela continue avec la comtesse, parce que cela est... il est si difficile de prendre un parti... je l'ai beaucoup aimée... ce sont des titres... une femme charmante, d'une illustre famille, une âme de feu... une Napolitaine, c'est tout dire. Il y a même des jours où je l'aime encore... et, pour en finir, j'ai eu même un instant envie de l'épouser.

LE SURINTENDANT.

De la main gauche.

LE GRAND-DUC.

C'est elle qui n'a pas voulu.

LE SURINTENDANT.

Quelle idée, mon prince !

LE GRAND-DUC.

J'aurais pu faire un plus mauvais choix, la comtesse est une femme d'un mérite supérieur, et de fort bon conseil; elle entend aussi bien que moi les affaires diplomatiques, dont, par parenthèse, je ne m'occupe jamais sans avoir la migraine.

LE SURINTENDANT.

C'est autre chose, si elle vous tient lieu d'un ministre des affaires étrangères...

LE GRAND-DUC.

Précisément... c'est une économie ; les ministres sont si chers !

LE SURINTENDANT.

Et les maîtresses donc !

LE GRAND-DUC.

Raison de plus pour réunir les deux charges en une, le peuple y gagne... Et vous qui parlez, rigide conseiller, ne dit-on pas que cette jeune cantatrice française qui vient de débuter sur mon théâtre Italien...

LE SURINTENDANT, avec émotion.

La petite Augusta!

LE GRAND-DUC.

Oui, elle me plaisait beaucoup, j'y avais pensé pour moi; mais j'ai appris que vous l'adoriez.

LE SURINTENDANT, s'inclinant.

Ah! prince! Il ne fallait pas pour cela...

LE GRAND-DUC.

Si vraiment; comme surintendant des menus plaisirs, cela vous revient de droit, ce serait attenter aux prérogatives de mes grands officiers.

AIR du vaudeville de l'Actrice.

Contre les bourgeois, quoi qu'on ose,
On est le maître, et rien de mieux...
Les grands seigneurs, c'est autre chose,
Et j'ordonnerai, je le veux,
Que l'on respecte la personne
Et le front des gens comme il faut;
Quand cela vient si près du trône,
Cela pourrait monter plus haut.

LE SURINTENDANT.

Ah! monseigneur! j'ai besoin de vous le dire; vous êtes le meilleur des souverains.

LE GRAND-DUC, s'attendrissant.

Oui, oui, je crois que je suis bon prince, surtout pour ceux qui, comme vous, s'occupent de mes plaisirs; richesses, honneurs, dignités, ils ont droit de tout attendre.

LE SURINTENDANT.

Ah! monseigneur!

LE GRAND-DUC.

C'est trop juste. A quoi donc serviraient les impôts si ce n'était à moi et à mes amis? Tout ce que je demande à mon peuple, c'est de me laisser régner tranquille... Et j'espère que vous avez fait exécuter mes ordres contre l'école des Porte-Enseignes, contre ces jeunes gens!

LE SURINTENDANT.

Oui, monseigneur; les chefs ont été mis en prison, et défense aux autres d'approcher à plus de vingt lieues de votre capitale... et, quoiqu'il y en ait qui disent que cela nuira à leurs études...

LE GRAND-DUC.

Ce n'est pas un grand mal, on en sait déjà trop dans mes États. Cela gagne même les hautes classes; car, dans la liste de ces jeunes séditieux, j'ai vu entre autres, ce qui m'a fort étonné, le jeune Rodolphe de Strobel.

LE SURINTENDANT.

Lui! qui ne s'occupe que de femmes, qui leur a sacrifié sa fortune!

LE GRAND-DUC.

Lui-même, votre neveu.

LE SURINTENDANT.

Mon neveu!... Il ne l'est plus! Et j'appellerai sur lui, s'il le faut, toute la rigueur de Votre Altesse... Voilà comme je suis, c'est la seule faveur que je demande.

LE GRAND-DUC.

Voilà, mon cher comte, un noble et beau caractère! C'est du Brutus.

LE SURINTENDANT.

Du Brutus monarchique.

AIR : De cet amour vif et soudain. (*Caroline.*)

Par des torts dont je me défends
Si cette parenté m'accuse,
Les services que je vous rends
Peuvent me compter pour excuse.

LE GRAND-DUC, apercevant Henriette.

Si je m'en souvenais encor,
Tenez, voilà que je l'oublie;

Comment se rappeler un tort,
Lorsque l'excuse est si jolie ?

SCÈNE III.

Les mêmes; HENRIETTE.

HENRIETTE.

Enfin, ces dames sont parties, ce n'est pas sans peine ; et me voilà tout à vous. Que désirent ces messieurs ?

LE GRAND-DUC, la regardant.

Ce que nous désirons? Eh! mais, ce serait facile à vous dire.

HENRIETTE.

Vous m'avez parlé de robes de cour.

LE GRAND-DUC.

Oui, robes de cour... robes de bal...

HENRIETTE.

Et combien ?

LE GRAND-DUC.

Ce que vous voudrez. Une ou deux douzaines.

HENRIETTE.

Ah! mon Dieu! c'est donc pour un mariage ?

LE SURINTENDANT, avec sang-froid.

Oui, mademoiselle, à peu près.

HENRIETTE.

Et qui me procure une commande pareille?... Car c'est presque une fortune... et je ne connaissais pas ces messieurs.

LE GRAND-DUC.

Oui, mais nous, nous connaissions vos talents, votre gentillesse.

LE SURINTENDANT.

Vos principes.

HENRIETTE.

Dame! je travaille toujours en conscience; et je prends toujours le moins que je peux.

LE GRAND-DUC.

C'est un tort. Vous êtes donc bien riche?

HENRIETTE.

Moi, riche! Je n'ai rien. Mon père, qui était un brave officier, a été tué à l'armée, et m'a laissé pour unique héritage le souvenir de ses exploits, son épaulette et son épée... Ça ne pouvait guère servir à une fille.

LE SURINTENDANT.

Non, certainement.

HENRIETTE.

Il fallait donc implorer la pitié ou l'orgueil de quelques grandes dames, ou entrer à leur service... Par bonheur, je savais coudre et broder... et cela vaut mieux.

AIR nouveau de Mme DUCHAMBGE.

Jeune et maîtresse
De ma liberté,
J'ai pour richesse
Travail et gaîté.

Toute la semaine
Si j'ai travaillé,
Que dimanche vienne,
Tout est oublié.

Jeune, et maîtresse, etc.

Aujourd'hui je pense :
Humble est mon destin;
Mais j'ai l'espérance
Qui me dit : demain.

Jeune, et maîtresse, etc.

LE GRAND-DUC.

Et jamais vous n'avez eu d'ambition?

HENRIETTE.

Si, une fois. J'ai dans mes pratiques la signora Augusta, cette jeune cantatrice du Théâtre-Italien, qui me commande toujours de si belles robes.

LE GRAND-DUC.

Qu'elle vous doit peut-être?...

HENRIETTE.

Non, vraiment. On m'envoie toujours le mémoire acquitté.

LE GRAND-DUC.

Vous ne savez pas par qui?

HENRIETTE.

Mon Dieu, non...

LE GRAND-DUC, bas au surintendant, qui est venu à sa droite.

Vous le savez peut-être?

LE SURINTENDANT, de même.

Hélas, oui!

HENRIETTE.

En la voyant toujours arriver dans de si beaux équipages, je me disais : S'il ne faut que chanter pour faire fortune, moi aussi, j'ai de la voix. Et il doit être plus agréable de faire des roulades que des corsages. Mais je n'y ai pensé qu'un instant, et je suis revenue à mes robes et à mes patrons, parce qu'on dit que c'est plus sûr, et que si ça ne rapporte pas tant, cela coûte moins cher.

LE GRAND-DUC.

Certainement... Mais il y a pour vous d'autres moyens d'être heureuse.

HENRIETTE.

Vous croyez?

LE GRAND-DUC.

Supposons, par exemple, qu'il ne tînt qu'à vous de désirer, qu'est-ce que vous demanderiez?

HENRIETTE.
Une chose, une seule chose au monde.

LE SURINTENDANT.
Un bel équipage, comme la signora Augusta?

HENRIETTE.
Non, vraiment.

LE GRAND-DUC.
De l'or, des diamants?

HENRIETTE.
Oh! mon Dieu, non.

LE SURINTENDANT.
De riches toilettes, des parures?

HENRIETTE.
Du tout, j'en fais tous les jours, je sais ce que c'est.

LE GRAND-DUC.
Eh bien! alors, que pouvez-vous désirer?

HENRIETTE.
Eh! mais, c'est mon secret, et je ne suis pas obligée de le dire.

LE GRAND-DUC.
Comment...

HENRIETTE.
Dans quel goût ces messieurs veulent-ils les robes qu'ils demandent?

LE GRAND-DUC, désignant le surintendant.
Je vais m'entendre pour cela avec monsieur.
(Ils gagnent la gauche du théâtre, pendant qu'Henriette va vers la droite.)

LE SURINTENDANT, bas.
Eh bien?

LE GRAND-DUC, de même.
Charmante. Le difficile est de l'introduire dans le palais, de la faire paraître à la cour, sans que la comtesse...

LE SURINTENDANT.

Il y aurait un moyen; votre tante, la princesse Ulrique, aime à s'entourer de jeunes dames... Et la fille d'un ancien officier...

LE GRAND-DUC.

Excellente idée!

HENRIETTE, venant à eux.

Eh bien! messieurs, ces robes...

LE GRAND-DUC.

Dans le dernier goût.

HENRIETTE.

Je les ferai à la française. Pour une duchesse, peut-être?

LE GRAND-DUC.

C'est possible.

HENRIETTE.

Et la mesure?

LE GRAND-DUC.

Faites-les comme pour vous, car la personne à qui on les destine est exactement de votre taille, et vous ressemble beaucoup.

HENRIETTE.

AIR : Restez, restez, troupe jolie. (*Les Gardes-Marine*.)

Ah! la rencontre est admirable!

LE GRAND-DUC.

Voilà ses traits, voilà ses yeux.

HENRIETTE.

Mais pour moi c'est fort honorable.

LE GRAND-DUC.

Et pour elle c'est fort heureux.

HENRIETTE.

Ah! si je pouvais... quelle ivresse!
Changer avec elle.

LE GRAND-DUC.
Entre nous,
Je connais plus d'une duchesse
Qui voudrait changer avec vous.

HENRIETTE.

Si ces messieurs veulent choisir des étoffes, voici des échantillons qu'on leur apporte.

SCÈNE IV.

Les mêmes; UNE FILLE DE BOUTIQUE, posant un carton d'échantillons.

HENRIETTE.

Donnez... C'est le carton n° 2... et cette lettre?

LA FILLE DE BOUTIQUE.

C'est pour mademoiselle.

HENRIETTE, regardant la lettre.

Dieu! c'est son écriture!

LE GRAND-DUC.

Qu'est-ce donc?

HENRIETTE, ouvrant le carton qu'elle leur présente.

Rien. Si ces messieurs veulent voir ce qui leur plairait.

LE GRAND-DUC.

Nous allons choisir avec vous.

HENRIETTE.

Je le voudrais; mais je ne le puis, des affaires importantes...

LE GRAND-DUC.

Alors, nous nous en rapportons à vous.

HENRIETTE.

Eh bien! je ferai de mon mieux; je vous demande pardon de ne pas vous reconduire... (A la fille de boutique.) Mina, accompagnez ces messieurs.

LE SURINTENDANT, bas au grand-duc.

Il me semble qu'on nous met à la porte.

LE GRAND-DUC.

C'est égal, elle est charmante. Comte, je vous nomme premier chambellan.

LE SURINTENDANT.

J'accepte, et je crois le mériter; sans cela, et pour rien au monde...

LE GRAND-DUC.

Partons. (A Henriette.) Je suis content de ce que j'ai vu.

AIR : Garde à vous. (*La Fiancée*.)

Au revoir!
On peut, mademoiselle,
Compter sur votre zèle?

HENRIETTE.

Monsieur, c'est mon devoir.

LE GRAND-DUC.

Au revoir, à ce soir.

HENRIETTE.

A ce soir?

LE GRAND-DUC.

J'ai des projets, ma belle;
Et cet ami fidèle
Vous les fera savoir,
Au revoir!

HENRIETTE.

Au revoir.

Ensemble.

LE GRAND-DUC.

J'ai des projets, ma belle, etc.

LE SURINTENDANT, à part.

Servons cette intrigue nouvelle;
Et les projets qu'il a sur elle

Vont combler mon espoir.
(Haut.)
Au revoir!

HENRIETTE.

Au revoir,
Au revoir,
Au revoir!

(Le grand-duc et le surintendant sortent, suivis de Mina.)

SCÈNE V.

HENRIETTE, seule.

C'est bien heureux, ils s'en vont... C'est de lui!... c'est de Rodolphe!... lisons vite. (Décachetant la lettre.) Depuis un mois qu'il est absent! (Lisant.) « Ma bonne, ma gentille Hen-
« riette.

AIR : Adieu Madelaine. (Mme DUCHAMBGE.)

COUPLETS.

Premier couplet.

« Je reviens près de ce que j'aime,
« Et j'espère que ton ami
« Pourra te voir aujourd'hui même,
« A deux heures... »

(S'interrompant.)
Nous y voici.
L'heure s'avance,
Et quand j'y pense,
Mon cœur bat d'amour et d'espoir.
Bonheur suprême!
Toi que j'aime, (*Bis.*)
Je vais te voir!

Deuxième couplet.

(Lisant.)
« Pour un dessein que je projette,

« L'on doit me croire encore absent ;
« Et c'est par ta porte secrète
« Que j'arriverai... »
(S'interrompant.)
C'est charmant.
L'heure s'avance, etc.
(On frappe à la petite porte à gauche de l'acteur.)
Ah! c'est lui !...
(Elle court ouvrir.)

SCÈNE VI.

HENRIETTE, RODOLPHE, enveloppé d'un manteau qu'il jette en entrant.

RODOLPHE, la serrant dans ses bras.

Ma chère Henriette!

HENRIETTE.

Vous voilà donc !... que je vous regarde... est-ce bien vous?

RODOLPHE.

Oui; c'est celui qui t'aime plus que jamais, et qui avait bien besoin de te voir.

HENRIETTE.

Et moi donc, ah! que c'est long un mois à attendre!... et pas une seule lettre.

RODOLPHE.

Je ne le pouvais pas.

HENRIETTE.

Vous étiez donc bien occupé?

RODOLPHE.

Mais... oui.

HENRIETTE.

Qu'importe? D'écrire à ce qu'on aime, cela ne prend pas

de temps, c'est comme d'y penser. Et vos mathématiques? êtes-vous bien savant? cela me fait peur.

RODOLPHE.

Et pourquoi?

HENRIETTE.

Je crains qu'en apprenant tant de choses, vous ne finissiez par m'oublier... j'en mourrais, d'abord.

RODOLPHE.

Ma chère Henriette!

HENRIETTE.

Moi, je n'en sais qu'une, que vous m'avez apprise; mais je la sais bien, c'est de vous aimer, Rodolphe.

RODOLPHE.

Ah! que tu es bonne! Vois-tu, Henriette, quand je t'entends parler ainsi, je ne désire plus rien au monde, ton amour me suffit.

HENRIETTE, gaiement.

C'est heureux, car nous n'avons rien; mais quand on est jeune, et qu'on s'aime, l'avenir n'est jamais effrayant. Je travaillerai, vous donnerez des leçons, et quand nous serons assez riches, nous nous épouserons. Ah! dame! ce sera peut-être dans bien longtemps; mais nous nous aimerons en attendant, pour prendre patience.

RODOLPHE.

Ah! si ce n'était que cela!

HENRIETTE.

Et qu'y a-t-il donc?

RODOLPHE.

Il y a, Henriette, que je crains bien...

HENRIETTE.

Et quoi donc? pourquoi ce trouble où je vous vois, cet air mystérieux?... et puis les précautions que vous avez prises pour entrer par cet escalier dérobé?

RODOLPHE.

Écoute, tu n'auras pas peur? je vais te dire la vérité... je suis poursuivi.

HENRIETTE.

Vous! mon bon Dieu!

RODOLPHE.

N'as-tu pas entendu parler, il y a un mois, de quelques troubles assez sérieux qui avaient éclaté dans cette résidence, à l'école des Porte-Enseignes?

HENRIETTE.

C'est vrai.

RODOLPHE.

C'était nous autres sous-officiers, qui réclamions pour le peuple ses privilèges et ses franchises.

HENRIETTE.

Et en quoi cela vous regardait-il?

RODOLPHE.

Tu auras peut-être de la peine à me comprendre; mais, vois-tu, Henriette, la liberté, cela regarde tout le monde; on nous en avait promis, il y a quelques années, quand Napoléon avait envahi notre Allemagne, et qu'on voulait nous soulever en masse contre lui. Mais dès qu'on eut repoussé le tyran, nos petits princes et nos petits grands-ducs, qui étaient tous comme lui, à la hauteur près, ont bien vite oublié leurs serments. Quand quelques-uns de leurs sujets se plaignent de ce manque de mémoire, on les appelle séditieux... et on les poursuit... et on les condamne... et ils ont tort, jusqu'au jour où ils deviennent les plus forts... et alors, ils ont raison.

HENRIETTE.

Ah! monsieur, qu'est-ce que j'entends là?

RODOLPHE.

Il n'y a pas de quoi s'effrayer, il ne s'agit que d'attendre.

AIR du vaudeville de *la Robe et les Bottes*.

Le torrent grossit et nous gagne.
Chaque pays a sa force et son droit;
Bientôt viendra pour l'Allemagne
La liberté que l'on nous doit.
Ces rois dont nous craignons le glaive,
Combien sont-ils?... Peuples, combien?
On se regarde, on se compte, on se lève,
Et chacun rentre dans son bien.

HENRIETTE.

Et pourquoi vous mêlez-vous de ça?

RODOLPHE.

Parce que moi, surtout, il le faut!

HENRIETTE.

Et pourquoi le faut-il?

RODOLPHE.

Ce serait trop long à t'expliquer, je te dirai seulement qu'il y a un mois, je reçois un avis mystérieux, qui me disait : « Vous êtes dénoncé; et d'ici à une heure, on doit vous « arrêter, fuyez. »

HENRIETTE.

Ce que vous avez fait sur-le-champ?

RODOLPHE.

Non, je suis venu d'abord ici te rassurer sur mon absence, t'annoncer que je partais pour Leipsick... On a tant de choses à se dire quand on se quitte, qu'une heure s'est bien vite écoulée, et je n'avais pas fait dix pas dans la rue, que je suis arrêté, jeté dans une voiture; et j'appris en route que l'on me conduisait à six lieues d'ici, à la forteresse; mais à moitié chemin, nous entendons un bruit de chevaux : on nous entoure, on désarme mes gardes, on me fait descendre...

HENRIETTE.

C'étaient vos amis?

RODOLPHE.

Je le crus comme toi, mais je n'en connaissais pas un. Leur chef, qui était un nègre, espèce de majordome ou de valet de chambre, me dit : « Monsieur, vous êtes libre. — A qui dois-je un pareil service? — Je ne puis vous le dire; mais ne rentrez pas dans la ville, et ne restez pas dans les environs. — Où donc aller? — Si vous voulez nous suivre, mon maître m'a chargé de vous mettre en sûreté. »

HENRIETTE.

Il fallait accepter.

RODOLPHE.

C'est ce que je fis. On me présente un fort beau cheval; nous marchons longtemps, et, à la nuit close, nous arrivons dans un endroit que je ne connais pas.

HENRIETTE.

Un endroit sauvage.

RODOLPHE.

Du tout; une habitation délicieuse, un séjour royal, où les soins, les plaisirs me furent prodigués. On s'empressait de prévenir tous mes vœux, tous, excepté un seul : c'était de me dire qui me recevait si généreusement. Quelquefois seulement, Yago, c'était le nègre, venait de la part de son maître savoir de mes nouvelles, et me recommander la retraite la plus absolue. C'était bien aisé à dire; mais je ne pouvais pas vivre sans te voir, et hier, je me suis échappé.

HENRIETTE.

Quelle imprudence!

RODOLPHE.

Je le crois, car tout à l'heure, au moment où je venais de franchir les portes de la ville, j'ai entendu un cri partir d'un landau élégant dont on venait de baisser les stores; et, quelques instants après, j'ai cru voir qu'un homme à cheval me suivait de loin. Quelques détours que je prisse, je l'apercevais toujours sur mes pas; et j'ai idée qu'il m'a vu frapper à cette porte.

18.

HENRIETTE.

C'est fait de vous... c'est un ennemi!

RODOLPHE.

Non; il m'eût fait arrêter sur-le-champ; rien ne l'empêchait, et je croirais plutôt que c'est quelque émissaire de ce protecteur inconnu dont les bienfaits me poursuivent.

HENRIETTE.

Que faire alors?

RODOLPHE.

Attendre de ses nouvelles, car, si c'est lui, il ne tardera pas à m'en donner; et d'ici là, me tenir tranquille et caché.

HENRIETTE.

Ici?

RODOLPHE.

Sans doute. Ne veux-tu pas me donner asile?

HENRIETTE.

Oh! je ne demande pas mieux... Mais seul, avec moi!...

RODOLPHE.

Qu'importe? Tu sais si je t'aime.

HENRIETTE.

C'est à cause de cela... Si vous croyez que c'est rassurant...

RODOLPHE.

N'as-tu pas confiance en moi? Et me crois-tu capable d'abuser de l'hospitalité?

HENRIETTE.

Non, monsieur, ce n'est pas vous que je crains; ce sont les autres. Si jamais l'on découvre que vous êtes resté ici, et le jour et la nuit...

RODOLPHE.

Qui le saura? Personne ne m'a vu entrer. (Passant à la droite d'Henriette, et désignant la porte du cabinet à droite.) Je ne sortirai point de ce cabinet où est ton piano, et qui est séparé du reste de ton appartement. Toi seule sera ma garde, mon geôlier.

HENRIETTE.

Ah! oui; ce serait bien gentil, mais ça ne se peut pas.

RODOLPHE.

Aimes-tu mieux me livrer, me perdre!...

HENRIETTE.

Plutôt me perdre moi-même!

AUGUSTA, en dehors.

Ne vous dérangez pas; je vais monter à son salon.

HENRIETTE, troublée.

On vient. Cachez-vous vite.

RODOLPHE.

Où donc?

HENRIETTE, montrant le cabinet à droite.

Eh bien! là... chez vous.

RODOLPHE.

Ah! que tu es bonne, et que je te remercie!

(Il entre dans le cabinet.)

HENRIETTE.

Enfermez-vous en dedans. (Rodolphe, qui est entré, met le verrou.) A la bonne heure!

SCÈNE VII.

AUGUSTA, HENRIETTE.

AUGUSTA.

Eh bien! mademoiselle Henriette, est-ce que vous devenez grande dame? On ne peut plus vous voir.

HENRIETTE.

La signora Augusta!... Pardon, madame.

AUGUSTA.

Et la robe que vous m'avez promise pour ce matin, et dont vous vous étiez chargée vous-même?

HENRIETTE, à part.

Ah! mon Dieu! (Haut.) Elle n'est pas encore terminée.

AUGUSTA.

Il me la faut cependant pour aujourd'hui; car j'ai une soirée que je ne puis remettre.

HENRIETTE.

Un concert... j'entends.

AIR : Un homme pour faire un tableau. (*Les Hasards de la Guerre.*)

Vous chantez des airs d'Opéra
Devant votre juge suprême,
Notre grand-duc...

AUGUSTA.

Mieux que cela,
C'est devant le public lui-même...
Grand seigneur qu'on doit révérer,
Juge difficile à surprendre,
Qui se fait souvent désirer,
Mais qu'on ne fait jamais attendre.

Ainsi, dépêchez-vous.

HENRIETTE.

Soyez tranquille; je vous promets qu'il n'y a pas pour un quart d'heure d'ouvrage.

AUGUSTA.

Ah! oui; les quarts d'heure des couturières, c'est comme les caprices des chanteuses, cela n'en finit jamais; et je ne sors pas d'ici que je n'aie avec moi ma robe. En même temps, et pendant que j'y suis, prenez-moi mesure pour une robe de bal.

HENRIETTE.

Votre mesure, je l'ai.

AUGUSTA, se regardant dans la psyché.

Elle n'est pas exacte; depuis huit jours, je maigris horriblement; j'ai tant de contrariétés!

HENRIETTE.

Vous avez des chagrins?

AUGUSTA.

De très-grands. Une débutante qui arrive, des intrigues, des cabales. Heureusement, le surintendant est pour moi; ce qui est bien pénible, car il est ennuyeux à la mort.

HENRIETTE, apprêtant ses mesures.

Et moi, qui trouvais si beau d'être artiste; moi, qui enviais votre sort, à vous et à mademoiselle Sontag!

AUGUSTA.

Ne m'en parlez pas. Je me suis dit vingt fois que j'aimerais mieux être une simple comtesse, une simple baronne, avec vingt ou trente mille livres de rentes, et même un mari!... que d'être comme je suis.

HENRIETTE, lui prenant mesure.

Est-il possible!

AUGUSTA.

Certainement, les cantatrices ont quelques avantages; ici surtout, en Allemagne, il y a un peu d'enthousiasme, les populations arrivent à leur rencontre; les princes vont au-devant d'elles, on leur frappe des médailles... Ne me faites pas surtout les entournures trop étroites... L'encens, les triomphes, les couronnes, c'est bien; mais cela passe si vite, le public a tant d'inconstance!

HENRIETTE.

Vraiment?

AUGUSTA.

Et il parle de la nôtre! lui!... qui oublie quinze ou vingt ans de succès pour le premier petit minois qui a de la jeunesse et de la fraîcheur. Tenez, le public, je le déteste...

en masse!... et je m'en venge tant que je puis en détail. Qu'est-ce que vous mettrez pour garniture?... des rouleaux?... des volants?...

HENRIETTE.

Mieux que cela; tout autour des bouquets espacés, cela vous ira à merveille, et vous serez charmante.

AUGUSTA.

Tant mieux; pas pour moi, mais pour eux; je serai enchantée de les désespérer. C'est si agréable d'être aimée quand on n'aime personne!

HENRIETTE, achevant de prendre ses mesures.

Quoi! jamais personne?

AUGUSTA.

Jamais!... je ne dis pas, une fois, peut-être, à ce que je crois... un jeune seigneur riche, aimable, charmant, adoré de toutes les dames; elles en sont toutes folles, elles courent toutes après lui, je ne sais pas pourquoi!... et il m'a abandonnée!...

HENRIETTE.

Pas possible!

AUGUSTA.

Le seul que j'aie aimé; aussi cela m'apprendra, et si on m'y reprend jamais...

HENRIETTE.

AIR : J'en guette un petit de mon âge. (Les Scythes et les Amazones.)

    Lui, vous trahir, mademoiselle!
    Et vous l'aimez?

AUGUSTA.

        Précisément.
    C'est parce qu'il m'est infidèle
    Que peut-être je l'aime autant.
    Lorsque les amours nous maîtrisent,
    Non, rien n'attache, en vérité,
    Autant qu'une infidélité...
    Tous mes amoureux me le disent.

Et vous, ma petite, avez-vous quelque inclination?

HENRIETTE.

Moi, madame?

AUGUSTA.

Il ne faut pas rougir; pour être couturière, on n'est pas obligée d'être insensible, les amours et la couture vont très-bien ensemble.

HENRIETTE, baissant les yeux.

Du tout, madame, je ne sais pas ce que vous voulez dire...

(On entend tomber un meuble dans le cabinet où est Rodolphe.)

AUGUSTA.

Qu'est-ce que j'entends là?

HENRIETTE, troublée.

Une de mes ouvrières, qui travaille dans ce cabinet.

(On entend Rodolphe qui prélude sur le piano, et qui fait quelques roulades.)

AUGUSTA.

Très-bien!... Un superbe contralto, cette ouvrière-là...

HENRIETTE, à part.

L'imprudent!

(Rodolphe chante quelques paroles.)

AUGUSTA, à part.

Dieu! c'est la voix du comte! qu'est-ce que cela signifie? (Se retournant, à Henriette.) Eh bien! mademoiselle, cette robe?... je ne m'en vais pas sans l'avoir, je vous l'ai dit.

HENRIETTE.

Mais, madame...

AUGUSTA.

Eh bien! alors, finissons-en; et puisqu'il n'y a que pour un quart d'heure d'ouvrage, dépêchez-vous.

HENRIETTE.

Certainement. Mais vous, pendant ce temps?...

AUGUSTA.

J'attendrai ici. Voyez si vous voulez que j'y reste jusqu'à ce soir.

HENRIETTE, vivement.

Oh! mon Dieu! non. (A part.) Et ce ne sera pas long, puisqu'il n'y a que ce moyen de s'en débarrasser. (Haut.) Dans l'instant, vous allez l'avoir. (Augusta la regarde avec impatience.) Dans l'instant, madame. (A part, en sortant.) Heureusement qu'il est enfermé.

(Elle sort.)

SCÈNE VIII.

AUGUSTA, puis RODOLPHE.

AUGUSTA, seule.

Voilà qui est amusant. (Elle s'approche de la porte du cabinet, qu'elle veut ouvrir.) Impossible d'ouvrir. (Avec colère.) Est-ce qu'il ne serait pas seul par hasard?... Oh! non, le piano continue; et il ne s'amuserait pas à faire de la musique... (Écoutant.) Je reconnais cet air-là, un air de *Fra Diavolo*, qui arrivait de France, et que nous chantions autrefois. Voyons s'il a de la mémoire.

RODOLPHE, dans le cabinet.

AIR : Voyez sur cette roche. (*Fra Diavolo*.)

Où donc l'amour fidèle
Peut-il habiter désormais?
Dans les champs, dans les palais,
En vain je le cherchais.

AUGUSTA, achevant l'air.

Ingrat! lorsque ta voix appelle
L'amour tendre et fidèle,

Près de toi le voilà.

(Rodolphe entr'ouvre doucement la porte, et avance la tête avec précaution.)

Il est là,
Il est là.

Ensemble.

RODOLPHE.

Augusta!

AUGUSTA.

Le voilà!

Bravo! une reconnaissance en musique! C'est dans mon genre.

RODOLPHE.

Vous dans ces lieux!

AUGUSTA.

Vous y êtes bien, infidèle que vous êtes!

RODOLPHE.

Qu'est-ce qui vous y amène?

AUGUSTA.

Je vous ferai la même demande; et je ne pense pas que vous y veniez pour une robe de bal.

RODOLPHE.

Moi!... poursuivi, et cherchant un asile, j'ai accepté le premier qu'on daignait m'offrir.

AUGUSTA.

Quoi! vous êtes en danger, et vous n'êtes pas venu chez moi!... J'aurais pu oublier tous vos torts, je vous pardonnerais d'être parjure, infidèle... cela ne dépend pas de soi, cela peut arriver à tout le monde... mais d'être ingrat; cela n'est pas permis.

RODOLPHE.

Que vous êtes bonne!

AUGUSTA.

Du tout, je suis en colère, et vous me suivrez à l'instant, je vous cacherai chez moi, dans mon hôtel, un séjour délicieux que vous ne connaissez pas, et que j'ai acquis dernièrement, l'ancien palais du cardinal.

RODOLPHE.

Il serait possible! Cela a dû vous coûter bien cher.

AUGUSTA.

Mais non; et je serai si heureuse de vous recevoir!... Venez, Rodolphe, venez, mon ami.

RODOLPHE.

Je le voudrais; mais vous conviendrez que, pour vivre inconnu, il serait imprudent de choisir un palais, où vos gens, vos amis...

AUGUSTA.

Je vous cacherai dans mon oratoire; personne n'y va, pas même moi.

RODOLPHE.

N'importe; je puis être découvert, ce serait vous compromettre aux yeux du prince et de la cour, ce que je ne veux pas!

AUGUSTA.

Dites plutôt que vous refusez tout ce qui vient de moi, que vous m'avez tout à fait oubliée, que vous ne voulez plus m'aimer.

RODOLPHE.

Augusta!

AUGUSTA.

Et pourquoi ne m'aimez-vous pas? je vous le demande... moi, qui ai fait pour vous ce que je n'ai fait pour personne!... moi, qui vous suis toujours restée fidèle!... Ne riez pas, monsieur, ne riez pas; car je vais me fâcher : je joue quelquefois la tragédie, et si vous refusez mes offres...

RODOLPHE.

J'en accepterai du moins une partie. D'abord, donnez-moi des nouvelles, car j'arrive.

AUGUSTA.

Le prince est toujours furieux, à ce que dit votre oncle.

RODOLPHE.

Mon oncle, le surintendant!... Vous le voyez?

AUGUSTA.

Mais oui, assez souvent.

RODOLPHE, à part.

Ah! mon Dieu!... est-ce que par hasard ce serait lui qui m'aurait succédé?

AUGUSTA.

Pour vous... pour défendre vos intérêts.

RODOLPHE.

Vous êtes bien bonne; car je ne veux, je n'attends rien de lui; et plutôt que d'implorer ses secours, j'aimerais mieux rester dans la gêne où je suis.

AUGUSTA.

Qu'entends-je? ah! que je suis heureuse!... Est-ce que ma bourse n'est pas la tienne... je veux dire la vôtre?...

RODOLPHE.

Y pensez-vous!

AUGUSTA.

Et pourquoi donc?... C'est comme si votre oncle vous le donnait.

AIR du vaudeville de la Petite Sœur.

N'allez-vous pas vous révolter!
Oh! je connais votre noblesse.
Mais vous pouvez bien accepter
Sans blesser la délicatesse.
Refuse-t-on entre parents?
Or, monsieur, l'éclat dont je brille,

C'est votre bien... je vous le rends;
Ça ne sort pas de la famille.

RODOLPHE.

Ce n'est pas de moi qu'il s'agit, c'est de mon pays et de mes amis; comment les voir, nous concerter en secret?

AUGUSTA, vivement.

J'y suis; je leur donne à souper, ce soir, chez moi, après le *Comte Ory*. Vous y viendrez; une conspiration, quel bonheur!... que ce doit être amusant!

RODOLPHE.

Et que dira le surintendant!

AUGUSTA.

Il ne peut pas m'empêcher de conspirer, tant que ce n'est pas contre lui. Et encore, si cela me plaisait...

RODOLPHE.

Ce ne seraient pas les conjurés qui vous manqueraient.

AUGUSTA, le regardant tendrement.

Vous croyez?... c'est gentil ce que vous me dites là, et il me semble presque que je ne vous en veux plus.

Même air.

Allons, monsieur, embrassez-moi,
Pour me donner plus de courage.
Eh bien!... vous refusez, je croi?

RODOLPHE.

Un baiser!... ce serait dommage.
C'est en vain que je m'en défends,
(A part.)
Elle est si bonne et si gentille...
C'est à mon oncle, je le prends,
(L'embrassant.)
Ça ne sort pas de la famille.

SCÈNE IX.

Les mêmes; HENRIETTE, apportant un carton.

HENRIETTE.

Eh bien! qu'est-ce que je vois?

AUGUSTA, à part.

Ma couturière. (Haut.) Ce que c'est aussi, mademoiselle, que de se faire attendre comme vous le faites!

HENRIETTE.

Je vous demande pardon; j'avais fini votre robe, que voici.

AUGUSTA.

Qu'on la porte chez moi, je n'y retourne pas, j'ai autre chose à faire; adieu, petite. (Bas à Rodolphe.) Adieu, monsieur, à ce soir; je vais faire mes invitations pour le souper et pour la conspiration.

(Elle sort.)

SCÈNE X.

RODOLPHE, HENRIETTE.

RODOLPHE, après un moment de silence.

Eh bien! Henriette, qu'as-tu donc? comme tu me regardes!

HENRIETTE.

Il n'y a peut-être pas de quoi?... Je venais pour vous parler, pour vous dire que je suis encore toute tremblante... ce que j'ai vu là, tout à l'heure...

RODOLPHE, étonné.

Quoi donc?

HENRIETTE.

Vous ne l'embrassiez peut-être pas?...

RODOLPHE.

Ce n'est que cela! sois tranquille, ce n'est rien.

HENRIETTE.

Comment! ce n'est rien? Une personne que vous ne connaissez pas!

RODOLPHE.

Si vraiment.

HENRIETTE.

Vous la connaissez! c'est encore pire; et si elle vous dénonce, si elle vous trahit...

RODOLPHE.

Justement, c'était pour l'engager au silence.

HENRIETTE.

Ah! c'était pour cela?... c'est différent; mais vous n'auriez pas pu trouver un autre moyen?

RODOLPHE.

Celui-là, je l'atteste, est sans conséquence. Mais ce que tu voulais me dire...

HENRIETTE.

Ah! mon Dieu! elle me l'avait fait oublier! et cependant c'est bien important. Tout à l'heure, au magasin, où j'étais à travailler à cette maudite robe, est entré un domestique, un nègre, une livrée vert-olive et or.

RODOLPHE.

C'est Yago.

HENRIETTE.

Il n'a voulu parler qu'à moi en particulier. « Mademoiselle, m'a-t-il dit à voix basse, il y a ici un jeune homme caché; ne craignez rien, nous sommes ses amis; mais il est nécessaire que celui qui m'envoie, que son protecteur puisse le voir un instant, sans témoins, et surtout sans être aperçu; donnez-m'en les moyens. »

RODOLPHE.

Eh bien?

HENRIETTE.

Eh bien? alors toute émue, je lui ai dit : « Monsieur, si vous me répondez que ce n'est pas pour lui faire du mal, la personne n'a qu'à entrer, rue des Étudiants, la première allée à droite; monter au second, une porte grise, dont voici la clef; c'est là qu'est monsieur Rodolphe. » — Il a pris la clef et a disparu, en disant : « Dans un instant, on sera près de lui. »

RODOLPHE.

Il serait vrai! je vais donc connaître enfin cet homme généreux à qui je dois tout, et que je n'ai pu encore remercier!

HENRIETTE.

Écoutez, j'entends une clef dans la serrure.

RODOLPHE.

C'est lui.

AIR : Du partage de la richesse. (*Fanchon la Vielleuse.*)

Ah! par égard, mon aimable Henriette,
Laisse-moi seul... il faut être discret.

HENRIETTE.

Oh! malgré moi tout cela m'inquiète.
Adieu, je sors, puisque c'est un secret.
    J'ai toujours respecté les vôtres;
    Mais dépêchez-vous, s'il vous plaît;
Tous les moments où je vous laisse à d'autres
    Sont autant de vols qu'on me fait!

(Elle sort par la porte du fond qu'on lui entend fermer. Dans ce moment s'ouvre la petite porte à gauche, et Amélie paraît.)

SCÈNE XI.

RODOLPHE, AMÉLIE.

RODOLPHE.

Ciel! une femme!... et une femme charmante!

AMÉLIE, avec émotion.

Je conçois, monsieur, que ma vue doive vous étonner; et quelque singulière que vous paraisse une semblable démarche, ne vous hâtez pas de la blâmer, car je n'avais peut-être que ce moyen de vous sauver.

RODOLPHE.

Quoi! c'est vous, madame, dont la généreuse protection a daigné veiller sur moi?

AMÉLIE.

AIR du vaudeville de *la Somnambule.*

Le liberté trompait votre courage,
Vous vous perdiez... je protégeai vos pas.
Dans vos projets, du moins, soyez plus sage,
Oubliez-les.

RODOLPHE.

Ah! ne le croyez pas.
A la patrie il faut rester fidèle;
Et, je le sens, mon bonheur le plus doux,
Après celui de me perdre pour elle,
Serait d'être sauvé par vous.

Que je sache du moins à qui je dois tant de bienfaits.

AMÉLIE.

Vraiment, vous ne me connaissez pas, vous ne savez pas qui je suis?

RODOLPHE, la regardant.

Non, madame.

AMÉLIE.

Ah! tant mieux.

RODOLPHE.

Et pourquoi, de grâce?

AMÉLIE.

Cela me rassure... il me semble que je respire plus librement... et maintenant, je vous crains moins.

RODOLPHE.

Et que pouvez-vous craindre auprès de quelqu'un qui vous est dévoué, qui donnerait sa vie pour vous?... Daignez vous fier à mon honneur, daignez me dire en quoi j'ai pu mériter l'intérêt que vous avez bien voulu prendre à mon sort.

AMÉLIE.

Et si je n'avais fait que mon devoir, si je n'avais fait qu'acquitter envers vous une ancienne dette!

RODOLPHE.

Eh! comment cela?

AMÉLIE.

Ne vous souvient-il plus de l'hiver dernier, du bal de l'ambassadeur d'Angleterre? Victime d'une méprise, j'allais être insultée...

RODOLPHE.

Quoi! vous étiez ce domino que l'on prenait pour la comtesse d'Arezzo, pour la maîtresse du prince? Et dans son erreur, le baron Wilfrid, et quelques-uns de ses amis, se permettaient les mots les plus piquants...

AMÉLIE.

Vous seul avez pris ma défense : « Et quand ce serait elle, vous êtes-vous écrié, il suffit qu'elle soit femme, pour que je devienne son chevalier. » Et, me frayant un passage, vous m'avez reconduite jusqu'à ma voiture; et seulement alors, à mes armes et à ma livrée, ils ont reconnu leur méprise.

19.

RODOLPHE.

Et l'aventure en a fini là.

AMÉLIE.

Du tout; je suis mieux informée. Le lendemain, le baron et ses amis ont continué à vous plaisanter, à vous appeler le défenseur de la comtesse; et justement indigné d'un soupçon pareil, vous avez eu la bonté de vous fâcher, et de vous battre pour une femme que vous ne connaissiez pas, à propos d'une autre que vous détestez.

RODOLPHE.

La détester ! je ne l'aime pas, c'est vrai; mais cela ne m'empêche pas de lui rendre justice. De toute cette cour frivole qui nous gouverne, c'est la seule qui ait quelque noblesse, quelque fierté dans l'âme.

AMÉLIE.

Enfin, je suis votre obligée pour les périls auxquels, sans le vouloir, je vous ai exposé. J'avais cru reconnaître ce service, en vous protégeant contre vos ennemis, et en vous offrant chez moi un asile que j'avais tâché de rendre agréable; votre brusque départ m'a prouvé qu'il n'en était pas ainsi, que je m'étais trompée, et avant de vous offrir de nouveau ou mon aide ou ma protection, il m'a semblé qu'il fallait vous demander votre avis; autrement, ce serait porter atteinte à cette liberté dont vous êtes un des plus ardents défenseurs, et qui, respectant les droits de tous, ne permet pas de rendre les gens heureux... malgré eux.

RODOLPHE.

Ah! je ne demande qu'une faveur, c'est de connaître ma bienfaitrice, ne refusez pas ma prière.

AMÉLIE.

C'est jouer de malheur; car c'est la seule que je ne puisse accueillir. Mais à quoi bon connaître ses amis? on en est sûr; ce sont ses ennemis qu'il faut connaître, pour s'en défendre; et même au sein de votre famille, vous en avez. Né d'illustres parents, qui ne sont rien que par leur noblesse, ils ne vous pardonneront pas de vouloir vous élever au dessus d'eux par votre mérite, de ne jamais paraître à la cour... jamais! Vous voyez, monsieur, que je n'ignore rien de ce qui vous concerne.

RODOLPHE.

Quoi! madame!...

AMÉLIE.

Je sais que, jeune, étourdi, et trop généreux peut-être, vous avez dissipé en peu de mois un riche patrimoine; c'est ce qu'on peut excuser, l'or et la jeunesse ne sont faits que pour être dépensés... Ce que je blâmerais peut-être, ce sont ces idées exaltées, romanesques, qui vous ont jeté à la tête d'un parti qui rêve l'indépendance. Et maintenant, poursuivi, exilé, que voulez-vous faire? quels sont vos desseins?

RODOLPHE.

De ne point me rebuter et de continuer... Ce que nous demandons, nous l'obtiendrons.

AIR du vaudeville des Frères de lait.

De tous côtés les peuples sont en armes,
Les rois mêmes ont besoin d'un abri...
La liberté, qui cause leurs alarmes,
De leur couronne est le plus ferme appui.
Tel, en voyant l'aiguille tutélaire
Par qui la foudre est facile à braver,
L'ignorant craint d'attirer le tonnerre,
Le sage sait qu'elle en doit préserver.

Alors, et quand j'aurai assuré le bonheur de ma patrie, je penserai au mien... Que je rencontre la femme de mon choix, celle qui m'aimera d'un amour véritable, et dans quelque situation qu'elle soit placée, rien ne m'empêchera d'être à elle, ni l'orgueil du rang... ni les préjugés...

AMÉLIE.

Que dites-vous?

RODOLPHE.

Ce que je pense... et ce que je suis décidé à faire.

AMÉLIE.

Il serait vrai! vous auriez un pareil courage?

RODOLPHE.

Le courage d'être heureux?... oui sans doute.

AMÉLIE.

C'est bien; je vous approuve... vous voyez donc bien que j'avais raison, que mon amitié avait deviné juste en vous choisissant. Oui, regardez-moi comme votre conseil, votre guide, votre amie, je veux l'être, je le serai toujours. Parlez, Rodolphe, que puis-je faire pour vous? je vous offre ma protection, mon crédit, quel qu'il soit.

RODOLPHE.

Eh bien! employez ce pouvoir dont j'ai déjà ressenti les effets, non pour moi, mais pour mes amis... Il en est qui, comme moi, n'ont pu échapper aux poursuites, et qui, dans ce moment, gémissent en prison.

AMÉLIE.

Les délivrer tous serait difficile; mais du moins quelques-uns...

RODOLPHE.

Ah! madame.

AMÉLIE.

Peut-être un mot de moi écrit au grand bailli... essayons toujours. Puis-je écrire?

RODOLPHE, regardant autour de lui, et n'apercevant ni plumes ni encre, lui montre le cabinet à droite.

Là, dans ce cabinet, où j'étais tout à l'heure...

AMÉLIE.

C'est très-bien, attendez-moi, je reviens.

(Elle entre dans le cabinet.)

SCÈNE XII.

RODOLPHE, puis HENRIETTE.

RODOLPHE.

Je ne puis y croire encore. C'est comme une fée bienfaisante, à qui rien n'est impossible. C'est Henriette...

HENRIETTE, accourant.

Ah! mon ami, si vous saviez... quelle nouvelle!... quel bonheur!

RODOLPHE.

Qu'est-ce donc?

HENRIETTE.

Ce matin sont venus ici deux inconnus, deux grands seigneurs, à ce qu'il paraît, et je reçois à l'instant une lettre de l'un deux, où, comme fille d'un ancien officier, l'on me propose d'être demoiselle d'honneur de la duchesse douairière, la princesse Ulrique, la tante de notre souverain.

RODOLPHE, à part.

Qu'est-ce que cela signifie?

HENRIETTE.

On ajoute que, tout à l'heure, un conseiller de Son Altesse, un chambellan, viendra me prendre dans une voiture du prince, et que j'aie à me tenir prête.

RODOLPHE.

Et une pareille offre pourrait vous éblouir?

HENRIETTE.

Et pourquoi pas? c'est si gentil! et puis c'est honorable.

RODOLPHE.

Honorable! Ne voyez-vous pas que c'est un piège? que quelque grand personnage, qui a daigné jeter les yeux sur vous, se sert de ce prétexte pour vous attirer à la cour?

HENRIETTE.

Et l'on croit que je pourrais accepter? Non, Rodolphe. Qu'il vienne, ce chambellan, et devant lui, devant tout le monde, je dirai que, pauvre et malheureuse, je vous préfère à tous; et que je vous aime, parce que vous m'êtes fidèle. (Apercevant Amélie qui sort du cabinet.) Ah! mon Dieu! encore une femme ici! et une nouvelle! et pourquoi donc, Rodolphe?...

RODOLPHE.

Silence!

HENRIETTE, se tenant contre lui.

Pourquoi donc est-elle aussi belle?

RODOLPHE.

Taisez-vous, de grâce.

SCÈNE XIII.

AMÉLIE, RODOLPHE, HENRIETTE.

AMÉLIE, tenant un papier à la main.

Tenez, je crois que ce mot suffira, et dès aujourd'hui, Rodolphe, vous pouvez l'envoyer.

HENRIETTE.

Rodolphe... c'est sans façon.

AMÉLIE.

Quelle est cette jeune fille?

RODOLPHE.

Une personne qui m'avait donné asile.

AMÉLIE, passant près d'elle.

C'est fort bien, mon enfant. Consentez à le cacher encore vingt-quatre heures, c'est tout ce que je vous demande; c'est le temps qui m'est nécessaire pour agir en sa faveur.

HENRIETTE.

Vous, madame?

AMÉLIE.

Une telle générosité ne sera point sans récompense.

HENRIETTE, avec émotion.

Et d'où vient, madame, l'intérêt que vous prenez à lui?

RODOLPHE.

Que dit-elle?

HENRIETTE.

Non, non, je ne m'abuse point.

AIR du vaudeville du Colonel.

Oui, je comprends ce trouble, ce langage :
Ce que j'éprouve ici, vous l'éprouvez.
Pour le sauver vous avez mon courage;
Et ses secrets, enfin, vous les savez.
Ah! malgré moi, je tremble au fond de l'âme.

AMÉLIE.

Près d'une amie?...

HENRIETTE.

Impossible, entre nous :
Vous lui montrez trop d'amitié, madame,
Pour que j'en aie ici pour vous.

RODOLPHE.

On vient, taisez-vous.

SCÈNE XIV.

Les mêmes; AUGUSTA.

AUGUSTA, vivement.

C'est moi que vous revoyez... Me voici, mon ami.

HENRIETTE, à part.

Son ami!... Et elle aussi... Encore une!...

AUGUSTA.

Je crains qu'on ne se doute de quelque chose, tout le quartier est surveillé par des affidés de la police... par des agents de la comtesse d'Arezzo, et si elle se mêle de découvrir notre retraite... (Apercevant Amélie.) Ah! mon Dieu. (A demi-voix, à Rodolphe.) Vous êtes perdu, et nous aussi.

HENRIETTE, à gauche, bas à Augusta.

Est-ce que vous connaissez madame?

AUGUSTA, de même.

Certainement.

HENRIETTE, de même.

C'est une de vos camarades?

AUGUSTA, de même.

A peu près, dans un autre genre. (Haut.) Mais cela m'est égal; je ne crains rien, et puisque c'est connu... Eh! bien, oui, je suis de la conspiration. Du moins, je devais l'avoir ce soir à souper, et quoi qu'il arrive, je partagerai le sort de Rodolphe, parce que je l'aime, je n'aime que lui...

HENRIETTE, passant près de Rodolphe.

Vous l'entendez... Celle-là, du moins, en convient.

AUGUSTA.

Moi! je ne m'en suis jamais cachée; au contraire; et je le dirai à tout le monde.

LE SURINTENDANT, en dehors.

Que la voiture reste devant la porte.

AUGUSTA, troublée.

Le surintendant.

AMÉLIE.

Le comte de Hartz!

RODOLPHE.

Mon oncle!

SCÈNE XV.

Les mêmes; LE SURINTENDANT.

(Amélie est à gauche du spectateur, après elle Rodolphe; Henriette et Augusta à l'extrémité droite.)

LE SURINTENDANT, à la cantonade.

Vous autres, suivez-moi. (Entrent quatre domestiques à la livrée du prince; ils restent au fond du théâtre. Le surintendant s'avançant près d'Henriette.) Je viens, ma belle enfant, fidèle aux ordres du prince, vous conduire près de son auguste tante, la princesse Ulrique.

TOUS.

Qu'entends-je!

LE SURINTENDANT.

La voiture est en bas, partons vite.

RODOLPHE.

Partir!

LE SURINTENDANT, apercevant Rodolphe.

AIR du vaudeville de *Turenne*.

Que vois-je!... doublement coupable,
Vous osez paraitre en ces lieux,
Sous un déguisement semblable...
Monsieur, que diraient vos aïeux?

RODOLPHE, bas.

Silence!... ne parlez pas d'eux.
(L'amenant sur le bord du théâtre.)
Qu'ils n'entendent point, au contraire,
Ils rougiraient trop en voyant
Ici leur noble descendant
Remplir un pareil ministère !

(Entrent plusieurs ouvrières d'Henriette.)

LE SUIRNTENDANT.
Monsieur, vous oubliez que vous êtes mon neveu.

HENRIETTE.
Son neveu! lui!... Un grand seigneur!

FINALE.

AIR : Il ne peut s'en défendre. (*Le Dieu et la Bayadère.*)

Ensemble.

LE SURINTENDANT.
Il n'est plus temps de feindre,
Lui-même est devant vous;
Il a raison de craindre
Mon trop juste courroux.

RODOLPHE, à Henriette.
Il n'est plus temps de feindre;
Mais calmez ce courroux;
Daignez plutôt me plaindre,
Car je n'aime que vous.

AUGUSTA.
Il n'est plus temps de feindre,
Il se livre à leurs coups;
De son oncle il doit craindre
Le trop juste courroux.

AMÉLIE, montrant le surintendant.
A ses yeux comment feindre?
S'il se peut, cachons-nous :
Contre moi je dois craindre
Sa haine et son courroux.

HENRIETTE, regardant Rodolphe.
A ce point oser feindre
Et nous abuser tous!
De mon cœur il doit craindre
Le trop juste courroux.

(A Rodolphe.)
De toutes les façons ainsi vous m'abusiez!

LE SURINTENDANT.

Que dit-elle?

HENRIETTE, montrant Augusta.

A l'instant il était à ses pieds.

AUGUSTA, s'en défendant.

Qui, moi?

HENRIETTE.

Vous l'avez dit : oui, votre cœur l'adore!

LE SURINTENDANT, à Augusta, avec colère.

Eh quoi! perfide!

HENRIETTE.

(Montrant Amélie.)
Oh! ce n'est rien encore.

Madame aussi.

LE SURINTENDANT.

Comtesse d'Arezzo,
C'est vous que j'aperçois.

TOUS.

Comtesse d'Arezzo!

HENRIETTE.

Ah! de sa perfidie encore un trait nouveau!

Ensemble.

LE SURINTENDANT, à Augusta.

Il n'est plus temps de feindre,
Redoutez mon courroux;
Vous avez tout à craindre
De mes transports jaloux!

RODOLPHE, à Henriette.

J'ignorais, sans rien feindre,
Qu'elle fût près de nous;
Daignez plutôt me plaindre,
Et calmez ce courroux.

AUGUSTA, au surintendant.

Il n'est plus temps de feindre,

Je le préfère à vous ;
Et je n'ai rien à craindre
De vos transports jaloux.

      HENRIETTE, regardant Rodolphe.
A ce point oser feindre,
Avec des traits si doux !
De mon cœur il doit craindre
La haine et le courroux.

      AMÉLIE, montrant le surintendant.
Il n'est plus temps de feindre ;
Mais, déjouant ses coups,
Ils ne pourront m'atteindre,
Je brave son courroux.

HENRIETTE, s'avançant au milieu du théâtre, et s'adressant à Rodolphe.
Adieu ! tout est fini !
      (A part.)
      Je n'y pourrai survivre.
(Haut.)
Mais je me vengerai d'elle, de lui, d'eux tous ;
    (Au surintendant.)
    Monsieur, je suis prête à vous suivre.

    RODOLPHE, s'élançant au-devant d'elle.
O ciel ! y pensez-vous !

      HENRIETTE.
Laissez-moi, je vous hais.

      RODOLPHE.
          Et vous croyez peut-être
Que je pourrai souffrir...

    LE SURINTENDANT, passant auprès de Rodolphe.
         Il le faut, ou sinon
De votre liberté, de vos jours je suis maître.
J'en ai l'ordre, et je puis vous conduire en prison ;
    Sachez mériter ma clémence.

      RODOLPHE.
Qui, moi ?

AMÉLIE, s'approchant de lui, et bas.
De la prudence.
Modérez-vous,
Rien n'est perdu, car je veille sur vous.

Ensemble.

LE SURINTENDANT, à Henriette.

Vous n'avez rien à craindre
De ses transports jaloux ;
Rien ne peut vous atteindre.
Oui, venez, suivez-nous.

RODOLPHE, à Henriette.

Je saurai vous atteindre,
Redoutez mon courroux ;
Vous avez tout à craindre
De mes transports jaloux.

AUGUSTA, à Rodolphe.

Il est prudent de feindre,
De grâce, taisez-vous ;
Car nous avons à craindre
Sa haine et son courroux.

AMÉLIE, à Rodolphe.

Il est prudent de feindre,
De grâce, calmez-vous ;
Vous n'avez rien à craindre,
Car je suis près de vous.

HENRIETTE, au surintendant.

Non, je ne puis contraindre
Ma haine et mon courroux ;
Il n'est plus temps de feindre,
Et je pars avec vous.

LE CHOEUR.

Non, rien ne peut l'atteindre,

Ni haine, ni courroux.
Elle n'a rien à craindre,
Elle vient avec nous.
(Le surintendant offre la main à Henriette, et l'emmène avec lui.)

ACTE DEUXIÈME

Une salle du palais du grand-duc. Une table, sur le devant du théâtre, à gauche de l'acteur.

SCÈNE PREMIÈRE.

RODOLPHE, AUGUSTA.

AUGUSTA.

Vous ici, dans le palais du grand-duc! Songez-vous aux dangers que vous courez?

RODOLPHE.

Peu m'importe.

AUGUSTA.

Et si, comme votre oncle vous l'a promis, il vous faisait arrêter?

RODOLPHE.

Peu m'importe, vous dis-je; je l'attends ici pour la voir, pour lui parler...

AUGUSTA.

Ah! perfide! jamais vous ne m'avez aimée ainsi!

RODOLPHE.

C'est que jamais on n'a été plus malheureux.

AUGUSTA.

Et en quoi donc? Une perspective superbe! on n'arrive ici que par les femmes, par les favorites, et vous êtes aimé de l'ancienne et de la nouvelle. Vous avez pour vous le passé et le présent, et vous êtes inquiet de l'avenir?

RODOLPHE.

Oui, je ne vis plus, je ne puis rester en place ; je viens, grâce à la comtesse, de délivrer mes amis ; et si je ne rougissais d'employer leur secours dans une cause qui m'est personnelle, je crois que je viendrais ici avec eux...

AUGUSTA.

Exciter une révolte, une sédition... avec ça que le peuple ne demande pas mieux. Y pensez-vous?

RODOLPHE.

Ah! vous avez raison! mais, cependant, Henriette!... Conseillez-moi, quel parti prendre?

AUGUSTA.

Je n'en connais qu'un immanquable, et pas très-difficile, que j'ai souvent employé.

RODOLPHE.

Et lequel?

AUGUSTA.

C'est de l'oublier.

RODOLPHE.

Jamais!

AUGUSTA.

J'ai bien oublié votre oncle; un surintendant! une belle place dont je suis déjà toute consolée... il y a tant d'aspirants ; non que j'y tienne : car je ne me déciderai pour personne, à moins que ce ne soit pour lord Coburn, l'ambassadeur d'Angleterre; son crédit peut vous être utile, et dans cette occasion il peut nous seconder.

RODOLPHE.

Lui! l'ambassadeur?

AUGUSTA.

Vous n'êtes donc pas au fait ? L'Angleterre, qui est bien avec la comtesse d'Arezzo, veut que les choses restent comme elles sont. C'est la Russie et la Prusse qui désirent un changement.

RODOLPHE.

Un changement de maîtresse?

AUGUSTA.

Oui, sans doute.

RODOLPHE.

Et le corps diplomatique se mêle de cela?

AUGUSTA.

Certainement... Dans un gouvernement absolu, c'est ce qu'il y a de plus important : la maîtresse et le confesseur. Dès qu'on les a, on a tout. Ce n'est pas comme dans les pays où il y a des chambres, des parlements, il n'y a pas moyen... cela fait trop de monde à gagner.

RODOLPHE.

Et qui vous a rendue si forte en politique?

AUGUSTA.

Lord Coburn, qui venait chez moi, sous le règne même de votre oncle. Fiez-vous à nous. De la cabale, de l'intrigue... je me croirai au théâtre! Il ne s'agit que de s'opposer...

RODOLPHE.

A ce qu'Henriette devienne favorite.

AUGUSTA.

C'est une débutante qu'il faut empêcher de paraître... Eh! bien, pour cela, monsieur, il faut s'adresser au chef d'emploi... homme ou femme... ce sont toujours eux qui ont intérêt à empêcher les débuts... C'est donc avec la comtesse d'Arezzo que vous devez vous entendre. Croyez-vous qu'elle se laisse enlever un poste aussi brillant, et que, depuis cinq ans, elle occupe avec... honneur?

RODOLPHE.

Mais, comment parvenir jusqu'à la comtesse?

AUGUSTA, le menant près de la table.

Demandez-lui un instant d'entretien, deux lignes qu'il me

sera facile de lui remettre. (Rodolphe écrit; Augusta debout auprès de lui, continue.) Car je suis au palais pour toute la journée. Je chante ce matin à la chapelle, et ce soir au concert : et, pour tout cela, je n'ai que vingt mille écus; c'est une horreur! Aussi je comptais bien être augmentée, sans la perte que j'ai faite du surintendant. (A Rodolphe.) Est-ce fini?

RODOLPHE, lui donnant le papier.

Voyez vous-même si c'est bien.

AUGUSTA, lisant.

Pas mal. Peut-être un peu trop de respect; car elle vous adore aussi, cette femme-là; et je suis bien sûre que, si vous vouliez... (Rodolphe se lève.) Du tout, du tout... Me préserve le ciel de vous donner de tels conseils! (Ils viennent sur le devant du théâtre.) Car il y aurait peut-être un moyen de tout simplifier.

RODOLPHE.

Et lequel?

AUGUSTA.

Ce serait de laisser là vos deux inclinations, la grisette et la grande dame, et de partir sur-le-champ avec moi.

RODOLPHE.

Que dites-vous?

AUGUSTA.

Acceptez; et j'abandonne tout; je sacrifie tout, ma position, mes avantages, et tous mes engagements... même ceux du théâtre.

RODOLPHE.

Moi! vouloir vous ruiner!

AUGUSTA.

Ingrat!... vous ne m'aimez pas assez pour cela... (Pleurant.) Moi, je n'aurais pas hésité un instant! le ciel m'en est témoin! Mais voilà que je m'attendris... et c'est si bête!...

AIR : Faut l'oublier, disait Colette. (ROMAGNESI.)

Plus de chagrin, plus de tristesse,

Pour vous je m'immole aujourd'hui ;
Quoi qu'il arrive, mon ami,
Vous me retrouverez sans cesse.
Goûtez ailleurs un sort plus doux,
Par mon crédit, par ma puissance,
D'une autre devenez l'époux...
Moi, je vous jure une constance, (*Bis.*)
Que je n'exige pas de vous.

Partez, car voici le prince et votre oncle. Je me charge de votre lettre, et dans une demi-heure, ici... revenez... vous aurez la réponse.

(Rodolphe sort par le fond. Augusta reste au fond à droite, pendant que le grand-duc et le surintendant font leur entrée par la gauche.)

SCÈNE II.

AUGUSTA, au fond, LE GRAND-DUC et LE SURINTENDANT.

LE GRAND-DUC, des papiers à la main.

Allons, encore des affaires d'État, des papiers à parcourir !

LE SURINTENDANT.

Quelques réponses à donner vous-même.

LE GRAND-DUC, apercevant Augusta.

Ah ! c'est vous, signora ? Vous savez que ce soir nous avons concert ?

LE SURINTENDANT, passant auprès d'Augusta et lui montrant un papier.

Et voici les morceaux que vous chanterez, indiqués dans ce programme.

LE GRAND-DUC, allant s'asseoir à la table, et lisant les papiers.

Et surtout n'oubliez pas des romances... des airs tendres, qui puissent faire impression...

LE SURINTENDANT.

Sur une jeune personne.

AUGUSTA, à part.

Décidément, c'est elle qui l'emporte... Chanter devant une couturière !

LE SURINTENDANT.

Vous avez entendu ?

AUGUSTA, à demi-voix.

C'est impossible aujourd'hui, je suis enrhumée.

LE SURINTENDANT, de même.

C'est une fable; vous ne l'êtes pas.

AUGUSTA, de même.

Je le serai ce soir; j'ai du monde à souper... l'ambassadeur d'Angleterre.

LE SURINTENDANT.

Il est donc vrai !... je m'en suis toujours douté... Perfide !

LE GRAND-DUC.

Qu'est-ce donc ?

LE SURINTENDANT.

Rien... je faisais observer à mademoiselle, qui se dit indisposée, que toute la cour compte sur un concert.

AUGUSTA, au surintendant à demi-voix.

Elle s'en passera.

LE SURINTENDANT, de même.

Et le prince qui le veut.

AUGUSTA, de même.

Eh bien! moi, je ne le veux pas.

LE SURINTENDANT.

Craignez sa colère et la mienne.

AUGUSTA.

Eh! qu'est-ce que vous pouvez me faire?

AIR : Que d'établissements nouveaux. (*L'Opéra-Comique.*)

Pour élever au premier rang
Des gens du talent le plus mince,

D'un sot pour faire un chambellan,
Il ne faut qu'un ordre du prince.
Mais nous autres, c'est différent,
C'est moins facile qu'on ne pense...
Des chanteurs... des gens à talent
Ne se font pas par ordonnance.

LE GRAND-DUC.

Eh bien! est-ce arrangé?

LE SURINTENDANT.

Non, mon prince.

LE GRAND-DUC.

C'est fâcheux.

LE SURINTENDANT, au grand-duc.

Ce ne sera rien, laissez donc. (Élevant la voix.) Alors il faudra faire débuter cette cantatrice italienne qui a une si belle voix, un si beau talent, et qu'on empêchait de débuter. Elle paraîtra dès demain, dès ce soir.

AUGUSTA, en colère, à demi-voix.

Si vous étiez capable d'une trahison pareille...

LE SURINTENDANT.

Ce sera.

AUGUSTA.

C'est ce que nous verrons; et d'ici-là peut-être, et vous et vos protégées...

LE SURINTENDANT.

C'est bien, c'est bien.

AUGUSTA.

Oh! je n'ai plus rien à ménager! (A part.) Je cours chez l'ambassadeur... Faire débuter quelqu'un dans mon emploi!...

AIR : Amis, voici la riante semaine. (*Le Carnaval.*)

Courons! il faut que la comtesse apprenne
Tout ce qui vient ici de se passer;
On la menace, et ma cause est la sienne,

20.

Car toutes deux on veut nous remplacer.
Oui, nous avons, en cette circonstance,
Des droits égaux, qu'elle défendra bien ;
Et d'autant mieux que son emploi, je pense,
Est plus facile à doubler que le mien.

(Au surintendant.) Adieu, mon cher surintendant, vous n'en êtes pas encore où vous voulez ; et comme, avant tout, il faut de la franchise, je vous prie de me regarder désormais comme votre ennemie intime et mortelle.

C'est ainsi qu'en partant je vous fais mes adieux.

(Elle sort.)

SCÈNE III.

LE SURINTENDANT, LE GRAND-DUC.

LE SURINTENDANT, à part, après qu'Augusta est partie.
Elle chantera. (Au grand-duc.) Elle chantera.

LE GRAND-DUC.
Je comprends. Ah ! vous êtes un habile homme, un fin diplomate. (Il se lève.) Dites-moi, il y a donc une cantatrice italienne ? Il faut que nous en parlions, ainsi que du bal, du concert, auquel je compte assister.

LE SURINTENDANT.
Quoi ! vous daigneriez...

LE GRAND-DUC.
Je veux tout voir et tout entendre par moi-même ; je vous l'ai dit, je règne.

LE SURINTENDANT.
J'en vois la preuve. Ces papiers que vous venez de lire et de signer...

LE GRAND-DUC.
Mais oui, de signer !... Comme vous le disiez, je crois qu'il y a réellement moyen de se passer de la comtesse : il

n'y a que l'ennui d'aller au conseil, où l'on m'attend; je ne pourrai jamais...

LE SURINTENDANT.

Et pourquoi donc?... une demi-heure est si tôt passée! Vous êtes là devant une table ronde; pendant que les ministres délibèrent, vous parlez de la chasse d'hier, du concert de ce soir; pendant qu'ils vont aux voix, vous rêvez à vos amours, vous faites des dessins à la plume, et le lendemain la gazette de la résidence dit : *Le prince a travaillé avec ses ministres;* cela fait toujours un très-bon effet.

LE GRAND-DUC.

Vous croyez?

LE SURINTENDANT.

Certainement; et tenez, voilà qui vous donnera du courage, la belle Henriette qui vient de ce côté.

SCÈNE IV.

Les mêmes; HENRIETTE, entrant par le fond, à droite.

HENRIETTE, très-émue, à part.

Je ne me trompe pas; c'est lui, je l'ai vu; quelle imprudence!... (Apercevant le grand-duc.) Ah! le prince!

LE GRAND-DUC.

Qu'avez-vous donc, ma belle enfant? la princesse Ulrique, mon auguste tante, est enchantée de vous avoir près d'elle; et vous, n'êtes-vous pas satisfaite des égards dont on vous environne?

HENRIETTE.

Ah! monseigneur, tout ce monde empressé à me complaire, à prévenir mes moindres désirs...

LE GRAND-DUC.

Ce sont les seuls moyens que je veux employer pour vous retenir près de nous; j'attendrai tout du temps et de mes soins. Est-il ici quelques vœux que vous puissiez former?

HENRIETTE.

Je ne veux rien, monseigneur, rien pour moi; mais si j'osais...

LE GRAND-DUC.

Eh bien! je crois vraiment qu'elle n'ose demander; parlez.

AIR : O bords heureux du Gange. (*Le Dieu et la Bayadère.*)

Premier couplet.

HENRIETTE.

C'est qu'il est une grâce...

LE GRAND-DUC.

Quelle est donc cette grâce?

HENRIETTE.

Que je veux implorer.

LE GRAND-DUC.

Qu'elle veut implorer?

HENRIETTE.

Mais c'est par trop d'audace...

LE GRAND-DUC.

Ce n'est point de l'audace.

HENRIETTE.

Daignez me rassurer.

LE GRAND-DUC.

Daignez vous rassurer.

Ensemble.

HENRIETTE.

A ma frayeur mortelle
Je suis prête à céder.
Une faveur nouvelle
Encore à demander!

LE GRAND-DUC.

A vos ordres fidèle,
Chacun doit vous céder;

Et c'est à la plus belle
Toujours à commander.

Deuxième couplet.

HENRIETTE.

Tout ce que je désire...

LE GRAND-DUC.

Tout ce qu'elle désire...

HENRIETTE.

Le seul vœu de mon cœur...

LE GRAND-DUC.

Le seul vœu de son cœur...

HENRIETTE.

Je consens à le dire...

LE GRAND-DUC.

Elle veut bien le dire...

HENRIETTE.

A vous seul, monseigneur.

LE GRAND-DUC.

A moi seul... quel bonheur!

(Il fait signe au surintendant de s'éloigner.)

Ensemble.

HENRIETTE.

A ma frayeur mortelle, etc.

LE GRAND-DUC.

A vos ordres fidèle, etc.

LE GRAND-DUC.

Eh bien, donc?

HENRIETTE.

J'ai appris (Montrant le surintendant.) que vous aviez condamné le neveu de monsieur.

LE GRAND-DUC.

Le comte Rodolphe!...

HENRIETTE.
Et je voudrais bien qu'il fût libre, qu'il eût sa grâce.
LE GRAND-DUC.
Je comprends; c'est son oncle qui, dans sa fierté républicaine et farouche, ne voulant pas demander lui-même, a compté sur votre crédit, et vous a priée... allons, convenez-en?
HENRIETTE, baissant les yeux, et hésitant.
Oui, monseigneur. (A part.) Mon Dieu, je trompe déjà, je fais comme lui!... mais c'est pour le sauver.
LE GRAND-DUC, après l'avoir regardée.
C'est bien; je vois avec plaisir l'intérêt que vous prenez au surintendant et à sa famille.

Air du vaudeville de Voltaire chez Ninon.

Venez, mon cher surintendant,
Et saluez mademoiselle
Qui se rappelle en ce moment
Ce que vous avez fait pour elle.
Je vois qu'elle veut, en ce jour,
Vous prouver sa reconnaissance.

(Il va à la table et signe un papier.)

LE SURINTENDANT.
Sa reconnaissance!... à la cour!...
Ah! l'on voit bien qu'elle commence!
LE GRAND-DUC, donnant le papier à Henriette.
J'accorde.
HENRIETTE, lui prenant la main.
Ah! monseigneur!...

LE GRAND-DUC, au surintendant.
Elle est charmante!... et décidément il faut renoncer à la comtesse.
LE SURINTENDANT.
Je triomphe!

LE GRAND-DUC.

Le terrible est de lui annoncer, de lui apprendre moi-même...

LE SURINTENDANT.

Eh bien! je m'en charge, votre intérêt avant tout.

LE GRAND-DUC.

Soit; nous allons arranger cela au conseil. Adieu, mon cher comte, je vous estime, je vous aime.

LE SURINTENDANT.

Parbleu! vous y êtes bien forcé.

LE GRAND-DUC.

Et pourquoi, s'il vous plaît?

LE SURINTENDANT.

Parce que je vous défie de trouver dans tous vos États quelqu'un qui vous aime plus que moi.

LE GRAND-DUC.

Il faut vraiment que je sois bien bon pour ne pas me fâcher; mais aujourd'hui, je suis trop heureux. Adieu, belle Henriette, je reviens bientôt. Allons au conseil. (Passant près du surintendant.) Adieu, misanthrope.

LE SURINTENDANT, brusquement.

Je suis fait ainsi, la vérité avant tout.

SCÈNE V.

HENRIETTE, LE SURINTENDANT.

LE SURINTENDANT.

Que je vous remercie de lui avoir parlé en ma faveur!... que lui avez-vous donc demandé?

HENRIETTE.

Moi! rien; vous le saurez.

LE SURINTENDANT.

Je n'insiste pas; mais en revanche, je vous promets que, quels que soient les partisans de la comtesse, demain elle n'en aura plus.

HENRIETTE.

Comment?

LE SURINTENDANT.

C'est qu'elle est congédiée aujourd'hui; et en vous laissant guider par les gens dont les intérêts sont liés aux vôtres...

HENRIETTE, qui n'a entendu que les derniers mots.

Vous êtes bien bon, et je vous remercie. Dites-moi alors...

LE SURINTENDANT.

Tout ce que vous voudrez.

HENRIETTE.

Savez-vous pourquoi le comte Rodolphe, votre neveu, était tout à l'heure ici?

LE SURINTENDANT.

Lui, en ces lieux!

HENRIETTE.

Je l'ai vu.

LE SURINTENDANT, avec dépit.

Mon neveu! il y venait pour la signora Augusta, avec qui il est d'intelligence.

HENRIETTE.

Vous croyez?

LE SURINTENDANT.

J'en suis sûr.

HENRIETTE.

Cette femme-là, je la déteste.

LE SURINTENDANT.

Et moi aussi; heureusement, et quoique le prince tienne

beaucoup à son talent, il suffira d'un mot de vous pour la faire congédier.

HENRIETTE.

Un mot de moi?...

LE SURINTENDANT.

Sans doute; vous ne connaissez pas votre pouvoir. Dès que vous direz : « Je le veux ! » chacun doit obéir ; et il faut le dire souvent... le dire à tout le monde, ne fût-ce que pour prendre acte, pour vous installer souveraine dans l'opinion, et pour y habituer la cour, le peuple, et le prince lui-même ; habitude qui, à la longue, acquiert force de loi, et devient presque de la légitimité.

HENRIETTE, regardant à droite et à part.

Je crois que c'est lui.

LE SURINTENDANT.

Tout ce qu'on vous demande, c'est la sévérité la plus absolue, l'indifférence la plus complète ; n'éprouvez rien, n'aimez rien, et vous goûterez, au sein de la grandeur, le sort le plus heureux. On vient.

HENRIETTE.

Rodolphe !

SCÈNE VI.

RODOLPHE, entrant par la droite; HENRIETTE, LE SURINTENDANT.

LE SURINTENDANT.

Mon neveu !

RODOLPHE, à part.

C'est Henriette !

LE SURINTENDANT.

Qu'est-ce qui vous amène ici, monsieur?... Et comment

avez-vous l'audace de vous présenter dans le palais du prince ?

HENRIETTE.

Il peut maintenant y paraître sans danger.

RODOLPHE.

Que dites-vous ?

LE SURINTENDANT.

Et comment cela ?

HENRIETTE, avec embarras.

C'est à lui que je désire l'apprendre.

LE SURINTENDANT, s'inclinant.

Vous en êtes la maîtresse.

HENRIETTE, voyant que le surintendant est encore là, continue avec embarras.

Oui ; mais je voudrais lui parler... à lui.

LE SURINTENDANT, à demi-voix.

Y pensez-vous ?!... une pareille imprudence ?... Si on vous surprenait, si on le savait même, ce serait nous compromettre tous.

HENRIETTE, timidement.

Enfin... je le veux.

LE SURINTENDANT.

Mais, madame...

HENRIETTE.

Vous m'avez dit vous-même qu'à ce mot tout devait m'obéir...

LE SURINTENDANT.

C'est vrai ; mais...

HENRIETTE, avec résolution.

Je le veux !

LE SURINTENDANT.

C'est différent ; je m'en vais, je vous laisse. (A part.) Heureusement que le prince est au conseil... Que c'est utile qu'un prince aille au conseil!... Maudit neveu!... (Rencontrant un regard d'Henriette.) Je sors.

(Il sort par le fond à droite.)

SCÈNE VII.

RODOLPHE, HENRIETTE.

RODOLPHE.

A merveille! A peine arrivée en ce palais, je vois déjà que vous y commandez, que mon oncle lui-même s'empresse de vous obéir, et de rendre hommage à votre crédit.

HENRIETTE.

Mon crédit n'est pas tel que vous le croyez ; et probablement doit peu durer. C'est pour cela que je me suis hâtée d'en faire usage.

AIR du *Suisse au Régiment.* (Mme DUCHAMBGE.)

COUPLETS.

Premier couplet.

De ma grandeur nouvelle
Si je me sers ici,
C'est pour un infidèle
Que je crus mon ami.
De ma grandeur nouvelle
Je n'use que pour lui.
Recevez mes adieux,
   Soyez heureux !

Deuxième couplet.

Du sort qui le menace
Mon cœur avait frém
J'ai demandé sa grâce
Car il fut mon ami...
J'ai demandé sa grâce.

Regardez... la voici :
(Lui remettant le papier que le prince lui a donné.)
Recevez mes adieux,
Soyez heureux !

RODOLPHE, qui a parcouru l'écrit.

Ma grâce, à moi !... et au prix qu'on a pu y mettre, vous croyez que je l'accepterais...

(Il déchire le papier.)

HENRIETTE.

Que faites-vous ?

RODOLPHE.

Je repousse des bienfaits indignes de moi, et que vous auriez dû rougir de demander.

HENRIETTE.

Et pourquoi ?

RODOLPHE.

C'est que vous ne le pouviez sans trahir vos serments.

HENRIETTE.

Et c'est vous qui osez me faire un pareil reproche ! Qui de nous deux a commencé ?... Deux maîtresses à la fois !... et sans me compter encore.

RODOLPHE.

Et si vous étiez dans l'erreur ?... si les infidélités dont vous m'accusez n'avaient dépendu ni de moi ni de ma volonté ?

HENRIETTE.

Quoi ! la signora Augusta ?...

RODOLPHE.

J'ai pu, j'en conviens, penser à elle autrefois.

HENRIETTE.

Eh ! c'est déjà trop.

RODOLPHE.

Mais maintenant, je vous l'atteste, ni elle, ni aucune autre n'occupe mon cœur et ma pensée.

HENRIETTE.

Ah! si vous disiez vrai!...

SCÈNE VIII.

Les mêmes; AUGUSTA.

AUGUSTA, entrant par le fond.

Grâce au ciel, le voilà. (Venant auprès de Rodolphe.) Je vous cherchais.

HENRIETTE, bas à Rodolphe.

Vous l'entendez.

RODOLPHE, de même.

Ce n'est pas ma faute.

AUGUSTA.

La comtesse d'Arezzo consent à vous accorder l'entretien secret que vous lui avez demandé.

HENRIETTE.

O ciel! un entretien secret!... Et c'est vous, monsieur, vous qui l'avez demandé!

RODOLPHE.

Permettez...

AUGUSTA.

Et pourquoi pas?... Une lettre charmante qu'il lui avait écrite, et qui m'a attendrie. Aussi la comtesse, qui n'est pas moins sensible que moi, consent à vous voir ici même, dans l'instant.

HENRIETTE.

Vous voyez donc que vous me trompiez encore.

AUGUSTA.

Et où est le mal?... vous le rendrez à monseigneur. Car je n'en reviens pas, cette petite fille qui, hier encore, me prenait mesure !... Dieu sait maintenant quand j'aurai ma robe de bal.

HENRIETTE, avec colère.

AIR du vaudeville de *Oui ou Non.*

Madame, un langage pareil...

AUGUSTA.
Votre Altesse ne peut l'entendre.

HENRIETTE.
Je n'ai pas besoin de conseil.

AUGUSTA.
Vous feriez pourtant bien d'en prendre.
A ce poste mettre une enfant
Sans expérience et sans grâces !
Tandis que moi... mais à présent,
Voilà comme on donne les places !

HENRIETTE, à Rodolphe.

Et me faire encore insulter par elle ! Adieu, monsieur, tout est fini.

(Elle veut sortir.)

RODOLPHE, cherchant à la retenir.

Henriette, écoutez-moi.

(Henriette sort sans vouloir l'écouter, Rodolphe veut sortir avec elle.)

AUGUSTA, se mettant au-devant de Rodolphe et l'empêchant de sortir.

Y pensez-vous ! Et la comtesse qui va venir, qui s'expose pour vous.

SCÈNE IX.

AUGUSTA, RODOLPHE.

RODOLPHE.

Eh! pourquoi aussi me dire cela devant elle?

AUGUSTA.

Est-ce que j'ai besoin de me gêner? Est-ce que je dois des ménagements à elle, ou à sa nouvelle dignité?... Une petite bégueule qui fait sa fière. C'est bien le moins qu'elle soit malheureuse, qu'elle souffre à son tour ; je ne fais pas autre chose, moi! ingrat, qui vous adore toujours... Mais ce n'est pas de cela qu'il s'agit; j'ai vu l'ambassadeur d'Angleterre, qui ne conçoit rien à la comtesse. Indifférente sur sa position, elle ne fait rien pour déjouer les projets de ses ennemis, ou pour renverser sa rivale; il semble que cela ne la regarde pas, et elle se laisse enlever le cœur de Son Altesse, comme une personne enchantée de donner sa démission.

RODOLPHE.

Si cela lui convient?

AUGUSTA.

C'est possible!... mais ça ne convient pas à l'ambassadeur qui a intérêt à ce qu'elle reste en place; et il me supplie d'employer mon influence sur vous, pour que vous agissiez auprès d'elle, afin qu'elle agisse à son tour; enfin, c'est un ricochet diplomatique auquel je ne suis pas encore habituée; mais c'est égal, c'est amusant; et il faut que vous me promettiez de songer à vos intérêts et à ceux de mon ambassadeur.

RODOLPHE.

Quoi! vous voulez?

AUGUSTA.

AIR : Pour le trouver, j'arrive en Allemagne. (*Yelva.*)

Il est si bon, que, par reconnaissance,

Je me sens là, pour lui, du dévoûment
Je l'ai juré, du moins, et ma constance...

RODOLPHE.

Votre constance?...

AUGUSTA.

Eh oui! vraiment,
Toujours la même, et d'une douceur d'ange,
J'ai toujours fait, dans mes vœux assidus,
Mêmes serments... Ce n'est pas moi qui change,
  Ce sont ceux qui les ont reçus.
Dans mes serments ce n'est pas moi qui change,
  Ce sont ceux qui les ont reçus.

Mais songez aux vôtres; car c'est la comtesse. (A la comtesse qui entre par le fond.) Madame, voilà ce pauvre jeune homme, qui vous attend avec impatience; il tremblait que vous ne vinssiez pas; je vous laisse.

(Elle fait des signes à Rodolphe pour l'encourager à parler à la comtesse; puis elle sort.)

SCÈNE X.

LA COMTESSE, RODOLPHE.

LA COMTESSE.

Rodolphe... monsieur, vous demandez à me parler; je vous ai fait attendre peut-être?

RODOLPHE.

Pardon, madame; c'est trop de bonté, en ce moment surtout, que d'autres soins, d'autres intérêts...

LA COMTESSE.

Moi! non. Je ne m'occupais que de vous, du danger qui vous menace.

RODOLPHE.

Et le vôtre, madame!... Disposez de mes jours, de mon

bras, ils sont à vous. Je cours rejoindre mes amis ; un mot d'eux peut soulever le peuple, qui n'attend qu'un signal.

LA COMTESSE.

Vos amis !

RODOLPHE.

Je vous réponds de leur dévouement comme du mien.

LA COMTESSE.

Comment?... à quel titre?

RODOLPHE.

Il savent que si parfois un peu de liberté nous fut laissée, c'est à vous, à vous seule que nous le devions, que vous fûtes leur protectrice; que récemment vous avez risqué votre faveur à défendre leur cause.

LA COMTESSE.

Vraiment ! ah ! que de bien vous me faites!... Et ces sentiments, vous les partagiez?... Écoutez-moi, Rodolphe, j'ai besoin de vous ouvrir mon cœur, de justifier la confiance de vos amis, la vôtre. Lorsque vous me connaîtrez mieux, vous me plaindrez peut-être.

RODOLPHE.

Ah ! madame !

LA COMTESSE.

Le rang où je suis placée, ces honneurs qui m'environnent, ce n'est pas moi qui les ai recherchés; on m'a condamnée à les subir. Issue d'une des premières familles de Naples, je fus mariée bien jeune encore au comte d'Arezzo, seigneur ambitieux, prodigue, et cachant ses vices sous les dehors les plus brillants. En peu d'années, il eut dissipé, au jeu et en folles dépenses, une partie de mon immense fortune, et pour sauver l'autre, que réclamaient ses créanciers, il quitta l'Italie... il m'arracha de la maison de mon père, que je ne devais plus revoir, de ma belle patrie, où j'avais été heureuse quinze ans, (Regardant Rodolphe.) où je puis l'être encore...

RODOLPHE.

Madame...

LA COMTESSE.

Je le suivis en Allemagne. Il avait connu, je crois, votre grand-duc à Rome, au milieu des désordres de sa jeunesse : il les avait partagés, et comptant sur cette fraternité de plaisirs, il parut à la cour du prince, qui d'abord l'accueillit assez mal ; mais du jour où je fus présentée, mon mari rentra en grâce. Une charge nouvelle l'attacha à la personne de son nouveau maître, dont il redevint l'ami, le confident. Le trésor lui fut ouvert, les honneurs lui furent prodigués ; et moi, fière du crédit dont, sans le vouloir, j'étais la cause, je vis bientôt les courtisans à mes pieds, le prince donnait l'exemple. Bientôt il se montra plus tendre, plus pressant, il demanda le prix de ses bienfaits. Je vis alors le piège tendu sous mes pas ; et courant près de mon mari...

AIR de la romance de Téniers.

De ces projets, qu'en tremblant je soupçonne,
Je l'avertis... Il rit de ma terreur ;
Je veux partir... De rester il m'ordonne,
Et chaque jour voit doubler sa faveur...
D'aucun affront son âme ne s'effraie,
Et je compris alors que, pour gagner
Ces honneurs vils qu'avec l'honneur on paie,
Il n'avait plus que le mien à donner.

RODOLPHE.

Le lâche !

LA COMTESSE.

N'est-ce pas, Rodolphe ? il méritait ma haine, mon mépris. (Baissant les yeux.) Je le méprisai trop, peut-être. Dès lors, je n'eus plus de rivales, je régnai. L'ambition s'étant glissée dans mon cœur, je crus que c'était de l'amour ; le prince lui-même, soumis à mes volontés, ne fut bientôt que le premier de mes sujets, il abandonnait à mes caprices le sort de sa couronne. Son indolence aimait à se reposer sur moi de l'embarras des affaires; et il y a quelques mois, lorsqu'un duel eut mis fin aux bassesses du comte d'Arezzo, effrayé de mes projets de départ pour l'Italie, il voulut m'attacher à lui par de nouvelles chaînes, et m'offrit sa main : il voulut m'épouser.

RODOLPHE.

Vous, madame!... et vous avez hésité?

LA COMTESSE.

Non; j'ai refusé, parce qu'alors il y avait dans mon cœur autre chose que de l'ambition; une couronne ne pouvait lui suffire, c'était du bonheur qu'il lui fallait. Vous vous rappelez ce bal, où vous prîtes ma défense contre de jeunes étourdis; un jour plus tôt j'aurais méprisé cet outrage, devant vous il me fit rougir. Mon sort avait changé, j'aimais!... Rodolphe, ce matin, vous-même, vous m'avez dit que, libre, sans ambition, exempt de préjugés...

RODOLPHE.

C'est vrai, je l'ai dit.

LA COMTESSE.

AIR : Dans un vieux château de l'Andalousie.

Vous ne demandiez qu'une humble existence,
Vous ne demandiez rien que d'être aimé;
Comprenez ma joie et mon espérance :
Ce projet si doux, je l'avais formé.
Richesses, honneurs, pouvoir, rang suprême,
Ce sceptre qu'un roi veut me confier,
Moi, j'oublirais tout pour celui que j'aime;
M'aimez-vous assez pour tout oublier?

RODOLPHE.

Ah! le ciel m'est témoin que jamais reconnaissance ne fut plus pure, plus vraie que la mienne.

LA COMTESSE.

Répondez-moi.

RODOLPHE.

Ah! je ne puis vous dire ce que j'éprouve, ce qui se passe

dans mon cœur !... Que n'êtes-vous sans fortune, sans naissance, dans la classe la plus humble !

LA COMTESSE.

Répondez.

RODOLPHE.

Pour vous, je sacrifierais tout au monde, tout, excepté...

LA COMTESSE.

L'amour.

RODOLPHE.

L'honneur.

LA COMTESSE, atterrée.

Ah ! je comprends ; laissez-moi.

RODOLPHE.

Quoi ! madame...

LA COMTESSE, avec dignité.

Sortez.

(Rodolphe sort en saluant.)

SCÈNE XI.

LA COMTESSE, seule.

Il refuse ma main !... il me méprise ! moi qui l'ai sauvé ; moi qui me suis perdue pour lui ! Et pourtant, tout à l'heure, ici, son cœur était ému, ses yeux se mouillaient de larmes !... C'était de la pitié ! Ah ! malheureuse !... de la pitié... Non, je n'en veux pas ; et plutôt, pour me venger de celle qu'il aime encore... (Elle voit Henriette qui entre en ce moment.) C'est elle.

SCÈNE XII.

HENRIETTE, LA COMTESSE.

HENRIETTE, apercevant la comtesse.

Ah!

LA COMTESSE.

Ce n'est pas moi que vous cherchiez, mademoiselle?

HENRIETTE.

Non, madame ; j'en conviens.

LA COMTESSE, d'un ton plus doux, à Henriette qui s'éloigne.

Ah! restez. Ne voyez plus en moi une ennemie... Approchez, et regardez-moi sans crainte.

HENRIETTE.

Il se pourrait! et ce qu'on m'a dit de vous, que vous me perdriez?...

LA COMTESSE.

Moi, mon enfant! Non, c'est un soin que je laisse à d'autres. Et ces honneurs qu'on vous offre, ces chaînes dorées qu'on vous impose, puisque vous les acceptez avec joie...

HENRIETTE.

Avec joie!

LA COMTESSE.

Avant de les quitter, je veux que vous sachiez ce qu'elles pèsent. Ce sont les adieux d'une rivale, qui vous laisse, en partant, plus à plaindre qu'elle. Maîtresse du prince...

HENRIETTE, avec effroi.

Moi!

LA COMTESSE.

Désormais c'est votre titre! Maîtresse du prince, les plaisirs vous entoureront; les courtisans seront à vos pieds, comme ils étaient aux miens : c'est de droit, c'est leur état, cela tient à la place. Une favorite doit compter sur eux jusqu'au jour de sa chute; et alors, ils passent, avec son antichambre, à celle qui lui succède. Souveraine du maître de tous, on prendra pour lois vos volontés, vos caprices... Vous régnerez; c'est un sort bien séduisant!... il peut vous éblouir, vous, si jeune et sans expérience; il en a ébloui qui en avaient plus que vous.

HENRIETTE.

Moi, madame!

LA COMTESSE.

Mais attendez, vous ne savez pas tout encore... Au faîte des grandeurs, environnée de plaisirs et d'hommages, vous serez un objet de haine pour les uns, d'envie pour les autres, de mépris pour tous.

HENRIETTE.

Ah! madame...

LA COMTESSE.

Et si votre cœur s'ouvrait à des sentiments plus purs... (Entre le surintendant par le fond à gauche.) Si vous aimiez quelqu'un que vous croiriez honorer peut-être... ah!... que je vous plains! Il rejettera votre amour. Et ses dédains...

HENRIETTE.

Non, non, jamais!

SCÈNE XIII.

HENRIETTE, LA COMTESSE, LE SURINTENDANT.

LE SURINTENDANT, à la comtesse.

Madame, je suis désolé du message dont on m'a chargé. C'est avec regret, avec un profond regret, que je me vois forcé... un devoir rigoureux...
(Henriette veut se retirer; la comtesse, la prenant par la main, la retient.)

LA COMTESSE.

Attendez, je ne vous ai pas tout dit encore... Et puis, quand vous aurez tout sacrifié... (Regardant le surintendant.) un homme que votre pitié aura soutenu à la cour, un homme accablé de vos bienfaits, viendra, pour prix de votre faiblesse, vous signifier un ordre d'exil, et vous dire... (Au surintendant.) Achevez, monsieur, je vous écoute.

LE SURINTENDANT.

Ah! madame, c'est de l'ingratitude. Quand, par amitié pour vous, je n'ai pas voulu qu'un autre vous fût envoyé, pour vous annoncer qu'à la sortie du conseil, en présence de tous ces messieurs... mon magnanime souverain a signé...

LA COMTESSE.

L'ordre de m'éloigner!... et mes amis étaient là!... Le baron de Midler qui me doit sa fortune, son entrée au conseil, qui me jurait hier encore...

LE SURINTENDANT.

L'honorable baron a signé le premier.

LA COMTESSE.

Le duc de Vaberg, mon ami?...

LE SURINTENDANT.

C'est lui qui a décidé Son Altesse.

LA COMTESSE.

Ah! c'en est trop! quand je suis encore si près d'eux! (Traversant le théâtre et allant sur le devant à gauche.) Mon Dieu! encore une heure!... une heure de pouvoir, pour me venger de mes ennemis... de mes amis surtout, et je partirai contente.

LE SURINTENDANT, s'approchant d'Henriette.

Pardon, madame, si devant vous, un pareil débat...

LA COMTESSE.

Il n'y a pas de mal, monsieur le comte; il est bon que

madame apprenne comment finit le rôle que vous lui faites commencer.

HENRIETTE.

Jamais... Dites au prince que je renonce à ses dons, que je veux partir à l'instant même... Je le veux... que Rodolphe ne puisse jamais me mépriser.

LA COMTESSE.

Malheureuse! je voulais me venger et je l'ai sauvée... Je l'ai rendue digne de celui qu'elle aimait.

LE SURINTENDANT.

Donner à cette jeune fille des conseils aussi pervers !... Madame, c'est une indignité! et je dois exécuter à l'instant même les ordres dont je suis porteur.

LA COMTESSE.

Faites comme vous l'entendrez, monsieur le comte; mais je ne me soumettrai point à de pareils ordres.

LE SURINTENDANT.

Madame!

LA COMTESSE.

Je ne quitterai point ces lieux.

LE SURINTENDANT.

Il le faut cependant.

LA COMTESSE.

Dieu! le prince...

LE SURINTENDANT.

Ah!... nous allons voir.

SCÈNE XIV.

HENRIETTE, LE SURINTENDANT, LE GRAND-DUC, UN OFFICIER, LA COMTESSE.

LE GRAND-DUC, entrant vivement.

Vous voilà, comtesse!... je vous cherchais... (Au surintendant.) Vous, ici, monsieur!... Remettez votre épée, je vous destitue de vos places, de vos honneurs... Vous n'êtes plus rien.

LE SURINTENDANT.

Moi, monseigneur!

LE GRAND-DUC.

Vous-même.

LE SURINTENDANT, à part.

Je suis perdu! mais quelle machination a-t-elle fait jouer contre moi?...

LE GRAND-DUC.

Sortez... sortez! vous dis-je... Non, restez et répondez.

LA COMTESSE.

Qu'y a-t-il donc?

LE GRAND-DUC.

Il y a, madame, que le neveu de monsieur, le comte Rodolphe, à qui ce matin j'avais fait grâce par égard pour lui, (Montrant le surintendant.) et à la sollicitation de mademoiselle, (Montrant Henriette.) le comte Rodolphe, comme un furieux, comme un désespéré, vient de se jeter dans les rues de cette résidence, en appelant le peuple à la révolte.

LA COMTESSE, à part.

Ah! l'imprudent!

LE GRAND-DUC.

Il a été saisi par ma garde, et dans un instant, il sera fusillé : ce n'est pas cela qui m'inquiète.

HENRIETTE.

Ah! je me meurs...

(Le surintendant la soutient et la fait asseoir dans un fauteuil.)

LE GRAND-DUC, étonné et regardant Henriette.

Qu'est-ce que cela veut dire?

LA COMTESSE.

Qu'elle aimait Rodolphe... qu'elle en était aimée... Demandez au chambellan qui le savait.

LE SURINTENDANT.

Je le savais... je le savais comme tout le monde.

LE GRAND-DUC.

Et il m'abusait, et j'ignorais la vérité !

LA COMTESSE.

On ne l'apprend que les jours de disgrâce. Et vous et moi nous commençons...

LE GRAND-DUC.

Il sera responsable de tout, car lui, son neveu et les siens me serviront d'otages ; et, comme je vous le disais tout à l'heure, au moindre soulèvement...

LE SURINTENDANT.

Ah ! mon Dieu !...

(Bruit sourd au dehors. L'orchestre joue *la Marseillaise*.)

LA COMTESSE.

Entendez-vous ces cris ?

LE GRAND-DUC, à demi-voix.

Voilà ce que je craignais, et ce que je venais vous apprendre. On assurait que les jeunes officiers, les amis de Rodolphe, se rassemblaient pour le délivrer ; et que le peuple, mis en mouvement et soulevé par eux...

HENRIETTE, à part.

Quel bonheur !

LE SURINTENDANT, de même.

Maudit neveu !

LA COMTESSE, allant à la fenêtre à gauche.

En effet, des rassemblements se forment devant le palais, dont on vient de fermer les portes.

LE GRAND-DUC, se promenant avec agitation.

C'est ainsi que cela a commencé chez mon cousin le duc de Brunswick, et si ma garde refuse de donner... si elle fait cause commune avec eux !... Mon Dieu ! mon Dieu ! que devenir !... Une sédition ! une révolte !

LE SURINTENDANT.

C'est fait de moi!

LE GRAND-DUC.

Dépouillé, banni... pire encore, peut-être... Les ingrats! moi qui ne demandais rien qu'à régner tranquille!... moi qui me disposais à me rendre au concert!

LA COMTESSE, qui a quitté la fenêtre.

Allons, allons, de la tête, du sang-froid... Calmez-vous.

LE GRAND-DUC.

Se calmer... (Montrant par la croisée.) Voyez donc, comtesse, voyez, que ces masses sont effrayantes! elles augmentent à chaque instant... (Se retirant de la fenêtre.) Gardons qu'ils ne me voient.

LA COMTESSE.

Au contraire; il faut se montrer, il faut paraître.

LE GRAND-DUC.

Au milieu de ces furieux?

LA COMTESSE.

C'est votre devoir... et quand on est prince!...

LE GRAND-DUC, avec effroi.

Et s'ils en veulent à mes jours?

LA COMTESSE, lui prenant la main.

Eh bien! on meurt; mais on ne tremble pas.

LE GRAND-DUC.

Ce n'est pas pour moi que je tremble; mais pour ce peuple, mais pour les malheurs qui peuvent résulter d'une émeute, d'une guerre civile!... Que faire? je vous le demande, que faire?... vous qui êtes mon guide, mon conseil...

LA COMTESSE.

Me laissez-vous libre et maîtresse d'agir à mon gré, à ma volonté?

LE GRAND-DUC.

Sans contredit.

LA COMTESSE, s'asseyant, écrivant et appelant en même temps l'officier qui est au fond du théâtre.

Monsieur le major... qu'à l'instant même, on mette en liberté ce jeune prisonnier... le comte Rodolphe.

HENRIETTE, qui est venue auprès de la comtesse.

Ah! madame!

LA COMTESSE, regardant le prince.

C'est l'ordre du prince.

LE GRAND-DUC.

Quel est votre dessein?

LA COMTESSE, écrivant toujours.

Qu'il parte, et qu'il remette sur-le-champ cette lettre à ses amis. (Elle se lève et amenant le prince sur le devant de la scène, elle lit.) « Confiez-vous à la parole de votre souverain... sé-
« parez-vous à l'instant même; et je vous réponds qu'il ac-
« cordera dès aujourd'hui, de son plein gré, les garanties
« que, plus tard, son honneur l'obligerait de refuser à la
« violence. »

LE GRAND-DUC, prend la lettre, la plie, et la donne au major.

Allez. (Le major sort. A la comtesse.) Et vous croyez qu'une telle promesse apaisera les esprits?

LA COMTESSE.

J'en suis sûre... le tout est de céder à temps, et vous n'aurez plus rien à craindre... Et maintenant (Serrant la main d'Henriette.) que je l'ai sauvé... (Regardant le surintendant.) que je me suis vengée de mes ennemis, (Au prince.) que j'ai affermi votre pouvoir... Ferdinand, je puis partir pour l'exil où vous m'avez condamnée.

LE GRAND-DUC, la retenant.

Jamais... ou je serais le plus ingrat des hommes... Cette main, que naguère encore, je vous offrais...

LA COMTESSE.

Que dites-vous?

LE GRAND-DUC.

La refuserez-vous de nouveau, quand c'est pour moi, pour mon bonheur, que je vous le demande?

LA COMTESSE.

Je ne le puis!... je ne le veux pas!... je vous l'ai dit.

LE GRAND-DUC, écoutant.

Ciel! qu'entends-je?

LE SURINTENDANT.

Le bruit recommence.

HENRIETTE, regardant par la fenêtre.

C'est le peuple, les officiers... ils se précipitent dans les cours intérieures.

LE GRAND-DUC.

Je suis perdu!

LA COMTESSE, lui prenant la main.

J'accepte votre sort. Je le partage... Je ne vous quitte plus.

SCÈNE XV.

LES MÊMES; AUGUSTA.

AUGUSTA.

Ah! mon prince... Ah! madame!... le peuple qui se pressait autour du palais parlait d'enfoncer les portes et de mettre le feu; lorsque tout à coup le comte Rodolphe et ses amis se sont précipités au milieu de la foule en criant : « Vive notre souverain! Vive le prince à qui nous devons » nos libertés!... Nous mourrons tous pour le défendre! » Et tout le monde a crié comme eux.

LE GRAND-DUC, avec joie.

Il serait vrai!

AUGUSTA.

Et les voici.

SCÈNE XVI.

Les mêmes; RODOLPHE, Peuple, Officiers, Soldats, etc.

LE CHOEUR.

AIR du Dieu et la Bayadère.

Vive à jamais la liberté!
Vive celui qui nous la donne!
Gardé par elle, que son trône
Soit glorieux et respecté!

LE GRAND-DUC.

J'ai compris vos vœux... vos besoins... j'y saurai pourvoir. (A Rodolphe.) Je compte sur vous, (Aux officiers et au peuple.) comme vous pouvez compter sur moi.

LA COMTESSE.

Oui, Rodolphe... et, pour commencer, Son Altesse vous accorde la main d'Henriette.

HENRIETTE et RODOLPHE.

Ah! madame!

(Rodolphe passe auprès d'Henriette.)

LA COMTESSE, à Rodolphe.

Maintenant remerciez votre oncle, qui se charge de votre fortune.

LE SURINTENDANT.

Moi! permettez...

LA COMTESSE, passant auprès de lui.

Je le veux... ce sont les ordres du prince.

LE GRAND-DUC, au surintendant.

A ce prix, je vous rends votre épée.

LE SURINTENDANT, s'inclinant.

C'est différent... (A la comtesse.) Et croyez, madame, que dans tous les temps...

LA COMTESSE.

C'est bien, c'est bien... Allons donc, puisqu'il le faut... allons retrouver les courtisans... et la puissance.

HENRIETTE, à Rodolphe.

Nous, le bonheur.

AUGUSTA.

Et moi, mon ambassadeur!

LE CHOEUR.

Vive à jamais la liberté! etc.

LA COMTESSE, HENRIETTE et AUGUSTA, au public.

AIR : Fleuve du Tage.

Ensemble.

(Montrant Rodolphe.)
Pour lui je tremble,
Car il eut plus d'un tort;
Mais lorsque ensemble
Trois femmes sont d'accord...
Lorsque indulgente et bonne,
Chacune ici pardonne,
Ah! serez-vous
Plus sévères que nous?

TABLE

	Pages.
LE FOYER DU GYMNASE.	1
UNE FAUTE	37
LA PROTECTRICE.	113
JEUNE ET VIEILLE, OU LE PREMIER ET LE DERNIER CHAPITRE	167
LA FAMILLE RIQUEBOURG, OU LE MARIAGE MAL ASSORTI	243
LES TROIS MAITRESSES, OU UNE COUR D'ALLEMAGNE	297

Paris. — Soc. d'imp. P. DUPONT, 41 rue J. J.-Rousseau. (Cl.) 579.5.82.

www.ingramcontent.com/pod-product-compliance
Lightning Source LLC
Chambersburg PA
CBHW060603170426
43201CB00009B/874